中国铁路重大桥梁工程建设丛书

KEY TECHNOLOGY FOR
THE CONSTRUCTION
OF JINSHA RIVER HIGHWAY AND RAILWAY BRIDGE
ON CHENGDU-GUIYANG HIGH-SPEED RAILWAY

# 成贵高铁金沙江公铁两用桥建造关键技术

张敏 毛伟琦 梅新咏 李艳哲 韩晓强 等 编著

人民交通出版社股份有限公司

北京

## 内 容 提 要

本书依托成贵高铁金沙江公铁两用桥的工程建设实践，基于应对金沙江弯、浅、险的自然条件及特殊通航需求开展的科研攻关与技术创新成果，系统构建并深入阐述了在我国西南地区复杂地理环境及严苛建设条件下的双层系杆拱桥建造关键技术体系。

全书介绍了大桥建设背景、技术挑战及取得的创新成果，结合设计、科研、施工、监控等建设过程中形成的理念与方法，重点介绍了复杂条件下双层预应力门式墩施工关键技术、大跨双层公铁两用钢箱拱桥主拱施工关键技术与边拱施工关键技术、公路超高性能混凝土组合桥面施工技术以及钢梁、钢拱加工制造关键技术。

本书可供从事桥梁工程勘察设计、施工、监理、咨询、建设管理、监控监测的工程技术人员学习参考，尤其对类似环境条件下公铁两用拱桥的建造可提供有益借鉴，也可供桥梁工程及相关领域的科研人员以及高等院校师生参考。

### 图书在版编目(CIP)数据

成贵高铁金沙江公铁两用桥建造关键技术／张敏等编著. — 北京：人民交通出版社股份有限公司，2023.12

ISBN 978-7-114-19172-5

Ⅰ.①成… Ⅱ.①张… Ⅲ.①金沙江—铁路公路两用桥—桥梁工程 Ⅳ.①U448.12

中国国家版本馆 CIP 数据核字(2023)第 244672 号

中国铁路重大桥梁工程建设丛书
Cheng-Gui Gaotie Jinshajiang Gong-Tie Liangyongqiao Jianzao Guanjian Jishu

| | |
|---|---|
| 书　　　名： | 成贵高铁金沙江公铁两用桥建造关键技术 |
| 著 作 者： | 张　敏　毛伟琦　梅新咏　李艳哲　韩晓强　等 |
| 责任编辑： | 张　晓 |
| 责任校对： | 孙国靖　刘　璇 |
| 责任印制： | 刘高彤 |
| 出版发行： | 人民交通出版社股份有限公司 |
| 地　　址： | (100011)北京市朝阳区安定门外外馆斜街 3 号 |
| 网　　址： | http://www.ccpcl.com.cn |
| 销售电话： | (010)59757973 |
| 总 经 销： | 人民交通出版社股份有限公司发行部 |
| 经　　销： | 各地新华书店 |
| 印　　刷： | 北京印匠彩色印刷有限公司 |
| 开　　本： | 889×1194　1/16 |
| 印　　张： | 15.75 |
| 字　　数： | 476 千 |
| 版　　次： | 2023 年 12 月　第 1 版 |
| 印　　次： | 2023 年 12 月　第 1 次印刷 |
| 书　　号： | ISBN 978-7-114-19172-5 |
| 定　　价： | 112.00 元 |

(有印刷、装订质量问题的图书，由本公司负责调换)

KEY TECHNOLOGY FOR
THE CONSTRUCTION
OF JINSHA RIVER HIGHWAY AND RAILWAY BRIDGE
ON CHENGDU-GUIYANG HIGH-SPEED RAILWAY

# 重大工程
# 时间轴

**2014年 04月25日**

栈桥施工

**2014年 05月13日**

APE400液压振动打桩锤插打护筒施工

**2014年 06月03日**

主桥水中3号墩首根超大孔径钻孔桩封桩

2014年 08月 15日

主桥4号墩钢护筒插打

2015年 03月 19日

主桥3号墩围堰施工

2015年 03月 21日

主桥1号墩施工

**2015年 04月15日**

主桥2号墩承台浇筑

**2015年 05月11日**

主桥4号墩承台浇筑

**2015年 07月02日**

主桥3号墩墩身施工

主桥 1 号墩上横梁浇筑

**2015年 08月 11日**

边拱公路现浇梁施工

**2016年 01月 28日**

主拱钢拱肋架设至 GL11 节段

**2017年 06月 03日**

**2017年 06月28日**

主拱合龙

**2017年 12月26日**

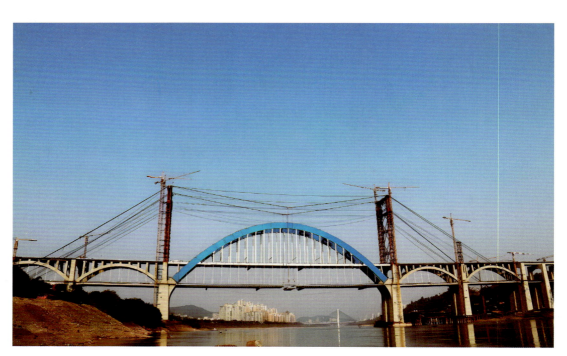

公路桥面精准合龙

# Editorial Board 编委会

**主 任 委 员**：张　敏
**副主任委员**：毛伟琦　梅新咏　李艳哲　韩晓强
**委　　　员**：（按姓氏笔画排序）

| | | | | |
|---|---|---|---|---|
| 马　涛 | 王　志 | 王　芳 | 王武力 | 王跃年 |
| 王熊珏 | 叶绍其 | 田继开 | 代　皓 | 付　浩 |
| 朱　龙 | 刘翠云 | 汤忠国 | 苏　杨 | 李小兵 |
| 李方峰 | 李吉成 | 李　鑫 | 何　奈 | 张小川 |
| 张志勇 | 张美玲 | 张　洋 | 张德和 | 张　露 |
| 陈　东 | 陈贵桥 | 季跃华 | 岳万友 | 周广伟 |
| 周祖干 | 周燕飞 | 胡　珊 | 查道宏 | 索小灿 |
| 高振东 | 涂满明 | 黄建刚 | 黄燕庆 | 彭旭民 |
| 敬洪武 | 韩井东 | 蒲守东 | 蔡红珍 | 潘东发 |

# 序言

　　成贵高速铁路是中国"八纵八横"高速铁路网兰州（西宁）至广州通道的重要组成部分，作为一条南北向快速铁路客运通道，改善了成都与贵阳之间铁路客运交通状况，对加快城市群建设、推动西部大开发、保障国家安全和社会稳定等具有重要意义。

　　金沙江公铁两用桥作为成贵高铁的关键控制性工程，主跨336m，是目前世界最大跨度的公铁两用钢箱拱桥。大桥采用铁路在上、公路在下的双层布置，上下层桥面高差达32m，高差位居世界同类桥型第一。该桥于2014年1月开工，2019年6月15日正式通车运营，大桥因其出色的景观效果已成为金沙江上又一座标志性的桥梁。

　　金沙江公铁两用桥的建设者与科研人员在结构体系设计、关键施工工艺、核心材料研发、施工装备创新上刻苦攻关，取得了多项突破性创新成果。在设计方面，首创上层铁路、下层公路的公铁桥梁"五连拱"新体系，集上、中、下承式拱桥体系于一身；首次采用边箱主梁纵横梁正交异性整体钢桥面板、水平钢箱连杆连接拱肋与铁路桥面、刚性吊杆与柔性吊杆结合的公铁两用双层系杆拱桥新结构。在施工方面，秉持绿色节能理念，研发了国内最大吊重480t无调索横移式缆索吊机；首创拆装式锁扣钢套箱围堰技术、大型钢结构预埋锚杆精确定位和拱肋首节段精确吊装技术、双层承载式混凝土提篮拱支架施工技术、

# Foreword

多层空间构件安装与合龙技术、系杆高空托架法安装及多级张拉等关键施工技术；研发了钢－超高性能混凝土组合桥面及接合段自密实混凝土新材料，解决了钢桥面易疲劳开裂和沥青混凝土铺装层易破损的典型病害难题。

《成贵高铁金沙江公铁两用桥建造关键技术》全面总结了金沙江公铁两用桥在建设过程中设计、施工、制造、科研等方面的技术创新成果，是大桥建设者智慧的集中体现，是我国西南地区桥梁建设的宝贵经验，对推动我国桥梁新结构、新工艺、新材料、新装备的研发，与山区大跨度高铁桥梁的建设具有重要借鉴意义与价值。

中国工程院院士
全国工程勘察设计大师
2023 年 12 月

# 前言

金沙江公铁两用桥位于金沙江下游，是成贵高铁的控制性工程，大桥全长1875m，主跨336m，是世界最大跨度的公铁两用钢箱拱桥。桥位处航道弯、急、险、航行条件复杂，且有珍稀、特有鱼类自然保护区，给桥梁设计、施工带来了诸多难题和挑战。建设过程中，建设者们大力开展技术创新和科研攻关，克服各种困难，形成了一系列关键技术，取得了多项突破性创新成果。

金沙江公铁两用桥的建设，凝聚了设计、施工、制造、科研等工程技术人员的聪明智慧，积累了众多有价值的技术经验。为系统地总结和介绍这些宝贵的经验，丰富桥梁技术宝库，以供日后借鉴，特编写出版《成贵高铁金沙江公铁两用桥建造关键技术》一书。

本书共9章，第1章介绍了大桥建设背景、技术挑战及取得的创新成果；第2章归纳总结了桥梁结构设计概况和科研课题；第3章简要介绍了桥梁施工组织和施工工艺；第4章至第8章重点介绍了施工过程中的关键技术，包括复杂条件下双层预应力门式墩施工关键技术、大跨双层公铁两用钢箱拱桥主拱施工关键技术、大跨双层公铁两用钢箱拱桥边拱施工关键技术、公路超高性能混凝土组合桥面施工技术，以及钢梁、钢拱加工制造关键技术；第9章介绍了桥梁施工监控技术。

本书由张敏、毛伟琦、梅新咏、李艳哲、韩晓强等编著，李艳哲、韩晓强主持

统稿并审稿。本书编写分工如下:第1章和第8章主要由周燕飞编写,第2章主要由王志编写,第3章主要由韩井东编写,第4~7章主要由张志勇、陈东、李吉成、胡珊、陈贵桥等编写,第9章主要由索小灿编写。在本书编写过程中,得到了中铁大桥局集团有限公司、中国国家铁路集团有限公司工程管理中心、成贵铁路有限责任公司、中铁大桥勘察设计院集团有限公司、中铁大桥局集团第五工程有限公司、中铁大桥科学研究院有限公司等单位的大力支持和帮助,并提供了大量工程资料。在此向所有编审人员的辛勤付出表示衷心感谢!

限于作者的认知水平及经验,书中难免存在不足和欠缺,愿与同行探讨,同时也请同行、前辈和专家批评指正。

作 者

2023 年 9 月于武汉

# Contents

# 目录

第1章　绪论 ·································································· 1
　　1.1　引言 ································································ 3
　　1.2　建设背景 ··························································· 3
　　1.3　工程挑战及创新 ···················································· 3

第2章　设计与科研 ························································· 7
　　2.1　建设条件 ··························································· 9
　　2.2　总体设计 ·························································· 17
　　2.3　主桥设计 ·························································· 24
　　2.4　引桥设计 ·························································· 34
　　2.5　抗风性能研究 ···················································· 35
　　2.6　风-车-桥耦合动力研究 ········································· 38
　　2.7　拱墩交汇段受力分析和试验研究 ····························· 42

第3章　施工组织 ··························································· 47
　　3.1　场地规划 ·························································· 49
　　3.2　施工工序 ·························································· 50
　　3.3　主要施工方法 ···················································· 54
　　3.4　施工安全环境管理 ·············································· 86

第4章　复杂条件下双层预应力门式墩施工关键技术 ················ 87
　　4.1　复杂地质下大直径桩基施工技术 ····························· 89
　　4.2　拆装式双壁锁口钢套箱围堰施工技术 ······················· 92
　　4.3　预应力双层门式框架墩施工技术 ····························· 99
　　4.4　拱墩固结段施工技术 ·········································· 103

第5章　大跨双层公铁两用钢箱拱桥主拱施工关键技术 ············ 111
　　5.1　大尺寸拱脚节段锚固定位及实测修正制造技术 ·········· 113
　　5.2　双层高墩刚架系杆拱架设控制技术 ························ 121
　　5.3　吊杆架设技术 ·················································· 148

# 第6章 大跨双层公铁两用钢箱拱桥边拱施工关键技术 ......... 153
## 6.1 多层复杂支架设计技术 ......... 155
## 6.2 大体积混凝土拱现浇施工关键技术 ......... 161
## 6.3 大体积混凝土梁现浇施工关键技术 ......... 165
## 6.4 有限空间张拉施工关键技术 ......... 166
## 6.5 复杂支架整体落架施工关键技术 ......... 170

# 第7章 公路超高性能混凝土组合桥面施工技术 ......... 177
## 7.1 方案比选 ......... 179
## 7.2 公路超高性能混凝土组合桥面设计 ......... 184
## 7.3 公路超高性能混凝土组合桥面施工 ......... 185

# 第8章 钢梁、钢拱加工制造关键技术 ......... 195
## 8.1 拱肋线形控制研究与优化 ......... 198
## 8.2 加工、制造精度控制技术 ......... 200

# 第9章 施工监控 ......... 213
## 9.1 施工监控计算 ......... 215
## 9.2 监控重点、难点分析 ......... 220
## 9.3 施工监测内容 ......... 221
## 9.4 施工控制结果 ......... 225

# 附录 ......... 227

# 参考文献 ......... 233

成贵高铁金沙江公铁两用桥
建造关键技术

01

第 **1** 章

# 绪论

# 成贵高铁金沙江公铁两用桥
## 建造关键技术

KEY TECHNOLOGY FOR
THE CONSTRUCTION
OF JINSHA RIVER HIGHWAY AND RAILWAY BRIDGE
ON CHENGDU-GUIYANG HIGH-SPEED RAILWAY

## 1.1 引言

成贵高铁让蜀道变通途。众所周知，我国西南地区的地势起伏较大，多为山区地貌，一直以来，受地形限制阻碍交通的发展与建设，成为制约地方经济发展和沿线民众出行的最大因素。成贵高铁的建设，不仅打破川南宜宾、滇北昭通、黔西毕节等地区没有高铁的历史，还将大幅度缩短川黔之间的时空距离。这是实实在在的惠民工程，为沿线民众的出行提供极大的便利。

成贵高铁的建设在改善沿线交通状况的同时，更为西南地区经济发展带来新的契机。成贵高铁开通运营后，连接西成高速铁路、渝贵铁路、贵广高铁、沪昆高铁，形成四川乃至西北地区连通珠三角(华南)、长三角(华东)、京津冀和环渤海等经济发达地区的一条高速大通道，使沿线城市和地区间的经济联系更加密切，有利于整合西南区域旅游资源，实现资源共享，让沿线地区的丰富资源不断输出，从而推动当地经济迅速发展，有力推动西部大开发战略实施。

金沙江公铁两用桥上层为四线高铁，下层为六车道城市快速路，桥梁全长1874.9m，主桥为双层"五连拱"形式，主拱为中、下承式组合钢箱拱，边拱为上、下承式组合混凝土提篮拱。全桥包含上承、中承、下承拱桥三种结构体系，结构新颖独特，造型美观。铁路、公路桥面高度相差32m，公路桥面柔性吊杆穿过铁路桥面刚性吊杆的刚、柔性吊杆结合，结构复杂，为国内外首次采用。"五连拱"结构体系复杂，主桥架设存在钢箱拱、铁路梁、公路梁3层空间交错作业，主边拱施工存在一定干扰，且拱桥施工过程体系转换次数多，精度要求高，操作难度及安全风险高。

本桥于2014年1月开工，2019年6月通过验收，2019年6月15日正式通车运营。

## 1.2 建设背景

金沙江公铁两用桥桥位处航道弯、浅、险，航行条件复杂。桥位河段属宜宾中心港区范围，船舶往来频繁，港区作业水域要求宽，桥位地处长江上游珍稀、特有鱼类自然保护区，为确保航行安全，同时为了最大限度减小对保护区的影响，桥梁采用一跨通过主航道，兼顾北岸跨越翠柏大道和内昆铁路的需求。主拱跨越长江主航道，边跨分别跨越翠柏大道和内昆铁路。

双层系杆拱桥的选择充分考虑了地形、航道以及当地道路规划要求。宜宾市地形属于山区丘陵，整体呈西南高、东北低态势。宜宾高铁站布置在南岸，轨顶高程+357.8m，为铁路桥面的控制高程，而根据宜宾市规划，公路需连接北岸的翠柏大道，而翠柏大道高程仅为+287m，如按国内已建成的公铁两用桥梁均将公路桥面布置在铁路的上层，公路桥面和所接翠柏大道高程差约86m，极大地增加了公路接线的设计难度和投资规模。通过采用新的设计结构形式：公路在下、铁路在上，减小公路连接高差，有效降低了投资。通过研究提出了铁路桥面在上层，公路桥面在下层，上层通行四线高速铁路，下层通行六车道城市快速主干道，大幅缩短公路桥梁接线长度。桥区位于金沙江碍航滩险大雪滩河段，交通运输部对该滩进行整治，整治线宽度在300m左右，且桥区河段为宜宾中心港区范围，为确保航行安全和航运发展需要，大桥采用一跨过江的"五连拱"结构新体系方案，主跨最终定为336m，跨径布置为(116+120+336+120+116)m。主拱采用拱墩固结、拱梁分离的平行钢箱系杆中下承式拱桥体系，边拱采用混凝土提篮式上、下承式拱桥体系。

## 1.3 工程挑战及创新

### 1.3.1 主要工程特点及技术挑战

金沙江公铁两用桥主跨336m，是目前世界最大跨度的公铁两用钢箱拱桥，也是世界上首次采用铁路桥面位于上层、公路桥面位于下层的公铁桥梁"五连拱"新结构体系。金沙江公铁两用桥所处区域地质条件复杂,金沙江水流湍急,给大桥的建设、施工带来诸多技术挑战。

#### 1)结构体系复杂

金沙江公铁两用桥为公铁合建,公路在下、铁路在上双层桥面,五连拱结构复杂,为世界首创。主桥为(116+120+336+120+116)m,主跨336m,为拱墩固结的钢箱系杆拱桥,(120+116)m边跨为混凝土简支系杆拱桥。全桥包含上承、中承、下承拱桥三种结构体系。

#### 2)水中桥墩基础施工受洪水影响大

金沙江一般在每年6月下旬至10月中旬发生洪水,尤以7—9月最为集中。汛期平均每月雨日可达20天左右,一次洪水持续时间最短约为10天,最长达30天左右。由于汛期时间长、水位变化大,下部结构施工钻孔平台、水中栈桥需满足渡洪需要。

#### 3)主墩深水基础施工难度大

水中钻孔桩直径为3.4m,穿过卵石层,最大嵌岩深达25m,技术要求高,施工难度大。承台最大尺寸为61.6m×26.6m×7.0m,混凝土量达11467m³,须采用大体积混凝土施工措施。

#### 4)公铁合建段墩身采用双柱式超高空心墩,安全风险高

公铁合建段空心墩两柱间通过横梁和帽梁连成整体,墩身最大高度达98.1m,主跨拱肋与主墩墩身采用"固结"方式,结构复杂,施工难度大,安全风险高。

#### 5)主桥拱肋悬臂扣挂施工,线形控制难度大

主桥拱肋采用480t、跨度336m缆索吊机悬臂扣挂法施工方案。拱肋结构复杂,拱肋制造、拼装精度要求高,单件吊装质量大,线形控制难度大,施工过程中须采取缆索吊机防风等安全措施。

#### 6)桥位绿色环保施工压力大

桥位地处长江上游珍稀、特有鱼类自然保护区,且在每年2月至3月期间,河道为长江上游珍稀、特有鱼类产卵期的洄游通道,绿色环保施工压力巨大。

### 1.3.2 突破性创新技术成果

为了应对新结构、复杂环境带来的诸多挑战,确保大桥安全、优质建成,工程技术人员在设计、施工等多个环节大力开展技术创新和科研攻关,克服各种困难,形成了一系列关键技术,取得了多项突破性创新成果。

#### 1)首创上层铁路、下层公路的公铁桥梁"五连拱"新体系

首次采用铁路位于上层、公路位于下层的公铁桥梁"五连拱"新结构体系,主桥集上、中、下承式拱桥体系于一身,铁路采用四线客运铁路,公路采用六车道+两侧人行道,属于重载桥梁。主拱采用拱墩固结、拱梁分离刚架拱结构,两层桥面高差32m,属世界第一。

#### 2)创新了公铁两用双层系杆拱桥新结构

首次采用边箱主梁、纵横梁正交异性整体钢桥面结构,有效提高了铁路钢桥面整体刚度。首次采用水平钢箱连杆连接拱肋与铁路桥面新技术,有效约束了主梁纵向位移,改善了短吊杆疲劳性能。首次采用公路桥面柔性吊杆穿过铁路桥面刚性吊杆,刚、柔性吊杆结合的公铁两用钢箱拱桥。

### 3）研发了超高性能组合桥面及钢混接合段自密实混凝土新材料

采用正交异性板、底层超高性能混凝土和面层改性沥青的组合桥面铺装体系,解决大跨度钢梁钢桥面易疲劳开裂和沥青混凝土铺装层易破损的典型病害难题,同时大幅延长铺装层使用寿命,节省资金和维养工作量;针对拱肋钢-混凝土接合段,研发了自密实混凝土提高接合段工作性能,有效保证了关键节点的受力性能。

### 4）研发了双层刚架系杆拱施工及控制技术

研发当时国内最大吊重480t无调索横移式缆索吊机、大跨度混合桥梁钢-混凝土节点大型钢结构预埋锚杆定位技术,首创多层空间构件安装与合龙技术;发明了高空系杆托架法安装、悬浮张拉及控制技术,突破了受限空间、公铁桥面相互干扰、高空作业等对拱桥施工的限制,解决了国内最大吨位可更换式钢绞线成品索安装难题。

### 5）秉持绿色节能理念,采用新技术、新工艺、新材料

首创新型锁口大块双壁拆装式钢套箱围堰技术,实现了大型围堰结构的重复利用;研发了墩身钢筋整体吊装、内模兼作钢筋劲性骨架支撑技术;创新研发了拼装式扣缆塔组合结构,发明了永临结合式扣索锚固系统;发明了一种与墩身盖梁相结合的扩大式扣塔基础结构及其施工方法,通过一系列绿色技术创新,节省了材料用量、施工成本,缩短了工期。

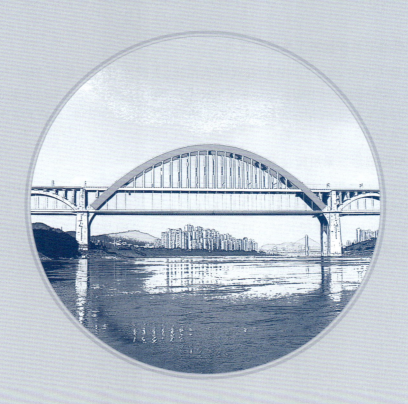

成贵高铁金沙江公铁两用桥
**建造关键技术**

KEY TECHNOLOGY FOR
THE CONSTRUCTION
OF JINSHA RIVER HIGHWAY AND RAILWAY BRIDGE
ON CHENGDU-GUIYANG HIGH-SPEED RAILWAY

成贵高铁金沙江公铁两用桥
建造关键技术
02

第 **2** 章
设计与科研

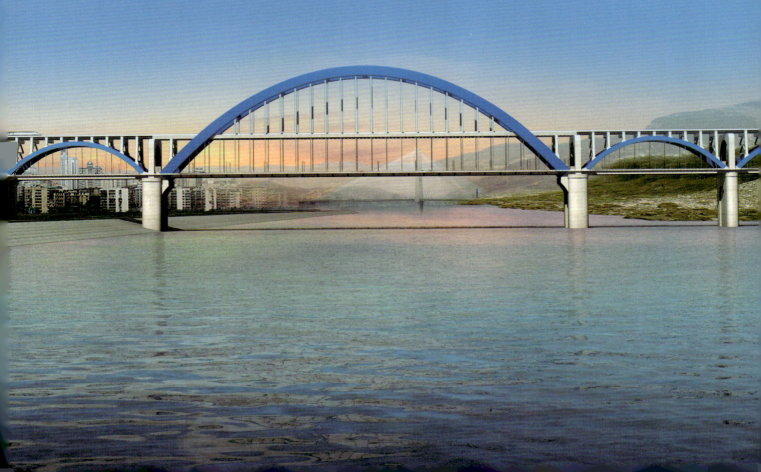

# 成贵高铁金沙江公铁两用桥
## 建造关键技术

KEY TECHNOLOGY FOR
THE CONSTRUCTION
OF JINSHA RIVER HIGHWAY AND RAILWAY BRIDGE
ON CHENGDU-GUIYANG HIGH-SPEED RAILWAY

金沙江公铁两用桥是新建成贵高铁全线关键控制性工程,结合大桥建设条件的勘察结果,经初步设计桥式方案论证比选,主桥设计选用上层铁路、下层公路的布置方案,以及主拱跨度336m的"五连拱"新结构体系。通过风洞试验、风-车-桥耦合动力研究,以及拱墩交汇段受力模型试验研究等专项科研技术研究,验证了该结构体系的可行性。

## 2.1 建设条件

金沙江公铁两用桥地处金沙江中下游,桥位处地质条件复杂,水流湍急,其特殊的地形地貌、水文地质、地震活动、航运等建设条件对桥梁的设计施工都有重大影响。

### 2.1.1 河道

金沙江作为长江的上游河段,起于青海省、四川省交界处的玉树藏族自治州称多县歇武镇直门达村,止于四川省宜宾市东北翠屏区合江门(又称"三江口""合江口")的长江干流河段。

通过收集1966年和2008年江床地形图,分析桥区河段近期河床演变情况,根据河演分析的需要,分别点绘了桥区河段深泓线平面及纵向年际变化图、冲淤变化等,反映了桥区河段多年来的河床演变情况。

#### 1)河岸及滩槽变化

桥区河段1966年和2008年的260m、270m等高线如图2-1所示。260m等高线基本可以代表枯水河槽边线,270m等高线则可代表洪水岸线。从图中可以看出,1966年的260m等高线宽度一般要比2008年窄,枯水对边滩有一定冲刷。金沙江右岸1966年与2008年的270m等高线走向、位置基本一致,局部不同是由于岸边砂石料堆场所致;左岸由于滨江路建设,大中坝段270m岸线向河道方向推进了300~400m。滨江路上游和中坝大桥下游峡口段洪水岸线几十年间基本保持不变。

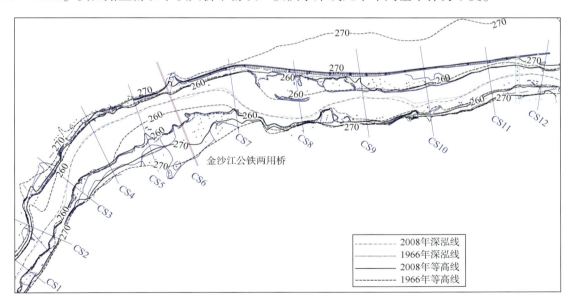

图2-1 桥区河段滩槽及深泓线平面变化图

#### 2)深泓线剖面变化

桥区河段1966年和2008年的深泓线剖面位置如图2-2所示,从图中可知,两次测图的深泓线相互缠绕,没有出现向一个方向偏移的情况,说明桥区河段42年来深泓位置基本不变。2008年测得的河床深泓高程普遍低于1966年,其中黄葱咀段深泓冲深了5~10m,最大局部冲刷深度达到12.1m,神庙石盘至大雪滩段约1.5km河段深泓高程基本不变,而小雪滩以下河段深泓高程降低了2~5m,这说明桥区河段深泓演变趋势以冲刷为主。

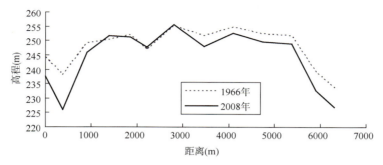

图2-2　桥区河段深泓线剖面变化图

根据2008年实测江床地形,黄葱咀深潭河床最低高程为224.6m,中坝大桥下游深潭河床最低高程为226.9m,中部大石包左侧也被冲出深函,河床最低高程为234.3m;而中部大雪滩滩口处河床最低高程为256.4m,桥区河段深泓最大高差达31.8m。

### 3）冲淤变化

表2-1统计了1966年和2008年的260m高程以下各断面过水面积。由表可知,各断面在260m以下过水面积差异较大,这与河槽断面形态有关,一般窄深"V"形断面过水面积较大,而宽浅"U"形断面过水面积相对较小。对比1966年和2008年两次测图同水位过水面积可知,2008年过水面积均大于1966年,最小增加了1%,而最大则增加了45%。枯水河床过水面积增加的原因有多个方面,一是河床自然演变以冲刷为主,二是桥区河段河槽采砂,三是航道维护疏浚,四是测图差异。

**桥区河段河槽过水面积变化统计表**（单位：$m^2$）　　　表2-1

| 断面号 | 1966年 | 2008年 | 差值 |
| --- | --- | --- | --- |
| CS1 | 1415 | 1968 | 553 |
| CS2 | 2724 | 3957 | 1233 |
| CS3 | 1478 | 2096 | 618 |
| CS4 | 1985 | 2008 | 23 |
| CS5 | 800 | 923 | 123 |
| CS6 | 1094 | 1418 | 324 |
| CS7 | 1119 | 1179 | 60 |
| CS8 | 853 | 1205 | 352 |
| CS9 | 788 | 1071 | 283 |
| CS10 | 1075 | 1428 | 353 |
| CS11 | 1192 | 1723 | 531 |
| CS12 | 1792 | 2324 | 532 |
| CS13 | 2578 | 3453 | 875 |

根据大中坝河段坑探资料,大中坝碛头处粒石中值粒径为80mm,最大粒径400mm,大中坝下游粒石中值粒径为100mm,最大粒径350mm,中值粒径以下粒石磨圆度较好。

综上所述,桥区河段河床质多为大颗粒卵石或基岩、礁石,抗冲能力较强,除滨江路建设和两岸砂石料堆场外,洪水河岸变化较小,岸线较为稳定,多年间河床演变以深槽及边滩冲刷为主,河势总体上是稳定的,适宜建桥。

## 2.1.2 地形地貌

四川省宜宾市地形整体呈西南高、东北低态势。全市地貌以中低山地和丘陵为主体,岭谷相间,平坝狭小零碎,自然概貌为"七山一水二分田"。市境内海拔500~2000m的中低山地占46.6%,丘陵占45.3%,平坝仅占8.1%。拟建大桥线路通过区主要分布于沿江阶地及丘陵(图2-3),可划分为以下四区。

a)北岸地形地貌

b)南岸地形地貌

图2-3 北岸、南岸地貌

(1)河床及漫滩区

金沙江桥位位于金沙江中坝附近,主河槽靠左岸,河床高程在244~261m,施工期间水面宽约420m,最大水深约16m。

(2)Ⅰ级阶地区

该区地形平坦,地势开阔。金沙江上游桥位右岸引桥位于金沙江Ⅰ级阶地区,地面高程268~270m,微向金沙江倾斜,地表种植庄稼。

(3)Ⅱ级阶地区

该区地形平坦,地势开阔。金沙江上游桥位左岸引桥位于金沙江Ⅱ级阶地区,地面高程275~290m,微向金沙江倾斜,地表多建民房。

(4)丘陵及坳谷区

大桥两端引桥位于丘陵区,地形起伏较大,局部冲沟发育,植被较茂密,部分为农田。区内山岗起伏,长期受到侵蚀,切割成岗洼相间的垄岗地形,有一定起伏,高程一般在300~400m之间。

## 2.1.3 工程地质

### 1)桥位区域地层概况

(1)区域地层

场区处于扬子地层区四川盆地分区泸州小区,区内出露地层仅有中生界和新生界。其中第三系,白垩系,侏罗系上统蓬莱组二、三段,以及中统新田沟组等均未出露,侏罗系下统珍珠冲组部分地区缺失。

(2)地质构造

宜宾区域大地构造位置处于扬子准地台的四川台拗南缘,从航磁、重力、岩相古地理等资料证实这一基底被华蓥山深大断裂、岷江深大断裂、江安—合江深大断裂,在宜宾、柏溪、高县双河一带交汇切割,从而形成差异的基底地质块体。

宜宾市位于华蓥山、岷江两断裂交汇处,历史上曾发生过5级以上地震5次,震中常沿华蓥山断裂、岷江断裂带分布,主要认为与华蓥山和岷江两断裂长期活动性有关。

### 2)桥址区工程地质特征

桥址区丘陵表部多覆盖薄层残坡积黏性土,局部存在少量崩坡积土,山顶大部基岩裸露,阶地表部覆盖碎石类土及砂类土;基岩为侏罗系上沙溪庙组砖红色泥岩及灰紫色砂岩,北岸岩层产状220°∠6°,局部有起伏,南岸岩层产状118°∠12°。

各土层的工程地质特征分述如下:

(1)全新统新近堆积土:主要为人工填筑土($Q_4^{me}$)及种植土,厚度小,分布不均。

①填筑土:灰色、灰黑色,主要成分为粉质黏土、砂土及少量建筑垃圾,孔隙大,结构松散。层厚约1m,主要分布于北岸Ⅱ级阶地民房区及翠柏大道表部。

②种植土:灰色、褐色,成分主要为粉土、粉质黏土,质不均,含较多植物根系。层厚0.50~1.20m,主要分布于南北岸丘陵带。

(2)全新统冲积层($Q_4^{1-2al}$):主要为Ⅰ级阶地冲积物,分布于南岸Ⅰ级阶地,最大厚度约29m。

②$_1$粉土:灰色,稍湿,松散,质均。呈透镜体状分布在主桥段6号墩附近,层厚1.6m。

②$_2$粉砂:灰色,稍湿~饱和,松散~稍密状,成分主要为石英、长石,少量云母,质纯。呈层状分布于南岸Ⅰ级阶地,厚1.20~12.50m。

②$_3$细砂:灰色~灰黄色,饱和,松散~稍密状,成分主要为石英、长石,少量云母,质纯。呈透镜体状分布于主桥段3号墩与4号墩附近,厚1.20~11.65m。

②$_4$中砂:灰色,饱和,松散~稍密状,成分主要为石英、长石,少量云母,质纯。呈透镜体状分布于主桥段3号墩附近,厚3.40~10.85m。

②$_5$粗砂:灰色,饱和,松散~稍密状,成分主要为石英、长石,少量云母,质纯。呈透镜体状零星分布于主桥段3号墩附近,厚1.80~3.70m。

②$_7$细圆砾土:灰色,饱和,稍密~中密状,细圆砾石含量约40%,卵石及粗圆砾石含量约15%~20%,粒径多为2~8cm,成分主要为砂岩、石英岩等,质硬,卵砾石磨圆度较好,呈圆~次圆状,砾石间充填砂类土,砂质不纯,含较多黏粒。呈层状分布于南岸Ⅰ级阶地,层厚1.80~8.10m。

②$_8$粗圆砾土:灰色,饱和,稍密~中密状,粗圆砾石含量为35%~45%,粒径多为2~5cm,卵石含量为15%~20%,粒径多为6~8cm,个别大于12cm,成分主要为砂岩、石英岩等,质硬,卵砾石磨圆度较好,呈圆~次圆状,砾石间充填砂类土,砂质不纯,含较多黏粒。层厚2.20~6.00m,主要分布于南岸Ⅰ级阶,北岸2号主墩钻孔也有揭示。

②$_9$卵石土:灰色,饱和,稍密~中密状,卵石含量为50%~55%,粒径多为6~8cm,少量呈10~13cm,个别达18cm,含约15%~20%的粗圆砾石,成分主要为砂岩、石英岩等,质硬,卵砾石磨圆度较好,呈圆~次圆状,砾石间充填砂类土,砂质不纯,含较多黏粒。主要呈层状分布于4号墩以南,层厚为3.70~12.85m。

②$_{10}$孤石:灰紫色,成分为微风化砂岩,岩芯多呈20~60cm柱状,少量呈10cm左右柱状,质较硬,锤击声脆。孤石粒径1.85~6.35m不等。仅DZ2-3、DZ3-5A及DZ3-7个钻孔有所揭示。

(3)全新统崩坡积、残坡积土($Q_4^{col+el+dl}$):主要为块石土与粉质黏土,分布于丘陵表部,厚度小,一般不超过1m。

③$_1$粉质黏土:灰黄色,坚硬状,质不均,含少量砂岩碎屑及植物根系,最大厚度约0.6m,零星分布于两岸丘陵地带。

(4)上更新统冲积层($Q_3^{al}$):分布于Ⅱ级阶地区,最大厚度约17m。

④$_1$细圆砾土:灰色,饱和,密实状,细圆砾石含量为45%,粗圆砾石含量为15%~20%,粒径多为2~5cm,成分主要为砂岩、石英岩等,砾石磨圆度较好,呈圆~次圆状,砾石间充填砂类土,砂质不纯,含较多黏粒。呈透镜体状零星分布于3号主墩及4号墩覆盖层底部,层厚1.80~2.75m。

④₃卵石土：灰色，潮湿~饱和，稍密~密实状，局部钙质胶结，卵石含量约55%，粒径多为6~13cm，卵石磨圆度较好，呈圆棱~亚圆状，成分主要为砂岩、石英砂岩等，质硬，卵石间充填砂类土。主要呈层状分布于北岸Ⅱ级阶地①₁填筑土下，由山脚向江边逐渐变厚。厚为0.85~7.20m，最大厚度约17cm。

（5）基岩：主要为侏罗系上沙溪庙组（$J_{2s}$）砂岩、砂质泥岩。桥址北岸以砂质泥岩为主，南岸则以砂岩为主。

⑤₁w₃强风化砂质泥岩：砖红色，岩石风化成坚硬土状，风化裂隙发育，厚为0.50~1.20m，主要见于丘陵表部砂质泥岩出露处。

⑤₁w₂弱风化砂质泥岩：砖红色，粉砂泥状结构，层状构造，泥质、钙质胶结，岩质极软。

⑤₁w₁微风化砂质泥岩：砖红色，粉砂泥状结构，厚层状构造，泥质、钙质胶结，岩质软，局部发育高角度裂隙。南北岸丘陵区均有分布。

⑤₂w₂弱风化砂岩：灰紫色，粉粒~细粒砂状结构，中厚层状构造，钙铁质胶结，岩石风化较严重，厚度小，见于丘陵段砂岩出露部位。

⑤₂w₁微风化砂岩：灰紫色，粉粒~细粒砂状结构，中厚层状构造，钙铁质胶结，岩芯多呈30~60cm柱状，最长达200cm，岩质较硬。整个桥址区均有分布，两岸往往形成陡崖，岩体完整性较好。

桥位主要岩土层的物理力学指标平均值见表2-2。

岩土层物理力学指标表　　　　　　表2-2

| 分层代号 | 岩土名称 | 天然重度（kN/cm³） | 含水率（%） | 吸水率（%） | 原位测试 | | 抗压强度 | | |
|---|---|---|---|---|---|---|---|---|---|
| | | | | | 标准贯入击数 | 重型动力触探击数 | 天然抗压强度（MPa） | 饱和抗压强度（MPa） | 干燥抗压强度（MPa） |
| ②₂ | 粉砂 | | | | 12 | | | | |
| ②₃ | 细砂 | | | | 9 | | | | |
| ②₄ | 中砂 | | | | 9 | | | | |
| ②₅ | 粗砂 | | | | 7 | | | | |
| ②₇ | 细圆砾土 | | | | | 27 | | | |
| ②₈ | 粗圆砾土 | | | | | 34 | | | |
| ②₉ | 卵石土 | | | | | 77 | | | |
| ⑤₁w₁ | 微风化砂质泥岩 | 26.3 | 2.70 | 1.76 | | | 12.4 | 8.6 | 24.1 |
| ⑤₂w₁ | 微风化砂岩 | 25.6 | 2.20 | 2.0 | | | 49.6 | 48.2 | 80.5 |

**3）场区工程地质评价**

在中国地壳稳定性分区上，桥址所在区域属地壳基本稳定区。桥址区无大的断裂通过，桥址区较稳定。

两岸丘陵斜坡坡度多在10°~30°之间，第四系松散层不发育，不会出现大规模松散层失稳现象；基岩岩性为主要为砂质泥岩或砂岩，岩层产状平缓且往山体内倾斜，除浅表层岩土遭受风化产生剥落外，不会产生整体滑移。南岸9号墩与10号墩之间存在砂岩陡崖，崖下有部分掏空现象，存在危岩，可通过工程措施消除不利影响。

桥址区地势较开阔，基岩埋深浅，人工填土、危岩等欠稳定岩土体规模小，对工程影响不大。

综上所述，桥址区场地稳定性条件较好，局部存在的小规模欠稳定岩土体可通过工程措施消除不利影响，适宜桥梁工程建设。

**4）水文地质条件**

金沙江公铁两用桥位于金沙江宜宾段，附近水文站有金沙江的屏山站和下游长江李庄站，金沙江屏山站集水面积为485099km²。金沙江洪水是由融雪（冰）洪水和暴雨洪水形成，以暴雨洪水为主，因此洪枯流量分配极不均匀,枯期历时长,枯水期从11月至次年5月,枯季径流量约占年径流总量的25%,枯季径流变化平缓,较为稳定。此外,金沙江是长江泥沙的主要来源之一,以攀枝花为界,将金沙江分为上下两段,其中下段是整个长江流域水土流失最严重的地区,原因包括崩塌、滑坡、泥石流发育,地质构造及岩性对流域侵蚀等。

(1)地表水

桥渡区地表水主要为金沙江水与高庄桥水库水,水量大,排泄条件好。

(2)地下水

工程场区沿江多有第四系土层覆盖,丘陵段基岩出露,含水层主要为第四系冲洪积碎石类土与砂类土,地下水类型可分为第四系松散岩类孔隙水、基岩裂隙水。

①第四系松散岩类孔隙水。

主要为孔隙式潜水,主要分布于金沙江与长江两岸阶地与河漫滩碎石类土与砂类土中,水量较丰富,与江水联系密切,雨季时接受江水的侧向补给与降水的入渗补给,旱季时则向江中渗流排泄。

②基岩裂隙水。

主要赋存于砂岩及泥岩层面裂隙与风化裂隙内。在龙头山向斜核部水量丰富,其余地段水量偏小。丘陵区主要接受降水的入渗补给,阶地区与漫滩区接受第四系孔隙水的入渗补给,在地势低洼处常出露为泉水。

### 5)气象

桥区气候属中亚带湿润季风气候区的四川盆地南气候类型,并有南亚热带气候属性,常年受交替的大陆气团和海洋气团的影响。

(1)气温

桥区年平均气温为17.9℃,各月平均气温见表2-3。

**各月平均气温表**(单位:℃)　　　　　　　　　　　　　　　　　　　　　　表2-3

| 月份 | 1 | 2 | 3 | 4 | 5 | 6 | 7 | 8 | 9 | 10 | 11 | 12 | 全年平均 |
|---|---|---|---|---|---|---|---|---|---|---|---|---|---|
| 平均气温 | 7.8 | 9.5 | 14.2 | 18.9 | 22.3 | 24.4 | 26.8 | 26.7 | 22.6 | 18.2 | 13.9 | 9.5 | 17.9 |

桥区常年平均最低气温为0.7℃,极端最低气温-3℃(1962年1月3日);常年平均最高气温为36.9℃,极端最高气温39.5℃(1972年8月27日)。

(2)降雨

桥区年平均降雨总量1164.6mm,降雨量最多的1954年为1625mm,最少的1976年为726.6mm。年内各季降雨量不平衡,夏季最多占全年54%,春、秋季分别占19%和21%,冬季仅占6%。

(3)日照、蒸发、湿度

桥区受盆地地形、大气环流与云贵静止风的影响,形成云雾多、日照少的特点。全年平均日照时数为1123.6h,其中4月至8月稍多。

桥区全年平均蒸发量为989.4mm,年内各月不平衡,12月至次年4月蒸发量多于降雨量8.0~42.2mm,5至11月蒸发量少于降雨量88.5~3.1mm,全年平均蒸发量低于降雨量175.2mm。

桥区绝对湿度受季风气候的影响,夏季从海洋吹来的暖湿空气水汽含量丰富,绝对湿度大,月平均达24g/m³以上。桥区属盆南,四周环山,水汽不易散失,年平均相对湿度达82%。

(4)风

桥区近地层风向风速受天气系统及沿江河谷、地形、日照变化的影响,全年主风向为西北,东北和西北偏西次之,各月平均风速仅在1~2m/s,各月平均风速见表2-4,各月静风率多达40%~50%,属全国小风区。当春季强寒潮影响或夏季强对流的雷雨天气发生时,常伴有瞬间风速≥17m/s大风。全年大风出现频率以7、8月份最多,4、5月份次之。风极大时可达12级左右,1974年7月18日出现过新中国成立以来强度最大的一次,风速达30.2m/s,风向东北。全国基本风压图中桥址区基本风压为500Pa,计算桥址区设计基本风速为 23.6m/s。

**各月平均风速表**(单位:m/s)　　　　　　　　　　　　　　　　　　　表 2-4

| 月份 | 1 | 2 | 3 | 4 | 5 | 6 | 7 | 8 | 9 | 10 | 11 | 12 | 全年平均值 |
|---|---|---|---|---|---|---|---|---|---|---|---|---|---|
| 平均风速 | 0.9 | 1.1 | 1.3 | 1.4 | 1.4 | 1.2 | 1.2 | 1.2 | 1.2 | 1 | 1 | 0.9 | 1.2 |

### 6)地震

区域地跨龙门山地震带、长江中游地震带和鲜水河—滇东地震带。龙门山地震带地震活动具有一定的周期性,在未来百年内,仍处于第二活跃期末期及下一个活动周期内的相对平静期内,不能排除发生 7 级以上地震的可能。长江中游地震带未来百年内的地震活动时间进程仍将主要持续现在的地震相对活跃期,地震活动水平将保持最近百年的平均地震活动水平。鲜水河—滇东地震带在未来百年内仍将保持最近百年来的平均地震活动水平,有可能经历至少两个地震相对活跃期,并有可能发生多次 Ms≥7.0 级地震。

区域范围内,对工程场地地震影响烈度均达到Ⅵ度的地震有 7 次,包括 2008 年 5 月 12 日发生的汶川 8.0 级地震。

区域地跨松潘—甘孜造山带和扬子准地台。新构造期西部强烈隆起,东部隆升幅度较小。区域内主要发育有 NE、NW 和 NS 向三组不同方向的断裂构造,区内呈 NW 和 NS 走向的鲜水河断裂南东段、荥经—马边—盐津断裂、安宁河断裂等,均具有明显的晚更新世—全新世以来活动的地质地貌证据,这些断裂、断层弯曲或断层扩展背斜及新构造运动分区界线附近均有发生较大地震的可能。

近场区范围内主要构造为宜宾背斜、南广背斜、双河背斜及与之共生的观斗山断裂、白云寺断裂、佛界山断裂等,这些构造均具有发生 5.5 级左右地震的构造能力。

(1)场地基岩设计地震动参数

根据地震危险性分析结果,场地基岩设计地震动参数见表 2-5。

**场地基岩设计地震动参数**　　　　　　　　　　　　　　　　　　　表 2-5

| 超越概率 | $A_{max}$(cm/s$^2$) | $K$ | $\beta_{max}$ | $T_g$(s) | $\gamma$ | $\alpha_{max}$ |
|---|---|---|---|---|---|---|
| 5 年 63% | 34 | 0.0347 | 2.3 | 0.4 | 1.0 | 0.0797 |
| 5 年 10% | 108 | 0.1101 | 2.3 | 0.4 | 1.0 | 0.2532 |
| 50 年 2% | 211 | 0.2151 | 2.3 | 0.4 | 1.0 | 0.4947 |
| 100 年 63% | 50 | 0.0510 | 2.3 | 0.4 | 1.0 | 0.1172 |
| 100 年 10% | 145 | 0.1478 | 2.3 | 0.4 | 1.0 | 0.3400 |
| 100 年 3% | 236 | 0.2406 | 2.3 | 0.4 | 1.0 | 0.5533 |

(2)场地地表设计地震动参数

根据土层地震反应分析结果,场地地表设计地震动参数见表 2-6、表 2-7。

**场地地表设计地震动参数**(主墩)　　　　　　　　　　　　　　　　表 2-6

| 超越概率 | $A_{max}$(cm/s$^2$) | $K$ | $\beta_{max}$ | $T_g$(s) | $\gamma$ | $\alpha_{max}$ |
|---|---|---|---|---|---|---|
| 50 年 63% | 48 | 0.0489 | 2.5 | 0.40 | 1.0 | 0.1223 |
| 50 年 10% | 138 | 0.1407 | 2.5 | 0.45 | 1.0 | 0.3517 |
| 50 年 2% | 265 | 0.2701 | 2.5 | 0.50 | 1.0 | 0.6753 |
| 100 年 63% | 69 | 0.0703 | 2.5 | 0.40 | 1.0 | 0.1758 |
| 100 年 10% | 186 | 0.1896 | 2.5 | 0.45 | 1.0 | 0.4740 |
| 100 年 3% | 294 | 0.2997 | 2.5 | 0.50 | 1.0 | 0.7492 |

场地地表设计地震动参数(边墩)　　　　　表2-7

| 超越概率 | $A_{max}$(cm/s²) | $K$ | $\beta_{max}$ | $T_g$(s) | $\gamma$ | $\alpha_{max}$ |
|---|---|---|---|---|---|---|
| 50年63% | 46 | 0.0469 | 2.5 | 0.40 | 1.0 | 0.1172 |
| 50年10% | 135 | 0.1376 | 2.5 | 0.40 | 1.0 | 0.3440 |
| 50年2% | 252 | 0.2569 | 2.5 | 0.45 | 1.0 | 0.6422 |
| 100年63% | 66 | 0.0673 | 2.5 | 0.40 | 1.0 | 0.1682 |
| 100年10% | 180 | 0.1835 | 2.5 | 0.40 | 1.0 | 0.4587 |
| 100年3% | 282 | 0.2875 | 2.5 | 0.45 | 1.0 | 0.7187 |

表2-5～表2-7中各地震动参数表中符号含义说明如下：$A_{max}$为水平向设计峰值加速度；$K$为水平向设计地震系数；$\beta_{max}$为反应谱放大系数最大值；$T_g$为设计反应谱特征周期；$\gamma$为反应谱下降段的衰减指数；$\alpha_{max}$为地震影响系数最大值。

(3)抗震设防烈度

工程抗震设防烈度应根据50年超越概率10%水平下地表峰值加速度确定。根据目前的数据，工程场地的抗震设防烈度为Ⅶ度。根据《建筑工程抗震设防分类标准》(GB 50223—2008)、《铁路工程抗震设计规范》(GB 50111—2006)等技术规范，应将其提高一度(即按Ⅷ度)加强其抗震措施。

### 2.1.4 航运

桥位位于金沙江水富—宜宾河段，水富—宜宾河段属于金沙江下游河口段，全长30km，上游在建向家坝水利枢纽。该河段落差大、坡降陡、洪枯水位变幅大，具有典型的山区河流特征。向家坝枢纽至岷江河口总落差8.09m，平均比降0.27‰，一般河宽200m，滩上最小河宽90m，滩上最大流速可达4m/s以上。目前，水富—宜宾河段航道维护尺度为1.8m×40m×320m，航道条件较差。根据长江干流宜宾以上(含金沙江河口段)滩险排查，王爷庙—水富共有碍航滩险27个，其中水富至宜宾合江门13个，合江门至王爷庙14个。宜宾合江门—王爷庙河段正在进行的Ⅲ级航道建设，尺度为2.7m×50m×560m。

(1)通航标准

根据原交通部、水利部、国家经济贸易委员会《关于内河航道技术等级的批复》《长江干线航道发展规划》和《四川省内河航运发展规划》规定，该河段航道等级规划为Ⅲ级航道标准。

(2)航道尺度

根据相关标准和规划，桥区河段规划航道尺度为2.7m×50m×560m(航深×单线航宽×弯曲半径，以下同)。

(3)设计代表船队

2009年，桥区河段航道维护尺度为1.8m×40m×320m，常年通行220kW+2×300t船队，其中半年左右时间可通行350kW+2×350t船队。

根据《内河通航标准》(GB 50139—2004)❶和《川江及三峡库区运输船舶标准船型主尺度系列》，Ⅲ级航道对应设计代表船(型)队尺度为：

两排两列(1+4×1000t)：167m×21.6m×2.0m(长×宽×设计吃水，以下同)；

两排一列(1+2×1000t)：160m×10.8m×2.0m；

1000t级机动驳船：(65~68)m×10.8m×(2.6~2.8)m。

---

❶ 为设计时期所采用的国家标准版本，现行规范版本为《内河通航标准》(GB 50139—2014)。

(4)最高、最低通航水位

根据《内河通航标准》(GB 50139—2004)的规定,大桥的设计最高通航水位采用洪水重现期为10年一遇的洪水位。根据宜宾合江门水位站资料,并参考上、下游已建大桥最高通航水位,推算得到下桥位10年一遇洪水位为279.31m,上桥位10年一遇洪水位为279.89m。大桥下桥位最高通航水位为279.31m,上桥位最高通航水位为279.89m。

据有关资料计算,上桥位上游1140m处设计最低通航水位为259.77m,下游185m处设计最低通航水位为258.94m,插值计算得到上桥位处设计最低通航水位为259.06m;下桥位上游300m处设计最低通航水位为258.04m,下游300m处设计最低通航水位为257.64m,插值计算得到下桥位处设计最低通航水位为257.84m。

(5)河道建桥条件

桥区河段为单一河道,岸线平顺,深槽、边滩相对固定,河床由卵石、基岩或礁石组成,抗冲能力较强,总体河势变化不大,河床相对稳定,具备建桥条件。

(6)通航净空尺度

金沙江宜宾到水富30km河段规划为Ⅲ级航道,通航净空尺度按《内河通航标准》(GB 50139—2004)表5.2.2-1中规定,Ⅲ-(2)级航道单向通航孔净宽75m,双向通航孔净宽150m,净空高度10m。

另根据《内河通航标准》(GB 50139—2004)附录C计算得到:单向通航孔净宽:$B_{m1}=82.5m$;双向通航孔净宽:$B_{m2}=160.2m$。

鉴于桥区位于金沙江著名的碍航滩险大雪滩河段,该滩航道弯、浅、险,航行条件十分复杂,2009年交通运输部对该滩进行整治,整治线宽度在300m左右,设计提出的桥型方案主跨左右主墩处在整治线边缘,基本合理,且桥区河段属宜宾中心港区范围,船舶往来频繁,港区作业水域要求宽。因此,为确保航行安全和航运发展需要,建议大桥采用一跨过江(即一跨跨过枯水河床)的布置方案,主跨通航净宽不宜小于320m。

2009年8月,四川省交通厅航务管理局正式批复了《关于对成贵铁路宜宾金沙江通航净空尺度和技术要求论证研究报告》,同意桥位选择和航道等级为Ⅲ-2级。

### 2.1.5 环境敏感区

桥位地处长江上游珍稀、特有鱼类自然保护区。长江上游珍稀、特有鱼类国家级自然保护区跨越四川、贵州、云南、重庆四省市,位于四川盆地南部丘陵区以及云贵高原的黔北山地区域范围,具体位于金沙江下游向家坝至重庆的马桑溪江段、赤水河云南境内干支流、赤水河贵州境内干流、赤水河四川境内干流、岷江下游及越溪河河口区域、长江支流南广河、永宁河、沱江和长宁河的河口区,保护区河流总长度1162.61km,总面积33174.213hm²。

2000年4月,《国务院办公厅关于发布新建国家级自然保护区的通知》(国办发〔2000〕30号)批准建立"长江合江—雷波段珍稀鱼类国家级自然保护区"。2005年8月,国家环境保护总局发布《关于调整长江合江—雷波段珍稀鱼类国家级自然保护区有关问题的通知》(环函〔2005〕62号),将保护区更名为"长江上游珍稀、特有鱼类国家级自然保护区",并调整相应功能区划。该保护区主要保护对象为白鲟、达氏鲟、胭脂鱼等长江特有珍稀鱼类及其产卵场。

## 2.2 总体设计

### 2.2.1 主要技术标准

桥梁设计的主要技术标准见表2-8。

金沙江公铁两用桥设计主要技术标准　　　　表2-8

| 项目 | 标准内容 | |
|---|---|---|
| 铁路 | 线路等级:客运专线 | 正线数目:成贵两线、渝昆两线(预留) |
| | 设计行车速度:250km/h | 最大坡度:20‰ |
| | 最小曲线半径:一般4000m,个别3500m | 牵引种类:电力 |
| | 动车组类型:电动车组 | 到发线有效长:650m |
| | 列车运行控制方式:自动控制 | 行车指挥方式:调度集中 |
| 公路 | 公路等级:城市快速路 | 车道数:双向六车道 |
| | 设计速度:60km/h | 汽车荷载等级:公路-Ⅰ级 |
| 通航 | 通航等级:Ⅲ-(2) | 单孔单向通航净宽:75m |
| | 单孔双向通航净宽:150m | 通航净高:10m |
| 设计洪水频率 | 1/300,设计洪水位+284.29m | |
| 设计水位 | 最高通航水位:+279.89m;最低通航水位:+259.06m(国家1985高程) | |

## 2.2.2　平面设计

桥位位于金沙江下游,距离下游的中坝金沙江公路大桥约3.5km,地处宜宾市规划中心区域的翠屏区高桩桥附近。桥位位置、走向服从总体线位,铁路部分桥梁起于宜宾市翠屏区西郊高桥村李子林组,向东南经高庄桥水库、高桥小学、四川农科院水产研究所,跨越内昆铁路、滨江路及金沙江后,止于金江村大石盘组。

本项目设计范围为:铁路设计起终点里程为DK140+506.600～DK142+381.5,全长1874.9m,如图2-4所示。

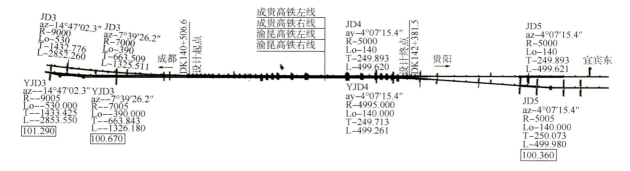

图2-4　线路平面布置图(铁路部分)

合建段公路设计起终点里程为DK141+19.100～DK142+277.600,合建段公路部分全长1258.5m,如图2-5所示。

公路部分主线成都侧从主桥0号边墩开始脱离铁路中心线,以$R=300$m从平面曲线分离共建段(225.5m)后,设置一个互通立交,通过接线连接既有翠柏大道,跨越高庄桥水库后公路主线基本平行于铁路中线向北延伸,在分建公路里程GK0+863.5处设置桥台,连接规划中的南北快速通道。

在贵阳侧同样从主桥5号边墩开始脱离铁路中心线,以$R=600$m从平面曲线分离共建段(225m)后,设置桥台,连接规划中的南北快速通道。

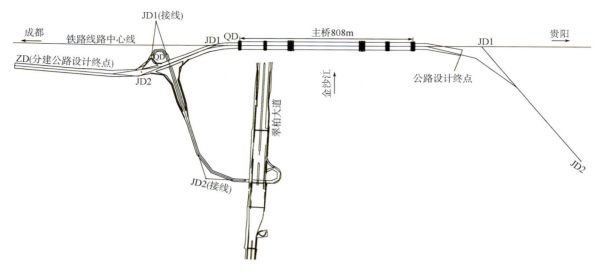

图 2-5 线路平面布置图(公路部分)

## 2.2.3 纵断面设计

金沙江公铁大桥工程线路纵断面设计主要控制因素如下。

### 1)铁路部分

(1)防洪及通航

按照防洪的要求,设计洪水位频率采用 1/300,设计洪水位 +284.29m,另加桥梁规定的安全超高;通航要求最高水位 +279.89m,通航净高 18m,通航净空控制高程为 +297.89m。

根据线路总体设计要求,宜宾东站控制高程设计,金沙江公铁两用桥铁路桥面轨顶设计高程为 +357.801m,桥下净空富裕,桥梁纵断面布置满足防洪与通航的净高要求。

(2)线路纵坡

成贵高铁线路纵坡按不大于 20‰ 控制,主桥范围内采用平坡。金沙江公铁两用桥铁路部分纵断面设计如图 2-6 所示。

### 2)公路部分

(1)防洪及通航

根据通航及防洪要求,通航要求最高水位 +279.89m,设计洪水位 +284.29m,公路桥面高程为 325.0m,公路纵断面布置满足防洪与通航的净高要求。

(2)滨江路和内昆铁路

公路部分需跨域既有内昆铁路和滨江公路,地面高程分别为 +288.48m 和 +287.0m。主桥公路桥面设计高程为 +325.0m,满足铁路和公路相关净空要求。

(3)线路纵坡

根据地方规划,金沙江公铁两用大桥公路主线既连接规划中的南北快速路,又连接北岸的翠柏大道,铁路轨顶高程为 +357.801m,翠柏大道高程约为 +287m,南岸所接地面高程约为 +340m,在充分考虑接翠柏大道工程造价和主线线形平顺的基础上,公路桥面高程采用 +325m,公路主桥采用平坡,公路接线最大坡度均小于 4%。公路北接线纵断面设计如图 2-7 所示。

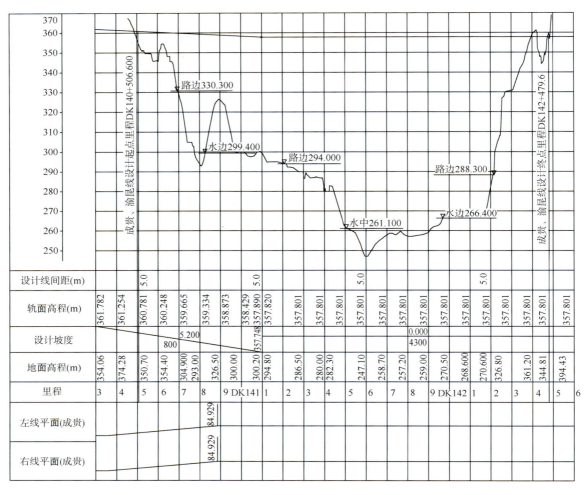

图 2-6　金沙江公铁两用桥铁路纵断面设计图

## 2.2.4　横断面设计

铁路部分横断面主要根据四线铁路结构布置宽度(含检修通道等)。根据技术标准,成贵高铁及预留渝昆高铁线间距均为 4.6m,根据桥面布置的需要,成贵高铁与渝昆高铁之间的线间距采用 8.0m。铁路主桥主拱按整幅布置,铁路主桥边拱及引桥均按双幅布置,单幅桥宽按 12.2m 桥宽布置。

公路部分主要由主线、接线组成。公路主线从成都侧主桥 0 号边墩至贵阳侧 10 号桥台 1043.5m 范围内处设置人行道,即在主桥和贵阳侧公铁合建段范围内设置人行道,其余范围不设置人行道。在成都侧 0 号边墩内设置紧急疏散梯道和电梯供行人上下桥,贵阳侧 10 号桥台处可供行人上下桥。

公路主线(不设置人行道范围)标准桥面布置组为:0.5m(防撞护栏)+0.5m(路缘带)+2×3.75m(行车道)+3.5m(行车道)+0.5m(双黄线)+3.5m(行车道)+2×3.75m(行车道)+0.5m(路缘带)+0.5m(防撞护栏)。公路全宽 24.5m。

### 1)主桥标准横断面

主桥标准横断面布置如图 2-8、图 2-9 所示。

### 2)铁路引桥标准横断面

铁路引桥分 32m 和 45m 连续梁,采用同一标准横断面布置,如图 2-10 所示。

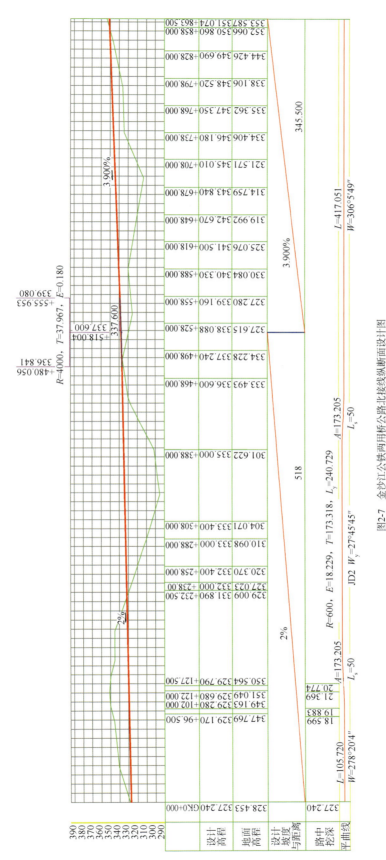

图2-7 金沙江公铁两用桥公路北接线纵断面设计图

$A$-缓和曲线回旋参数;$L_s$-缓和曲线长度;$L$-夹直线长度;$W$、$W_y$-方位角;$E$-圆曲线外距;$R$-圆曲线半径;$T$-圆曲线切线长;$L_y$-圆曲线长度

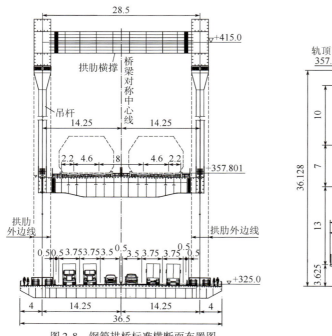

图 2-8 钢箱拱桥标准横断面布置图
（尺寸单位:m；高程单位:m）

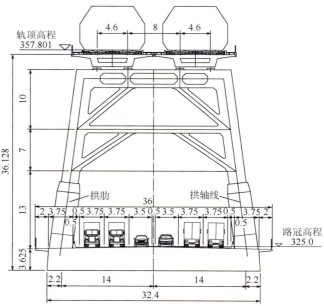

图 2-9 混凝土拱标准横断面布置图
（尺寸单位:m；高程单位:m）

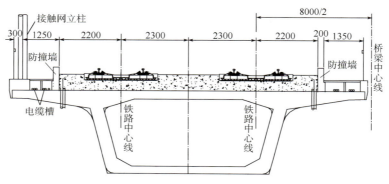

图 2-10 铁路引桥横断面布置图（尺寸单位:mm）

### 3）公路主线引桥标准断面

公路主线引桥标准横断面布置如图 2-11 所示。

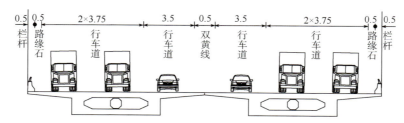

图 2-11 公路主线引桥标准横断面布置图（无人行道）（尺寸单位:m）

## 2.2.5 桥梁跨径布置

### 1）主桥通航孔跨径选择

桥区河段河势总体稳定，地质条件较好，影响主桥跨度的主要因素是通航和生态环境的影响。

2009年8月,四川省交通厅航务管理局正式批复了宜宾金沙江航道等级为Ⅲ-2级。为确保航行安全和航运发展需要,大桥采用一跨过江的布置方案,主跨通航净宽不宜小于320m。考虑主桥桥墩纵向宽度后,主桥跨度不宜小于336m。

根据《长江上游珍稀特有鱼类国家级自然保护区影响专题评价报告》,金沙江公铁两用桥桥位位于珍稀特有鱼类核心保护区范围内,施工和运营期间的噪声会使鱼类受到惊吓和干扰,对鱼类的正常洄游习性产生一定影响。

为了减少施工及运营期间对珍稀鱼类和水生物的影响,金沙江公铁两用桥主跨尽量一跨跨越枯水期水面宽度,枯水河中不设桥墩,尽量减少10年一遇洪水位水中墩数量,最大限度从工程施工上减少了对保护区的影响。

2010年3月,《农业部办公厅关于做好2010年渔业行政执法督察工作的通知》(农办渔〔2010〕23号)正式批复了成贵高铁对长江上游珍稀鱼类保护区影响专题报告,推荐的金沙江公铁两用桥方案(120 + 120 + 336 + 120 + 120)m对保护区影响较小,可以作为建设方案。

经综合考虑确定主通航孔跨径采用336m,满足船舶通航及保护鱼类的要求。

#### 2)主桥非通航孔跨径选择

主桥非通航孔跨径主要由成都侧沿江的翠柏大道、内昆铁路以及对保护区内珍稀特有鱼类等的影响所决定。成都侧沿江的翠柏大道全宽60m,考虑到该桥边墩位于翠柏大道道路中央分隔带内,边跨跨径可控制在120m。同时采用120m的边跨减少10年一遇洪水位的水中墩数量,可有效地降低对珍稀特有鱼类的影响。

#### 3)引桥跨径

综合考虑经济性、施工难易和景观等,合建段引桥基本跨径采用45m,分建铁路引桥除成都侧跨高庄桥水库段的跨径采用(48 + 80 + 48)m外,其余跨径均采用32m。

#### 4)总体布置

金沙江公铁两用桥全桥范围桥跨布置及桥型方案如下所述。

(1)主桥

主桥跨径布置为(116 + 120 + 336 + 120 + 116)m,总长808m,其中336m主跨为钢箱系杆拱桥,120m和116m边跨为混凝土简支系杆拱桥。

(2)引桥

成都侧和贵阳侧合建段引桥均采用45m跨径混凝土连续箱梁;成都侧和贵阳侧分建铁路引桥以跨径32m混凝土简支箱梁为主,成都侧跨越高庄桥水库段采用(48 + 80 + 48)m连续刚构。桥梁总体布置如图2-12所示。

图2-12 金沙江公铁两用桥总体布置

## 2.3 主桥设计

### 2.3.1 桥跨布置

主桥跨度布置为(116+120+336+120+116)m=808m,其中336m的主拱采用双层桥面钢箱系杆拱桥,116m和120m的边拱采用双层桥面混凝土简支系杆拱桥。

120m和116m边拱上部结构中拱肋、公路主梁、拱上立柱等构造均相同,有效地降低了施工难度和施工费用。桥跨布置如图2-13、图2-14所示。

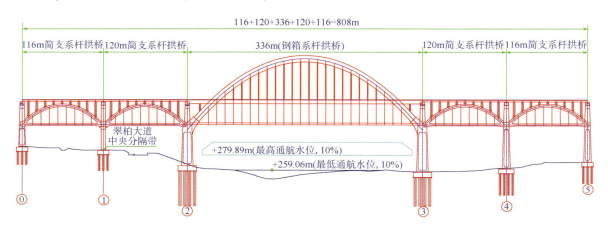

图2-13 主桥立面布置图

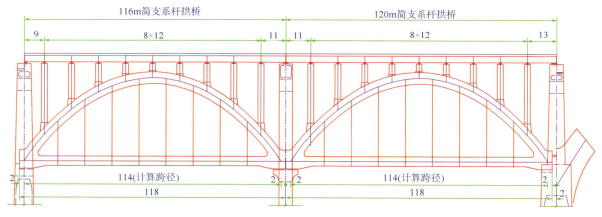

图2-14 边跨116m与120m简支系杆拱桥跨度关系图(尺寸单位:m)

### 2.3.2 336m钢箱系杆拱桥设计

**1）总体布置**

主拱采用拱墩固结、拱梁分离的刚架系杆拱桥,拱肋采用钢箱结构,横向两片平行布置,拱肋中心线间距28.5m,两片拱肋间用箱形钢横撑连接。

主桥采用双层桥面,如图2-15所示。上层为铁路桥面,通行四线高速铁路列车,采用箱形边主梁、纵横梁体系的正交异性整体钢桥面板。拱下桥面通过刚性吊杆与拱肋连接,拱上桥面通过立柱支撑在拱肋上。下层为公路桥面,采用工字形边主梁形式的正交异性板钢桥面,公路桥面通过吊索连接在拱肋上。公路桥面梁底设纵向阻尼装置。

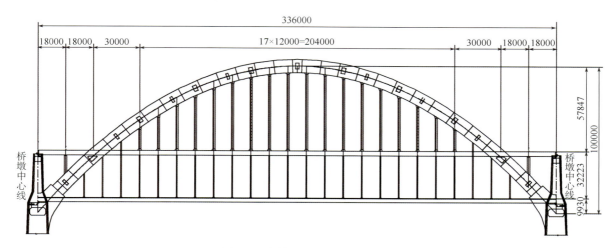

图 2-15 主拱立面图(尺寸单位:mm)

铁路桥面吊杆采用刚性吊杆,为八边钢箱截面。公路桥面吊杆为柔性吊索,采用高强度平行钢丝索。吊杆及吊索横向间距 28.5m,纵桥向间距 12m。立柱为钢箱形截面,斜向设置,如图 2-16 所示。

系杆采用钢绞线柔性系杆索,系杆放置在公路桥面边主梁顶面上,在拱脚锚固在拱座外侧。

### 2)拱肋

拱肋跨度 336m,拱轴线为抛物线,矢跨比为 1/3.36,采用钢箱结构,两片平行拱肋,拱肋中心线间距 28.5m。拱肋钢箱截面高 9m、宽 3m。竖向为单箱三室构造,中间箱室高 4.2m,上下箱室高均为 2.4m。拱肋顶底板厚 28~50mm,腹板厚 24~40mm,中间纵隔板厚 24~40mm,拱肋钢板纵向采用板式加劲肋。横向设置横隔板,横隔板沿着拱轴线径向设置。

拱肋与刚性吊杆的连接采用整体节点板的形式。将拱肋腹板伸出底板加高作为节点板,节点板中间焊接两块连接板。刚性吊杆加宽后与拱肋四面对接拼装。柔性吊索从刚性吊杆中间穿

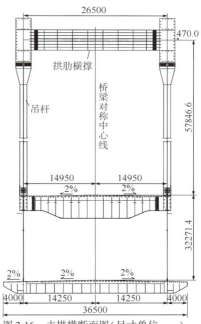

图 2-16 主拱横断面图(尺寸单位:mm)

过锚固在拱肋内,采用钢锚箱的锚固形式,在拱肋最下层箱室的腹板间焊接两块竖向隔板作为锚板,两块锚板间焊接锚板加劲板,锚板顶面焊接锚垫板,共同构成钢锚箱。

拱肋连接横撑处对应中间纵隔板位置焊接横撑顶、底板接头,对应横隔板位置焊接横撑腹板接头。连接立柱处焊接拱肋立柱底接头。

拱肋在工厂分段制造,运输至工地现场连接。拱肋节段制造采用直线加圆弧段代替抛物线形。拱肋节段采用栓焊结合的连接形式,中间纵隔板及加劲肋采用高强度螺栓拼接,顶底板、腹板均为焊接连接。

拱肋与桥墩固结,钢箱拱与桥墩混凝土基座连接形式采用直接承压式。接头处钢箱拱拱肋内高 9m,内宽 3m,为单箱三室截面(图 2-17)。顶底板厚度均为 50mm,箱内水平板以及腹板厚度均为 40mm。在钢箱拱拱肋底部设置承压加劲板。加劲板宽 400~450mm,高 1200mm,厚 40mm。

在钢箱拱和混凝土接触面设置厚度为 120mm 的承压板,将拱肋壁板及加劲肋磨光顶紧后焊接在承压板上,通过承压板将拱肋及承压加劲肋的压力均匀传至混凝土底座。

连接段采用锚栓提供预压力,通过锚栓的预紧力使钢箱拱和桥墩混凝土基座连接成一体。锚栓一侧锚固在混凝土桥墩内,另外一侧锚固在钢箱拱承压加劲板与锚固垫板共同构成的锚梁上,锚固段长1.2m,锚垫板厚度60mm,如图2-18所示。

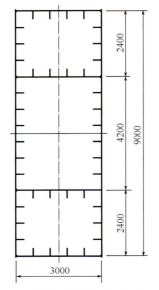

图2-17 拱肋钢箱截面(尺寸单位:mm)

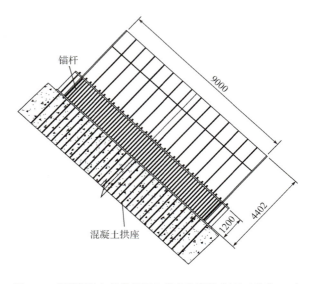

图2-18 钢箱拱肋与桥墩混凝土基座连接形式(尺寸单位:mm)

### 3)横联

两片拱肋通过横向连接系连成整体,横向连接系沿拱轴线径向设置。除跨中采用"一"字形横撑,其余均为由横撑杆和斜撑杆共同构成的"K"字形横撑,横撑杆如图2-19所示。

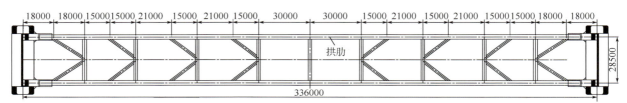

图2-19 主拱横撑示意图(尺寸单位:mm)

普通横撑杆高4.2m,宽2.02m,横撑顶、底板厚20mm,用板肋加劲。普通斜撑杆高3.01m,宽1.52m,顶、底板厚20mm,用板肋加劲。支撑桥面的横撑杆为顶面水平的多边形,顶面横向距拱肋轴线2.5m处布置支座。横撑杆、斜撑杆与拱肋横撑接头通过高强度螺栓连接。拱肋横撑接头在工厂内与拱肋焊接,横撑接头顶、底板及腹板注意与拱内横撑连接加劲板对中。

### 4)铁路主梁

铁路主梁采用纵横梁体系的正交异性整体钢桥面板。

铁路桥面布置在拱肋中部,拱肋以下主梁桥面宽28.5m,在靠近拱肋处变为23.5m。拱下桥面通过刚性吊杆与拱肋连接,拱下铁路桥面边主梁与拱肋连接在一起,将纵向水平力通过拱肋传递到基础。拱上桥面通过立柱支撑在拱肋上。

铁路桥面采用箱形边主梁、纵横梁体系的正交异性整体钢桥面板。铁路桥面对应每条线路下方设置两道纵梁,间距9~12m设置一道横梁,横梁为倒T形截面。横梁间顺桥向每隔3m设一道倒T形横肋,横肋腹高750mm,厚12mm,底板高200mm,厚16mm。桥面顶板横向设置2%的横坡。桥面板厚16mm,用闭口肋和板式肋条加劲。闭口肋高260mm,板厚8mm;板肋高160mm,厚12mm。铁路桥面平面如图2-20所示。

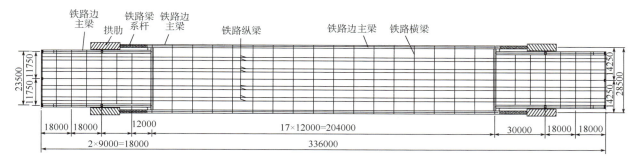

图 2-20　铁路桥面平面图(尺寸单位:mm)

拱肋以下主梁桥面宽 28.5m,拱下桥面通过刚性吊杆与拱肋连接。标准段长度 12m,箱形边主梁内高 3.0m,内宽 1.4m,顶底板厚 20mm,腹板厚 16mm,顶底板及腹板均采用高 200mm、厚 16mm 的板肋加劲。边主梁的上水平板加宽 1250mm,伸过内侧腹板与 16mm 厚的桥面顶板以不等厚对接焊焊连。纵梁腹板高 1450mm、厚度 12mm,底板宽 400mm、厚度 30mm。连接边主梁处横梁高 3m,横梁跨中高为4800mm,横梁腹板厚 24~32mm,横梁底板宽 1200mm、厚 50mm。铁路桥面断面如图 2-21 所示。

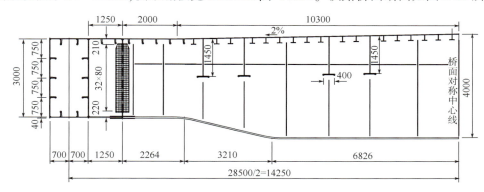

图 2-21　铁路桥面断面图(尺寸单位:mm)

拱肋以上主梁桥面宽变为 23.5m,拱上桥面通过立柱支撑在拱肋上。标准段长度 9m,箱形边主梁内高 3.0m、内宽 1.4m,顶底板厚 36mm,腹板厚 20mm,顶底板及腹板均用高 200mm、厚 16mm 的板肋加劲。边主梁的上水平板加宽 750mm,伸过内侧腹板与桥面顶板以不等厚对接焊焊连。纵梁腹板高1450mm,厚度 16mm,底板宽 720mm,厚度 40mm。连接边主梁处横梁高 3m,横梁跨中高为 3206mm,横梁腹板厚 20~28mm,横梁底板宽 1200mm、厚 50mm。

铁路桥面变宽处横梁采用双腹板横梁,两腹板间距 1400mm,跨中处横梁高为 3206mm,连接边主梁处横梁高 3m。横梁腹板厚 32mm,横梁底板宽 1700mm,厚 50mm。

连接吊杆节点处,在边主梁的上水平板上开槽,开槽端部应避开节点板的圆弧起点,让节点板从槽中穿出,使节点板保持为一个整体。节点板两侧及开槽的端部以熔透焊缝与上水平板连接,使桥面板有效地和边主梁及节点板连接。

边主梁分段制造,工地用高强度螺栓连接。桥面板与纵横梁在工厂制造成整件,在工地与边主梁连接。边主梁与刚性吊杆的连接采用整体节点板连接形式,用高强度螺栓对接拼装。工地安装时,除桥面板为熔透焊接外,其余采用高强度螺栓连接。

铁路桥面边主梁在主体结构施工完成后安装水平连杆与拱肋连接在一起,将纵向水平力通过拱肋传递到桥墩。

**5) 公路主梁**

公路桥面布置在下层,采用工字形边主梁形式的正交异性板钢桥面。主梁中心间距 28.5m,主梁外侧布置 4m 宽的挑臂,桥面全宽 36.5m;边主梁腹板高 2.356m,厚 16mm。底板宽 800mm,厚 32mm。靠近桥墩拱座处主梁中心间距逐渐变为22.3m,主梁外侧布置1m宽的挑臂,桥面全宽24.3m;边主梁腹板高渐变为2.418m,厚16mm,底板宽1000mm,厚50mm。公路桥面平面布置如图2-22所示。

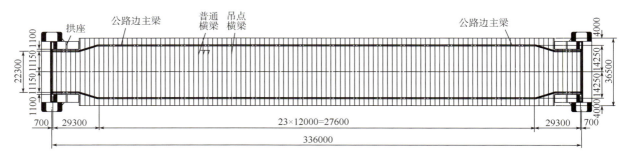

图2-22 公路桥面平面布置示意图(尺寸单位:mm)

桥面顶板横向设置2%的横坡。桥面板厚16mm,用闭口肋及板肋加劲。闭口肋间距600mm,高260mm。桥面为多横梁体系,每隔3m设置一道横梁,横梁为倒T形式,横梁跨中高2641mm,底板宽600mm。公路桥面为栓焊结构,标准节段长12m,节段工厂制造,节段间在工地现场焊接。公路桥面通过吊索连接在拱肋上,公路桥面采用纵向双吊索耳板锚固的形式,在边主梁顶板对应腹板位置纵向焊接一块耳板,耳板用横向肋加劲后锚固双吊索。公路梁断面如图2-23所示。

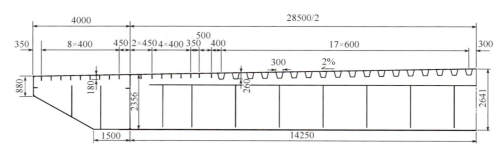

图2-23 公路梁断面示意图(尺寸单位:mm)

### 6)刚性吊杆

刚性吊杆将铁路桥面连接于拱肋,吊杆间距12m。吊杆采用八边箱形断面,高1.4m,宽1.4m,端吊杆板厚32mm,其余吊杆板厚16mm。吊杆向设置肋条加劲,肋高200mm,板厚12~24mm。吊杆在拱顶宽度变为3m与拱肋连接。刚性吊杆上下接头均采用高强度螺栓拼接形式,与拱肋及主梁采用四面拼接形式。除端吊杆外其余吊杆分为两段制造,用高强度螺栓工地连接。吊杆内设置横隔板,横隔板开孔便于柔性吊杆穿过。吊杆横隔板开孔,可在吊杆内供维修检查。在吊杆纵肋上焊接钢板作为简易爬梯便于维修养护。检查维修时从吊杆底进入,沿着检查梯上行至吊杆顶。部分吊杆设置吊杆横撑,横撑为箱形截面,横撑高500mm,横撑宽500mm。

### 7)立柱

拱上的铁路桥面通过立柱支撑在拱肋上,立柱斜向设置,拱肋处横向间距28.5m,桥面处间距23.5m。立柱采用变截面箱形结构,箱形截面宽1400mm、高1400~3000mm,板厚32mm;竖向设置肋条加劲,肋高240mm,板厚20mm。立柱底与设置于拱肋顶及桥面底的立柱接头拼接。横向两立柱间横撑为箱形截面,横撑截面高1.4m、宽1.4m。

### 8)柔性吊索

柔性吊索采用双束布置,连接公路桥面,内穿于铁路刚性吊杆并锚固在拱肋上,纵向间距12m,中间吊索采用PES7-55型低应力防腐拉索,前后侧吊索采用PES7-109型低松弛镀锌高强钢丝,外包双层高密度聚乙烯(PE)护套,配套锚具采用带有纠偏装置的冷铸镦头锚,并进行镀锌防腐处理,吊杆两端锚管采用 Q345B 无缝钢管,高强度钢丝的公称抗拉强度为 1670MPa。

#### 9) 系杆

系杆主要起到承担拱肋水平推力的作用,采用可换型镀锌钢绞线系杆索。钢绞线外包 PE 护套,其公称抗拉强度为 1860MPa。系杆设置在公路桥面边主梁顶面上,沿柔性吊索对称设置,系杆箱预留检修空间,在拱脚处穿过钢拱肋竖弯锚固在拱座外侧。系杆规格为 55-φ$^s$15.2,全桥共用 32 根。横向布置为四层,单侧共 4 排,如图 2-24、图 2-25 所示。

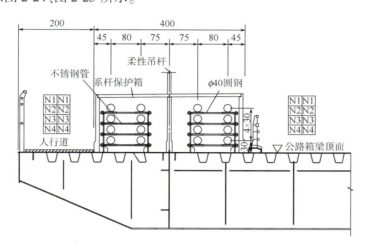

图 2-24 系杆布置示意图(尺寸单位:cm)

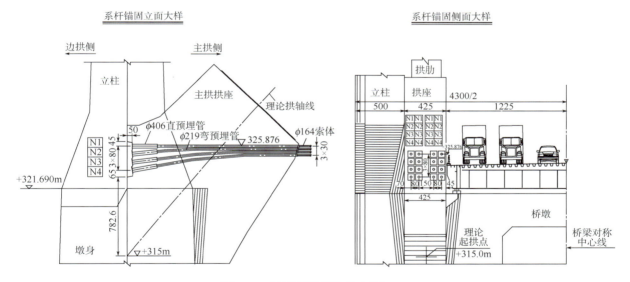

图 2-25 系杆锚固示意图(尺寸单位:cm)

#### 10) 2 号、3 号主墩结构设计

2 号、3 号主墩采用钢筋混凝土结构,从上往下分为立柱及墩身两部分:立柱支承上层铁路主梁,为双柱式结构,柱顶采用预应力混凝土横梁连接;墩身支承下层公路主梁及主拱,分为左右两幅,采用钢筋混凝土横梁连接。2 号墩墩高约 89.6m,3 号墩墩高约 98.1m。

立柱为双柱实体矩形钢筋混凝土结构,柱高 32.683m,横桥向宽 5m,顺桥向宽 6~7.439m,柱底 7.5m 高度范围内为系杆锚固区域,立柱顺桥向宽度由 7.439m 变化至 13m。

上横梁采用预应力混凝土结构，净跨径为33m，采用箱形截面，跨中梁高5.5m，根部梁高9m，对应支座部位设置7处横隔板，顶板厚50cm，底板厚60cm，腹板厚80cm，预应力钢筋采用16束22-$\phi^s$15.2mm高强度低松弛钢绞线，公称抗拉强度为1860MPa。横梁箱室均设置泄水孔及通风孔，顶面及横隔板均设置进人孔。

拱座及系杆锚固区位于立柱下部、墩身的上部，为钢筋混凝土结构。拱座骑跨于墩身之上，侧面与立柱相连，拱座混凝土实体厚4.25m，承压面尺寸为11m×4.25m，承压面与水平面成43°角。

系杆锚固区位于立柱内侧拱座端面上，锚固面高6.2m、宽4.25m，共锚固16束预应力钢束。

2号墩墩身高56.89m、3号墩墩身高65.39m，墩身横向分两幅，单幅墩身横桥向宽15m，顺桥向墩身设1∶35坡度，墩顶宽13m。采用钢筋混凝土空心墩，横桥向墩壁厚1.5m，顺桥向墩壁厚度从墩顶往下以1∶35的斜率增大，墩顶顺桥向壁厚1.5m，墩底顺桥向壁厚为1.9~2m。空心墩内部以竖向隔板将其分为4个箱室，竖向隔板厚80cm，竖向每隔一定距离设置水平隔板，水平隔板厚1m。墩身周围设有通风孔及泄水孔，竖向及水平隔板设有进人孔。墩底设钢筋混凝土墩座高3m。

下横梁采用钢筋混凝土结构，净跨径为13m，采用箱形截面，跨中梁高10m，根部梁高12m。箱梁顶板厚150cm，底板厚150cm，腹板厚150cm，主梁设置泄水孔及通风孔。

2号墩采用28根直径3.4m钻孔桩基础，桩基成行列式布置，横桥向桩中距为7.5m，顺桥向桩中距为7m；承台横桥向宽50.6m，顺桥向宽26.6m，厚7m。3号墩采用36根直径3.4m钻孔桩基础，桩基成行列式布置，横桥向桩中距为7m，顺桥向桩中距为7m；承台横桥向宽61.6m，顺桥向宽26.6m，厚7m。桩尖进入微风化砂岩深度不小于4m。3号墩结构如图2-26所示。

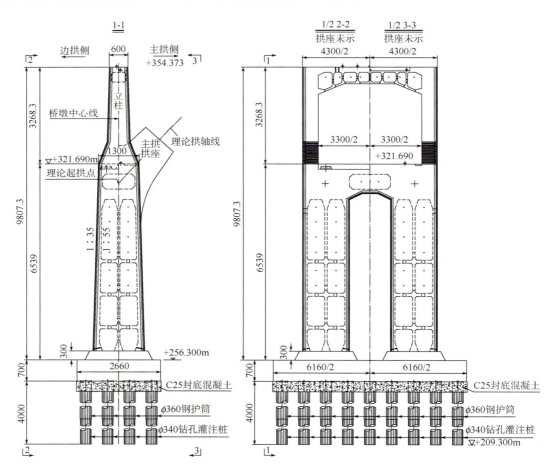

图2-26 3号桥墩结构图（尺寸单位：cm）

### 2.3.3　120m(116m)混凝土简支系杆拱设计

成都侧桥跨布置为116m+120m,贵阳侧桥跨布置为120m+116m,均位于直线上。四跨混凝土简支拱桥具有相同的拱肋结构、公路梁跨径、立柱布置,仅在铁路梁边跨跨径、公路梁靠近梁端处翼板变宽及公路梁端牛腿设置等有所区别。

混凝土简支拱桥为公铁双层混凝土吊杆提篮拱桥,下层为公路桥面,为下承式结构。公路桥面在梁端与拱肋固结,跨中设有9组吊杆与拱肋相连,吊杆顺桥向间距为12m,吊杆型号为PES7-151镀锌钢丝吊索。拱肋上与每组吊杆对应位置处设置一道拱上立柱。铁路梁支撑于拱上立柱,为双幅单箱单室混凝土连续梁,在梁端采用端横梁连接成一体。

拱肋的拱轴为悬链线形,跨度$L=113.3$m,矢高$f=27$m,拱轴系数$m=1.5$。拱肋通过向内侧旋转7°形成提篮拱桥。拱肋截面为4.0m×3.5m矩形截面,壁厚0.8m,在吊杆处拱肋壁厚加厚至1.3m。拱肋之间设置2道K形撑和4道横撑。

公路桥面采用纵横梁结构体系,梁高2.985~3.985m,梁宽34.0~36.0m。边主梁为箱形截面,设置端横梁与拱肋相连,跨中每6m设置一道中横梁,其上为28cm厚桥面板,采用双向2%横坡。公路梁纵横向均设置预应力。

铁路梁架立于混凝土拱桥拱上立柱上,每拱铁路梁为10跨连续梁,中跨跨径为12.0m,边跨跨径在不同的边拱上为8.55m、11.25m、12.55m三种。铁路梁横向为两幅,每幅单箱单室截面,仅在梁端采用横梁连接成一体,端横梁跨中设置横向限位装置。铁路梁单幅宽12.2m,梁高2.0m,顶板布置双向横坡。跨中截面底板厚28cm,腹板厚45cm。腹板的斜度采用1:4。铁路梁设置纵向预应力。

拱上立柱采用钢筋混凝土结构,1~4号立柱横梁高3m,横梁内设置预应力钢束。5号立柱横梁梁高5m,采用钢筋混凝土结构。

铁路梁采用纵向预应力布置;公路梁为双向预应力体系,分别布置边主梁纵向预应力、桥面板预应力、中横梁及端横梁预应力。

0、1、4、5号桥墩为混凝土简支拱下部结构,桥墩铁路上横梁采用预应力混凝土结构外,其余部分均采用钢筋混凝土结构。从上往下为立柱、墩身两部分:双柱式立柱支承上层铁路主梁,采用预应力混凝土横梁连接;墩身支承下层公路主梁及主拱,分为左右两幅,采用钢筋混凝土横梁连接。

0号墩采用18根直径2.5m钻孔灌注桩基础,行列式布置,横桥向桩中距8.5m,顺桥向桩中距为6m;承台尺寸均为50.2m×16.2m×5.5m。

1号墩采用24根直径2.5m钻孔灌注桩基础,行列式布置,横桥向桩中距6.0m,顺桥向桩中距为6.5m;承台尺寸均为50.2m×17.2m×6.5m。

4号墩采用27根直径2.5m钻孔灌注桩基础,横桥向桩中距7.0m,顺桥向桩中距为6m;承台尺寸均为46.2m×22.2m×6.0m。

5号墩采用22根直径2.5m钻孔灌注桩基础,梅花形布置,横桥向桩中距6.0m,顺桥向桩中距为6m;承台尺寸均为50.2m×16.2m×5.5m。

### 2.3.4　设计关键技术

#### 1)多跨双层结构体系创新

目前国内外已建成的公铁两用桥布置形式一般为公路布置在上层,铁路布置在下层。本桥桥址区两岸地形高差大,如采用常规的合建桥梁,将公路设置在铁路的上层,则大桥设计高程与成都侧所接沿江道路高程高差约83m,导致公路接线规模大,经济性差。为解决大桥公铁合建、两岸地形高差大等技术难题,因地制宜地采用铁路在上层、公路在下层的分离式双层桥面拱桥新结构,两层桥面高差32m。

结合通航净空尺度论证、桥位河段珍稀鱼类保护区等控制因素,主桥采用多跨拱桥结构,跨度布置为(116+120+336+120+116)=808m。

(1) 336m主拱结构体系

主拱跨径336m跨径的系杆拱,混凝土等材料系杆力大,结构难实现,选择钢结构材料的拱肋和梁体。高速铁路对行车舒适度要求高,桥梁竖向挠度及梁端转角严格控制,钢结构简支系杆拱桥,梁端转角等无法满足要求,当采用拱墩固结体系时,铁路梁端转角可以控制在1‰以下,满足高速铁路对行车安全与舒适度的要求。

如拱、墩、公路梁全部固结,固结体系构造复杂,施工难度大。经计算,拱梁墩固结体系中,公路主梁不仅未起到系梁的作用(承受拉力),反而增加了系杆拉力,致使系杆轴力及墩身剪力均有所增加,公路主梁截面、系杆截面以及墩身截面均有所增加,经济性差。经综合考虑,336m主拱采用钢箱拱肋与桥墩固结、公路梁分离的结构体系。

(2) 120(116)m边拱结构体系

边拱可采用混凝土材料的系杆拱。相比钢结构材料的系杆拱,混凝土材料的系杆拱造价低,梁体刚度大,更利于满足高速铁路对行车安全与舒适的要求。采用简支系杆拱,具有受力明确、构造简单、施工方便等优点,经综合考虑,120(116)m边拱采用混凝土简支系杆拱。

### 2) 双层桥面吊杆构造新颖

336m钢箱拱桥采用双层桥面的拱桥方案,桥面间高差32m,吊杆的选择、布置、锚固对运营安全尤为重要。

为了满足高速列车行驶安全性以及舒适性等要求,铁路桥面吊杆选用刚度大、疲劳性能好、维护和施工简单的八边箱形截面的刚性吊杆。而公路与铁路桥面相差32m,如公路桥面选择刚性吊杆则经济性差,在满足公路桥刚度的前提下,公路桥面吊杆选择低松弛镀锌高强钢丝的柔性吊索,采用双束布置,方便运营期间维养换索。

大桥采用钢箱刚性吊杆连接铁路桥面、高强钢丝柔性吊索连接公路桥面,将柔性吊索内穿刚性吊杆并独立锚固在钢拱肋的锚固体系,解决了双层桥面吊杆布置和锚固的难题。该结构具有以下优点:①减小了下层公路桥面和上层铁路桥面运营的相互影响,相互独立,铁路和公路桥面运营更加安全和舒适;②刚性吊杆仅承受铁路荷载,降低了铁路刚性桥面吊杆疲劳破坏的概率;③铁路桥面与公路桥面在列车及汽车荷载作用下传力明确,构造简单,便于施工。吊杆构造如图2-27所示。

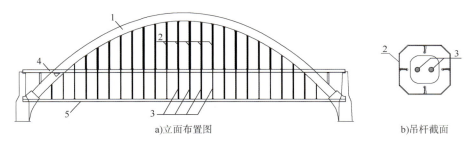

图2-27 双层桥面吊杆构造
1-拱肋;2-铁路刚性吊杆;3-公路柔性吊索;4-铁路桥面边主梁;5-公路桥面边主梁

### 3) 钢箱拱肋和铁路箱梁部分刚性连接,突破常规

大跨度拱桥常在拱梁交接处拱肋间设置横梁,主梁与横梁通过固定支座连接,而另一侧则用活动支座连接;两侧主梁与横梁通过大吨位阻尼装置连接,同时增设防止桥面纵向漂移的软约束。336m跨钢箱拱桥采用钢箱拱肋与桥墩固结、公路梁分离的结构体系,桥梁的整体刚度较大。如采用常用的拱肋与铁路梁连接方式,在温度、制动力和活载作用下,铁路桥面短刚性吊杆的应力和疲劳问题突出。设计采用水平钢箱连杆连接拱肋与铁路桥面,可以有效地约束主梁纵向位移,改善短刚性吊杆的疲劳性能,替代传统大吨位阻尼装置,施工和养护更加便利。拱梁间连接构造如图2-28所示。

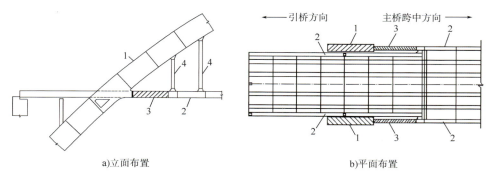

a) 立面布置  b) 平面布置

图 2-28　拱梁间连接构造
1-拱肋；2-铁路边主梁；3-铁路梁水平连杆；4-刚性吊杆

### 4）研发了拱墩固结新技术，提高了拱桥整体刚度，提升了高铁行车的安全性和舒适性

336m 钢箱拱桥采用拱墩固结体系。钢箱拱肋与混凝土墩身交接处受力大，构造复杂，要求在钢-混凝土交接处对各种荷载产生的轴力、弯矩、剪力等传递顺畅可靠，在荷载作用下有一定的承载安全储备，刚度过渡良好，减小应力集中。常见的钢-混凝土交接头结构形式有直接承压式和埋入式两种。直接承压式接头结构主要是钢结构的压力通过底座承压板扩散到混凝土，弯矩引起的拉力通过锚栓等施加的预压力进行平衡；埋入式接头结构主要是通过埋入段钢箱侧壁的剪力钉将压力转变为剪力传递到混凝土结构，本桥拱脚以受压为主，直接承压式接头结构较埋入式接头结构传力更均匀、更直接，钢-混凝土接头采用直接承压式。

钢箱拱和混凝土接触面设置厚度为 120mm 的承压板，将拱肋壁板及加劲肋熔透焊接在承压板上，通过承压板将拱肋壁板及承压加劲肋的压力均匀传至混凝土底座；并在钢-混凝土接合段采用 M56 的锚栓提供预压力，锚栓一端锚固在混凝土桥墩内，另外一端锚固在钢箱拱承压加劲板与锚固垫板共同构成的锚梁上。

拱墩固结段构造复杂，采用有限元分析研究和模型试验，拱墩固结段模型比例为 1:6，如图 2-29 所示。

试验荷载采用等效的金沙江公铁两用桥拱墩固结段最不利弯矩和最不利轴力工况进行设计荷载加载和 1.4 倍超载加载，试验中未出现混凝土结构宏观开裂、钢结构屈曲、结构位移突然增大等结构破坏迹象，钢结构的应力水平小于 Q370qE 钢的容许应力，混凝土结构的应力小于 C50 混凝土的容许应力。拱墩固结段有较大的强度、刚度和承载能力，结构设计合理、安全可靠。

图 2-29　拱墩固结段模型加载试验

### 5）正交异性板组合桥面铺装体系，解决病害难题

目前已建成公路钢桥面铺装方案多采用沥青铺装，沥青长期处于高温、重载等条件下，铺装层容易出现车辙、纵向和横向裂缝、坑槽等等病害，钢桥面结构也容易疲劳开裂。

336m 钢箱拱桥公路桥面应用正交异性钢桥面板、底层超高性能混凝土和面层改性沥青的组合桥面铺装体系，解决了大跨度钢梁钢桥面易疲劳开裂和沥青混凝土铺装层易破损的典型病害难题，基于超高性能混凝土良好的力学性能及耐久性能，将配有钢筋网的超高性能混凝土通过短剪力钉与钢桥面板连接，形成组合桥面铺装体系，显著提高了钢桥面板刚度，有效降低了钢桥面的应力和疲劳开裂风险，大幅延长铺装使用寿命，节省资金和维养工作量。

## 2.4 引桥设计

### 1）公铁合建段引桥

贵阳侧公铁合建段引桥墩高在50~60m之间,该范围内公路部分平曲线半径为300m,约在180m范围内公铁分离。

成都侧公铁合建段位于边滩区域,墩高在80m左右,该范围内公路部分平曲线半径为600m,约在225m范围内公铁分离。

金沙江公铁两用桥引桥数量较少,不设置制存梁场,如采用32m或者40m标准梁跨度,需支架现浇施工,施工难度大;同时按32m跨度布置,需在一岩体欠稳定的陡坎处布置桥墩,造成开挖较大,边坡不稳定。因此合建段引桥采用45m跨预应力混凝土连续梁,悬臂挂篮施工。贵阳侧公铁合建段引桥选用5×45m连续梁跨越,成都侧公铁合建段引桥选用4×45m连续梁跨越,如图2-30、图2-31所示。

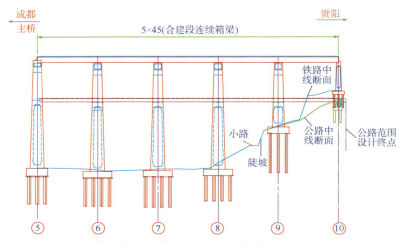

图2-30 贵阳侧公铁合建段引桥5×45m跨度布置(尺寸单位:m)

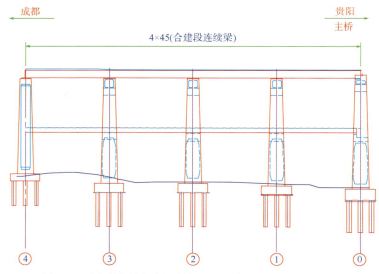

图2-31 成都侧公铁合建段引桥4×45m跨度布置(尺寸单位:m)

### 2）分建铁路引桥

采用(48+80+48)m连续刚构一跨跨越高庄桥水库,避免污染水资源。连接主跨刚构(80m)与公铁合建段之间的最高墩(50m)采用与合建段相同跨度4×45m,其余分建铁路引桥采用技术成熟、施工方便、经济性好的32m简支梁。成都侧跨度布置为6×32.7m简支箱梁+(48+80+48)m连续刚构+4×45m连续箱梁(图2-32);贵阳侧跨度布置为3×32m简支箱梁。

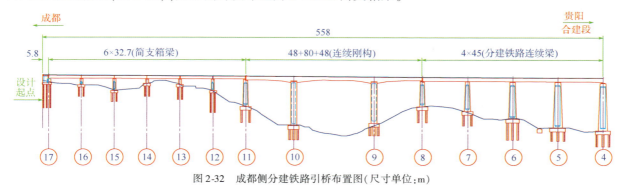

图2-32 成都侧分建铁路引桥布置图(尺寸单位:m)

## 2.5 抗风性能研究

金沙江公铁两用桥具有载荷重、跨度大、高墩、吊杆长、结构新颖等特点,其抗风性能、风参数及风致响应问题无相关资料可查。因此,其成桥状态的风致响应问题、典型施工阶段的风致响应问题、成桥状态和施工状态主梁的涡(颤)振稳定性问题、吊杆的风致振动问题等,均需进一步研究。同时金沙江公铁两用桥采用双层桥面系杆拱桥,为国内首次采用高铁桥面在上层的双层结构形式,其成桥及施工状态的抗风性能及安全性十分关键。

### 2.5.1 主要研究内容

大桥抗风性能主要研究内容如下:

(1)结构动力特性分析

对于桥梁结构抗风研究,其动力特性是必需的基本资料,对成桥状态、典型施工状态的结构动力特性进行计算分析,为风致响应计算分析和模型试验提供依据。

(2)桥址处风场的模拟计算分析

收集大桥桥位处风速资料,核定桥址处地表粗糙度类别,确定相应桥梁的设计基准风速的大小、风向、风攻角,以及主梁的颤振检验风速的大小。

(3)钢箱拱肋气动力参数确定试验

通过钢箱拱肋刚体节段模型静力风洞试验,测定其相应的阻力系数、升力系数和力矩系数随风攻角的变化。

(4)铁路主梁的气动力参数确定试验

通过铁路主梁的刚体节段模型静力风洞试验,测定其相应的阻力系数、升力系数和力矩系数随风攻角的变化,对于铁路主梁还要考虑成桥状态桥上有车与桥上无车两种情况。

桥上有车的状态,还要考虑单车在不同线上或多车在各线上不同组合时车、桥各自的三分力系数。

(5)公路主梁的气动力参数确定试验

通过公路主梁的刚体节段模型静力风洞试验,测定其相应的阻力系数、升力系数和力矩系数随风攻角的变化情况。

(6)铁路主梁、公路主梁整体节段模型的颤振试验研究

根据动力特性计算结果,观察其主梁的振动形态,通过主梁(含铁路主梁、公路主梁)刚体节段模型动力风洞试验,测定其颤振临界风速,考虑不同风攻角的影响,对大桥的抗风动力稳定性做出评价,必要

时提出修改建议。

(7) 铁路主梁、公路主梁整体节段模型的涡激共振试验研究

通过主梁(含铁路主梁、公路主梁)刚体节段模型动力风洞试验,测定主跨主梁断面随风攻角变化的斯特劳哈尔数($S_T$)、涡激振动的发振风速及振幅数值的大小,并研究减少涡激振振幅的措施及方法,以降低由于桥梁涡激振而对列车运营安全产生不利的影响或对疲劳寿命产生不利的影响,必要时对主梁断面提出修改建议。

(8) 施工最不利阶段气动弹性模型试验研究

根据施工方法,针对不同施工过程进行动力特性计算,确定抗风最不利状态,然后,设计其气弹模型,进行风洞模型试验。在均匀流场中进行不同风速时的试验,用于考查结构涡激振等形态。在模拟大气边界层的条件下进行不同风速时的试验,用于考查结构抖振响应。

(9) 主墩公路桥面高度处以及铁路桥面与拱肋交汇处风场特性分析研究

在大风条件下,由于钝体干扰作用,墩梁交汇处以及铁路桥面与拱肋交汇等等处的桥面会形成较强的绕流,使风速在桥墩下风速发生局部放大或减少,对行车安全带来危害,拟通过数值模拟计算的方法,研究绕流特性及其对行车安全的影响,在此基础上提出满足行车安全要求的风栅设计参数。

(10) 成桥状态全桥气动弹性模型试验研究

成桥状态全桥气动弹性模型试验是根据动力特性计算结果,设计成桥状态的气弹模型,进行其在均匀流场以及模拟大气边界层的湍流场中的风洞试验。其目的是观测其涡振性能及抖振性能,并对跨中等典型部位进行位移测量,给出各工况的风速—振幅曲线及最大响应值,进而分析成桥状态的抖振响应。

(11) 吊杆的风致振动的制振措施研究

国内同类桥梁的吊杆多次发生由于风致作用而引起的振动。金沙江公铁两用桥的吊杆较细长,柔度大,发生涡振(或驰振)的可能性同样存在,分析吊杆的动力特性及吊杆的风致振动特点,考查大桥各吊杆发生风致振动的可能性,通过风洞试验研究吊杆的发振机理,研究吊杆制振减振方法,以及气动措施和阻尼器对抑制吊杆风致振动的效果,提出吊杆的制振措施。

### 2.5.2 成桥状态全桥气动弹性模型试验

#### 1) 气动弹性模型的设计与制作

在气动弹性模型设计中,弹性参数、惯性参数的一致性条件均需要严格满足,才能保证模型的结构动力特性、模型的位移、内力等力学参量与原型相似。

综合考虑结构风洞模型设计要求、成桥状态模型长度要求和西南交通大学 XNJD-3 大型低速风洞试验段的断面尺寸(宽22.5m,高4.5m),将模型的几何缩尺比和风速比定为 $C_L = 100/1$ 和 $C_u = 10/1$,由相似条件可得频率比 $C_f = 1/10$。图 2-33 为在风洞中组装后的模型,图 2-34 为边拱公路梁内部情况。

图 2-33  在风洞中组装后的模型

图 2-34  边拱公路梁内部

### 2）均匀流场中气动弹性模型试验

在均匀流场中进行试验时，桥面高度处的最大试验风速均大于实桥施工阶段颤振检验风速的换算风洞风速。

针对成桥状态分别进行不同风向角状态的试验，如图 2-35 所示。

a) 均匀流 $\beta=0°$

b) 均匀流 $\beta=60°$

图 2-35　不同风向角状态的测试照片

在均匀流场中，大桥的成桥状态在试验风速达 90m/s（实桥）时仍没发生颤振稳定性问题，该风速已大于成桥状态颤振检验风速 49.2m/s，其颤振稳定性满足要求；大桥的成桥状态在低于成桥状态设计风速 30.1m/s 之内没有明显的涡激振动发生，满足舒适度的要求。

### 3）紊流场中气动弹性模型试验

在成桥状态各紊流场气动弹性模型试验中，其桥面高度处的最大试验风速均大于相应状态实桥设计风速的换算风洞风速。图 2-36 为不同风向角下成桥状态紊流流场的风洞试验照片。

a) 剖面风 $\beta=0°$

b) 剖面风 $\beta=60°$

图 2-36　不同风向角下成桥状态紊流流场的风洞试验照片

在紊流场中，大桥成桥状态在试验风速达 70m/s（实桥）时仍没发生颤振稳定性问题，该风速已大于成桥状态颤振检验风速 49.2m/s，其颤振稳定性满足要求；大桥的成桥状态在低于成桥状态设计风速 30.1m/s 之内没有明显的涡激振动发生，满足舒适度的要求。

### 2.5.3 主要研究结论

通过对金沙江公铁两用桥的风特性分析、动力特性分析、静力节段、动力节段模型试验、成桥状态及施工阶段气弹模型试验、吊杆风致振动风洞试验、主墩处风场绕流特性分析等,得出主要结论如下:

(1)由于列车的存在,铁路主梁的静力三分系数有一定的变化,这说明列车对铁路主梁的静力三分力系数有一定的影响,且列车在不同位置,其影响程度不同。同样,由于铁路主梁对列车前方来流的阻挡效应,对列车后方尾流的干扰作用,列车的静力三分力系数有所降低。

(2)金沙江公铁两用桥的成桥状态和施工状态从 $-3°$ 到 $+3°$ 时的颤振临界风速均远高于相应的颤振检验风速,这说明该桥的颤振稳定性满足要求。

(3)金沙江公铁两用桥的成桥状态和施工状态从 $-3°$ 到 $+3°$ 时均未发现有涡激振动现象,因而不会存在涡振影响桥梁的安全和行车舒适度的现象。

(4)均匀流场气弹模型试验表明:金沙江公铁两用桥的施工状态在试验风速达 95m/s(实桥)时仍没发生颤振稳定性问题,由于该风速已大于施工状态的颤振检验风速 45.3m/s,因而其颤振稳定性满足要求。

(5)均匀流场气弹模型试验表明:金沙江公铁两用桥在施工状态设计风速范围之内没有明显的涡激振动发生,因而满足舒适度的要求。

(6)金沙江公铁两用桥的施工状态在紊流风场中,试验风速达 75m/s(实桥)时仍没发生颤振稳定性问题,由于该风速已大于施工状态的颤振检验风速 45.3m/s,因而其颤振稳定性满足要求。

(7)金沙江公铁两用桥的施工状态在紊流风场中,施工状态设计风速范围之内没有明显的涡激振动发生。

(8)主墩公路、铁路桥面与拱肋交汇处风场特性分析表明:当汽车通过塔梁交汇区,同时横向自然风来流风速达 20m/s,汽车上的气动力不会导致汽车的倾覆等事故。

(9)金沙江公铁两用桥的成桥状态气弹模型试验表明:在试验风速达 90m/s(实桥)时仍没发生颤振稳定性问题,由于该风速已大于成桥状态颤振检验风速 49.2m/s,因而其颤振稳定性满足要求。

(10)金沙江公铁两用桥的成桥状态气弹模型试验表明:成桥状态在低于设计风速 30.1m/s 之内没有明显的涡激振动发生,因而满足舒适度的要求。

(11)通过对施工状态、成桥状态的风致内力计算分析,并经简化验算,金沙江公铁两用大桥施工状态和成桥状态的风致响应内力满足要求。

## 2.6 风-车-桥耦合动力研究

成贵高铁设计列车运行速度为 250km/h,高速列车与桥梁结构的动力相互作用突出。国内外关于桥梁竖向横向刚度限值的相应规定,大都是建立在对中小跨度桥梁的动力分析与实测试验之上的,基本上不能适用于大跨度桥梁,因此,需要对金沙江公铁两用桥进行车桥耦合振动仿真分析,根据车辆运行的安全性及舒适度进行评定。

本项目分别采用有限元方法和多体系统动力学方法建立桥梁和列车的动力分析精细化模型,随后采用基于多体系统动力学与有限元结合的联合仿真技术计算列车以不同车速通过该桥时车桥系统的空间振动响应,检算桥梁和车辆的动力学指标,并对结果进行评定。同时在车桥耦合的基础上进行风-车-桥的动力仿真分析,对桥梁和车桥在风载作用下的动力响应进行分析评价。

金沙江公铁两用桥动力分析采用 CRH3 动车组列车,编组形式为 $2×(M+T+M+T+T+M+T+M)$,速度等级取 200km/h、225km/h、250km/h、275km/h、300km/h 五种。

### 2.6.1 车桥动力仿真结果分析

采用基于多体系统动力学和有限元法结合的联合仿真技术,计算得到 CRH3 动车组列车作用下金沙江公铁两用桥车桥动力响应,包括车体最大竖向横向振动加速度、斯佩林(Sperling)指标、轮重减载率、脱轨系数、轮对横向力、桥梁竖向与横向动位移、桥梁振动加速度、冲击系数等指标,并根据规范进行了评定。

CRH3 动车组列车作用下,计算了 200km/h、225km/h、250km/h、275km/h、300km/h 五种速度工况下金沙江公铁两用桥的车桥耦合振动动力响应,轨道不平顺采用德国低干扰谱,动车及拖车的响应与评定见表 2-9 和表 2-10,桥梁的动力响应及评定见表 2-11 和表 2-12。

动车及拖车的响应    表 2-9

| | 工况序号 | 1 | 2 | 3 | 4 | 5 |
|---|---|---|---|---|---|---|
| | 车辆运行速度(km/h) | 200 | 225 | 250 | 275 | 300 |
| 动车 | 横向加速度(m/s²) | 0.580 | 0.592 | 0.611 | 0.649 | 0.628 |
| | 竖向加速度(m/s²) | 0.600 | 0.700 | 0.792 | 0.802 | 0.797 |
| | 轮轴横向力(kN) | 13.207 | 13.969 | 14.913 | 15.601 | 15.559 |
| | 轮重减载率 | 0.119 | 0.139 | 0.169 | 0.183 | 0.209 |
| | 脱轨系数 | 0.197 | 0.212 | 0.166 | 0.152 | 0.146 |
| | 横向舒适指标 SP | 2.125 | 2.170 | 2.254 | 2.376 | 2.411 |
| | 竖向舒适指标 SP | 2.092 | 2.155 | 2.250 | 2.291 | 2.357 |
| 拖车 | 横向加速度(m/s²) | 0.476 | 0.488 | 0.506 | 0.482 | 0.489 |
| | 竖向加速度(m/s²) | 0.519 | 0.654 | 0.649 | 0.587 | 0.593 |
| | 轮轴横向力(kN) | 13.638 | 14.722 | 15.287 | 15.497 | 15.694 |
| | 轮重减载率 | 0.106 | 0.129 | 0.145 | 0.166 | 0.188 |
| | 脱轨系数 | 0.190 | 0.141 | 0.137 | 0.129 | 0.127 |
| | 横向舒适指标 SP | 1.975 | 2.067 | 2.140 | 2.182 | 2.164 |
| | 竖向舒适指标 SP | 1.955 | 2.054 | 2.121 | 2.160 | 2.200 |

车辆响应评定    表 2-10

| | | | 车辆运行速度(km/h) | 200 | 225 | 250 | 275 | 300 |
|---|---|---|---|---|---|---|---|---|
| CRH3 动车组 | 动车 | 安全性 | 脱轨系数 | 满足 | 满足 | 满足 | 满足 | 满足 |
| | | | 轮重减载率 | 满足 | 满足 | 满足 | 满足 | 满足 |
| | | | 横向力 | 满足 | 满足 | 满足 | 满足 | 满足 |
| | | 舒适度 | 横向加速度 | 满足 | 满足 | 满足 | 满足 | 满足 |
| | | | 竖向加速度 | 满足 | 满足 | 满足 | 满足 | 满足 |
| | | | 横向舒适指标 SP | 优秀 | 优秀 | 优秀 | 优秀 | 优秀 |
| | | | 竖向舒适指标 SP | 优秀 | 优秀 | 优秀 | 优秀 | 优秀 |
| | 拖车 | 安全性 | 脱轨系数 | 满足 | 满足 | 满足 | 满足 | 满足 |
| | | | 轮重减载率 | 满足 | 满足 | 满足 | 满足 | 满足 |
| | | | 横向力 | 满足 | 满足 | 满足 | 满足 | 满足 |
| | | 舒适度 | 横向加速度 | 满足 | 满足 | 满足 | 满足 | 满足 |
| | | | 竖向加速度 | 满足 | 满足 | 满足 | 满足 | 满足 |
| | | | 横向舒适指标 SP | 优秀 | 优秀 | 优秀 | 优秀 | 优秀 |
| | | | 竖向舒适指标 SP | 优秀 | 优秀 | 优秀 | 优秀 | 优秀 |

**列车不同运行速度下桥梁的响应**　　　　　　　　　　　　　　　　　　　表 2-11

| 工况序号 | | 1 | 2 | 3 | 4 | 5 |
|---|---|---|---|---|---|---|
| 车辆运行速度（km/h） | | 200 | 225 | 250 | 275 | 300 |
| CRH3 动车组 | 跨中竖向动位移（mm） | 7.244 | 7.388 | 7.524 | 7.772 | 8.162 |
| | 跨中横向动位移（mm） | 0.963 | 1.071 | 1.324 | 1.278 | 1.163 |
| | 跨中竖向振动加速度（m/s²） | 0.039 | 0.075 | 0.053 | 0.053 | 0.068 |
| | 跨中横向振动加速度（m/s²） | 0.023 | 0.029 | 0.035 | 0.028 | 0.041 |
| | 竖向挠跨比（1/x） | 46383 | 45479 | 44657 | 43232 | 41166 |
| | 横向挠跨比（1/x） | 348910 | 313725 | 253776 | 262911 | 288908 |
| | 动力系数 $1+\mu$ | 1.010 | 1.030 | 1.049 | 1.084 | 1.138 |

**桥梁响应评定**　　　　　　　　　　　　　　　　　　　　　　　　　　表 2-12

| 工况序号 | | 1 | 2 | 3 | 4 | 5 |
|---|---|---|---|---|---|---|
| 车辆运行速度（km/h） | | 200 | 225 | 250 | 275 | 300 |
| CRH3 动车组 | 横向挠跨比 | 满足 | 满足 | 满足 | 满足 | 满足 |
| | 竖向挠跨比 | 满足 | 满足 | 满足 | 满足 | 满足 |
| | 横向加速度 | 满足 | 满足 | 满足 | 满足 | 满足 |
| | 竖向加速度 | 满足 | 满足 | 满足 | 满足 | 满足 |

### 2.6.2　风-车-桥动力仿真结果分析

通过多体动力学软件和有限元软件，对风荷载进行了数值模拟，计算了 CRH3 动车组列车在 200km/h、225km/h、250km/h、275km/h、300km/h 五种速度情况下，风速 25m/s 工况时金沙江公铁两用桥的车桥耦合振动动力响应。轨道不平顺采用德国低干扰谱，动车及拖车的响应及评定见表 2-13 和表 2-14，桥梁的动力响应及评定见表 2-15 和表 2-16。

**动车及拖车的响应**　　　　　　　　　　　　　　　　　　　　　　　　表 2-13

| 工况序号 | | 1 | 2 | 3 | 4 | 5 |
|---|---|---|---|---|---|---|
| 车辆运行速度（km/h） | | 200 | 225 | 250 | 275 | 300 |
| 风速（25m/s） | | 25 | 25 | 25 | 25 | 25 |
| 动车 | 横向加速度（m/s²） | 0.760 | 0.775 | 0.789 | 0.834 | 0.826 |
| | 竖向加速度（m/s²） | 0.789 | 0.903 | 0.993 | 1.007 | 1.004 |
| | 轮轴横向力（kN） | 16.588 | 17.469 | 18.523 | 19.221 | 19.004 |
| | 轮重减载率 | 0.356 | 0.410 | 0.447 | 0.468 | 0.488 |
| | 脱轨系数 | 0.207 | 0.234 | 0.175 | 0.167 | 0.158 |
| | 横向舒适指标 SP | 2.164 | 2.217 | 2.354 | 2.443 | 2.484 |
| | 竖向舒适指标 SP | 2.175 | 2.203 | 2.342 | 2.367 | 2.435 |
| 拖车 | 横向加速度（m/s²） | 0.598 | 0.612 | 0.653 | 0.611 | 0.623 |
| | 竖向加速度（m/s²） | 0.722 | 0.865 | 0.887 | 0.855 | 0.875 |
| | 轮轴横向力（kN） | 16.685 | 17.795 | 18.976 | 19.282 | 19.337 |
| | 轮重减载率 | 0.343 | 0.387 | 0.403 | 0.435 | 0.461 |
| | 脱轨系数 | 0.197 | 0.144 | 0.159 | 0.151 | 0.148 |
| | 横向舒适指标 SP | 2.088 | 2.121 | 2.228 | 2.278 | 2.264 |
| | 竖向舒适指标 SP | 2.117 | 2.248 | 2.372 | 2.407 | 2.476 |

车辆响应评定　　　　　　　　　　　　　　　　　表 2-14

| | | | 车辆运行速度(km/h) | 200 | 225 | 250 | 275 | 300 |
|---|---|---|---|---|---|---|---|---|
| CRH3动车组 | 动车 | 安全性 | 脱轨系数 | 满足 | 满足 | 满足 | 满足 | 满足 |
| | | | 轮重减载率 | 满足 | 满足 | 满足 | 满足 | 满足 |
| | | | 横向力 | 满足 | 满足 | 满足 | 满足 | 满足 |
| | | 舒适性 | 横向加速度 | 满足 | 满足 | 满足 | 满足 | 满足 |
| | | | 竖向加速度 | 满足 | 满足 | 满足 | 满足 | 满足 |
| | | | 横向舒适指标 SP | 优秀 | 优秀 | 优秀 | 优秀 | 优秀 |
| | | | 竖向舒适指标 SP | 优秀 | 优秀 | 优秀 | 优秀 | 优秀 |
| | 拖车 | 安全性 | 脱轨系数 | 满足 | 满足 | 满足 | 满足 | 满足 |
| | | | 轮重减载率 | 满足 | 满足 | 满足 | 满足 | 满足 |
| | | | 横向力 | 满足 | 满足 | 满足 | 满足 | 满足 |
| | | 舒适性 | 横向加速度 | 满足 | 满足 | 满足 | 满足 | 满足 |
| | | | 竖向加速度 | 满足 | 满足 | 满足 | 满足 | 满足 |
| | | | 横向舒适指标 SP | 优秀 | 优秀 | 优秀 | 优秀 | 优秀 |
| | | | 竖向舒适指标 SP | 优秀 | 优秀 | 优秀 | 优秀 | 优秀 |

列车不同运行速度下桥梁的响应　　　　　　　　　表 2-15

| | 工况序号 | 1 | 2 | 3 | 4 | 5 |
|---|---|---|---|---|---|---|
| CRH3动车组 | 车辆运行速度(km/h) | 200 | 225 | 250 | 275 | 300 |
| | 风速(25m/s) | 25 | 25 | 25 | 25 | 25 |
| | 跨中竖向动位移(mm) | 93.124 | 93.268 | 93.404 | 93.652 | 94.042 |
| | 跨中横向动位移(mm) | 77.673 | 77.781 | 78.034 | 77.988 | 77.873 |
| | 跨中竖向振动加速度(m/s²) | 0.087 | 0.162 | 0.114 | 0.115 | 0.153 |
| | 跨中横向振动加速度(m/s²) | 0.071 | 0.107 | 0.122 | 0.101 | 0.149 |
| | 竖向挠跨比(1/x) | 3608 | 3603 | 3597 | 3588 | 3573 |
| | 横向挠跨比(1/x) | 4326 | 4320 | 4306 | 4308 | 4315 |
| | 动力系数 1+μ | 1.357 | 1.388 | 1.414 | 1.469 | 1.568 |

桥梁响应评定　　　　　　　　　　　　　　　　表 2-16

| | 车辆运行速度(km/h) | 200 | 225 | 250 | 275 | 300 |
|---|---|---|---|---|---|---|
| CRH3动车组 | 横向挠跨比 | 满足 | 满足 | 满足 | 满足 | 满足 |
| | 竖向挠跨比 | 满足 | 满足 | 满足 | 满足 | 满足 |
| | 横向加速度 | 满足 | 满足 | 满足 | 满足 | 满足 |
| | 竖向加速度 | 满足 | 满足 | 满足 | 满足 | 满足 |

### 2.6.3　风-车-桥动力仿真主要结论

列车编组选用了 CRH3 动车组列车，计算中轨道不平顺选用了德国低干扰谱，仿真计算了列车以 200km/h、225km/h、250km/h、275km/h、300km/h 五种运行速度通过金沙江公铁两用桥时的动力响应结果。通过计算分析，得出的主要结论如下：

在车桥耦合振动及风-车-桥振动作用下，CRH3 动车组列车以运行速度 300km/h 通过桥梁时，桥梁结构的横向挠跨比、竖向挠跨比、横向加速度及竖向加速度均满足要求。不考虑风荷载共同作用下，最大动力系数为 1.138；考虑风荷载共同作用下，最大动力系数为 1.568。动车和拖车的脱轨系数、轮重减载率、轮对横向力、横向及竖向加速度均满足要求,横向、竖向舒适度指标均达到优秀水平。

CRH3动车组列车能够以250km/h的运行速度安全舒适地通过该桥,而且车辆运行安全性及舒适性都有一定储备。该列车以250km/h运行速度通过金沙江公铁两用桥时,桥梁结构的振动性能良好。

## 2.7 拱墩交汇段受力分析和试验研究

金沙江公铁两用桥拱梁墩交汇处由钢箱拱肋、纵向钢梁、桥墩、系杆、横梁相交而成,混凝土拱座上与钢箱拱结合,下与混凝土墩刚接,还要考虑边拱拱肋、系杆锚固、纵向钢梁的局部构造。在拱梁墩交汇处,上部会存在一个钢、混凝土结构的内力传递与衔接问题,下部拱墩刚接位置结构突变,加上系杆强大的作用力,会出现较明显的应力集中。因此,拱梁墩交汇处构造和受力非常复杂,另外,本桥属于公铁合建桥梁,荷载大,主孔恒载和活载均从该处传至地基,既要保证结构安全,还需满足高速铁路的刚度要求,国内外均无可借鉴的经验。

为确保拱梁墩交汇段的结构安全可靠,优化该部位的构造细节,非常有必要对拱梁墩交汇段进行模型试验和空间应力状态分析,研究拱梁墩交汇段、拱脚钢混接头等处在最不利荷载组合下的应力场、受力状态、承载能力和安全性,进而对拱梁墩交汇段设计的合理性和安全性进行评估。

### 2.7.1 拱梁墩交汇段模型试验设计

#### 1)模型总体设计

模型试验重点关注钢混接头、拱梁墩连接处及系杆锚固区等部位模型均涵盖,且要保证不因尺寸效应和边界条件影响其实际受力。模型设计时,在模型横向($Y$向),下横梁在与墩身结合处竖向截断,横向模拟宽度范围取11.76m。在竖向($Z$向),桥墩在横梁下缘处截断(空心过渡段以上)作为模型底部,立柱竖向在与拱座结合处、距横梁上缘7.5m处截断,保留与拱座以下相连接的部位。

考虑到实桥该范围规模巨大,模型的比例选取需充分考虑模型试验的基本要求、试验设备的加载能力、模型制作及安装、经济性等情况。通过有限元计算及综合性分析,决定采用1:6的模型比例。按相似理论,模型与实桥物理量的相似关系见表2-17。

**模型与实桥物理量相似关系**  表2-17

| 主要物理量 | 1:6模型各参数相似比 | 主要物理量 | 1:6模型各参数相似比 |
|---|---|---|---|
| 长度 | $L_m/L_p = 1/6$ | 力 | $N_m/N_p = 1/36$ |
| 宽度 | $L_m/L_p = 1/6$ | 弹性模量 | $E_m/E_p = 1$ |
| 高度 | $h_m/h_p = 1/6$ | 应变 | $\varepsilon_m/\varepsilon_p = 1$ |
| 惯性模量 | $I_m/I_p = 1/1296$ | 应力 | $\sigma_m/\sigma_p = 1$ |
| 弯矩 | $M_m/M_p = 1/216$ | 位移 | $v_m/v_p = 1/6$ |

#### 2)模型制作与试验布置

模型钢结构在工厂制造,混凝土结构的钢筋绑扎、混凝土浇筑及模型试验在结构试验大厅进行。试验大厅平面尺寸为30m×15m,空高为12m,试验场地台座加载孔孔径为102mm(内控直径为74mm),间距为500mm,设计每孔张拉力为1000kN,考虑锚固损失,按每孔900kN设计。模型制作过程如图2-37所示。

根据有限元计算结果,实桥应力较大区域集中在系杆锚固区附近,即拱座与立柱交接处以及拱座与下横梁交接处。作用在该区域的荷载包括系杆拉力、拱座压力、副支座压力及立柱荷载,故在模型试验的同时进行系杆力、主拱压力、副支座压力及立柱荷载加载。

a) 钢筋绑扎　　　　　　　b) 钢拱肋安装定位　　　　　c) 布置外围张拉锚杆

d) 立模　　　　　　　　　e) 混凝土浇筑　　　　　　　f) 模型制作成型

图 2-37　模型制作过程

模型制作、安装和试验时,采取将模型竖立,利用剪力墙、反力台座和反力架提供反力的加载方式进行试验。

(1) 主拱压力由反力墙提供反力,用千斤顶斜向加载,加载面为钢拱肋。

(2) 系杆力采用预应力钢筋锚固于剪力墙进行张拉的方法进行加载。

(3) 副支座压力及立柱荷载为竖向压力,利用反力台座、钢筋和门式框架提供反力,用千斤顶进行加载。

## 2.7.2　加载工况与测点布置

### 1) 加载工况

在运营阶段,实桥拱梁墩交汇段处于最不利受力状态,通过有限元模型计算分析实桥拱梁墩交汇段在运营阶段各最不利工况荷载组合,在最大弯矩工况荷载组合下,结构第一主应力极值和应力集中区域较其他工况都要大。此外,拱肋作为主要承受压力的构件,最不利轴力工况下的轴力较其他工况大。因此,选最大弯矩工况和最不利轴力工况为本试验工况。两种工况下,实桥及换算到模型各部位的内力及反力值见表 2-18 与表 2-19。

最不利弯矩工况及模型各位置内力值　　　　　　　表 2-18

| 各部位内力 | | 实桥内力 | 模型设计荷载 | 1.4 倍设计荷载 |
| --- | --- | --- | --- | --- |
| 拱肋位置荷载组合 | 剪力(kN) | 13430 | 373 | 522 |
| | 轴力(kN) | -124010 | -3445 | -4823 |
| | 弯矩(kN·m) | 416231 | 1927 | 2698 |
| 系杆力(kN) | | -80176 | -2227 | -3118 |
| 副拱支座压力(kN) | | 96183 | 2672 | 3741 |
| 立柱 | | 36361 | 1010 | 1414 |

最不利轴力工况及模型各位置内力值  表 2-19

| 各部位内力 | | 实桥内力 | 模型设计荷载 | 1.4 倍设计荷载 |
|---|---|---|---|---|
| 拱肋位置荷载组合 | 剪力(kN) | −1315 | −37 | −52 |
| | 轴力(kN) | −152680 | −4241 | 5937 |
| | 弯矩(kN·m) | −1224 | −6 | −8 |
| 系杆力(kN) | | −88574 | −2460 | −3444 |
| 副拱支座压力(kN) | | 96183 | 2672 | 3741 |
| 立柱 | | 36361 | 1010 | 1414 |

### 2）测点布置与统计

(1) 测点布置

应力和位移测量目的及测点布置原则：根据试验目的、内容及有限元仿真分析结果，对模型进行针对性的应力测点布置，测点布置主要在以下部位：根据研究目的，选择拱梁墩交汇段应力及变形较大的部位进行重点测试。通过计算发现，在拱肋与立柱、拱肋与横梁等连接部位出现主拉应力集中，因此布置测点时，在其连接线两侧密布应变花。另外为测试拱肋钢-混凝土接合段的应力传递情况，分别在承压板两侧的钢拱肋和混凝土拱座选取几个代表性的断面进行布点，由于拱肋主要承受轴力，因此该部位测点布置采用单向应变片；同时，在拱肋倒角位置，支座附近的结构突变位置也将布置应变花，测试其受力情况，以便与数值计算进行比较，对计算结果进行校核。

模型应变测点和位移测点布置情况如图 2-38 所示。

图 2-38　模型应变测点及位移测点布置

(2) 测点统计

模型应变测点包括混凝土、钢拱肋、锚杆、接合面下钢筋的应变测点以及变形测点，其中混凝土应变花 31 个,混凝土应变片 140 个,钢应变片 40 个；变形测点 8 个。此外,钢-混凝土接合部处的连接锚杆布置 10 个应变测点,用以控制锚杆的张拉力;拱座、立柱、横梁交界面下第一排的受拉钢筋共布置 12 个监控测点。因此,接入应变箱的点数共为 241 个。

### 3）试验过程

为确保试验数据的准确性和可靠性，首先对拱座最不利弯矩工况设计荷载加载重复进行了 3 次试验,后对最不利轴力工况设计荷载加载重复进行了2次。在验证了试验数据具有良好的重复性和线性度的情况下,进行了超载试验。先对模型分别进行最不利弯矩和最不利轴力工况下设计荷载1.2倍的超载加载,在确保了模型尚未发生破坏以及各反力系统安全可靠的条件下,进行了最不利弯矩工况设计荷载1.4倍的超加载,根据试验设计方案,随即停止试验。

### 2.7.3 试验结论

通过对相关资料的调研,对金沙江公铁两用桥拱梁墩交汇段进行分析研究、有限元仿真计算和模型试验,得到以下几方面的结论。

#### 1)拱梁墩交汇段设计合理性和安全性方面

本桥钢拱肋与混凝土拱座连接形式为承压式,采用承压板抵抗和传递钢拱肋的荷载,以及采用张拉锚杆的方式保证钢拱肋与混凝土拱座连接成有机整体而共同工作。

通过对拱脚钢混接头构造形式及钢混连接件形式进行研究、对拱脚钢混接头和拱梁墩交汇段结构进行有限元仿真计算、对拱梁墩交汇段进行模型试验,试验结果表明,该结构形式能够很好地协同工作,钢结构的应力水平小于Q370qE钢的容许应力,混凝土结构的应力水平小于C50混凝土的容许应力,具有足够的安全储备。结构整体和连接部位不会发生混凝土开裂和压碎破坏、钢拱座滑移、钢结构屈曲、结构位移突然增大等失效现象,金沙江公铁两用桥拱梁墩交汇段有较大的强度、刚度和承载能力,结构设计合理、安全可靠。

#### 2)拱梁墩交汇段的受力情况方面

通过对拱梁墩交汇段进行实体建模,分别计算分析结构在恒载、恒载+活载、运营阶段各工况下的受力情况,以及通过模型试验进行验证,结果表明:

(1)结构在恒载工况下基本受压,主压应力基本都在-9.6~0.3MPa之间,但在拱肋与立柱连接位置局部区域、横梁与立柱连接位置局部区域、拱肋与横梁连接位置局部区域均出现了不同程度的拉应力集中情况,最大拉应力值约为5.8MPa,应力集中影响立柱约1m;另外结构剪应力基本在-2.8~2.7MPa之间,应力较大位置基本分布在拱肋与横梁、立柱的连接位置局部区域。由于在建模计算中,没有考虑拱肋与横梁、立柱连接线位置的细微倒角,因此在实际结构中,这些部位会因为结构设置倒角而使得应力集中现象有所改善。

(2)结构在恒载+车辆活载工况下受力情况与恒载工况基本相似,结构基本处于受压状态,在拱肋与立柱、横梁连接位置局部区域出现拉应力集中。结构在该工况中最大弯矩和最大剪力情况下,处于最不利受力状态,主压应力基本都在-9.6~0.5MPa之间,结构主拉应力基本都在-5.2~7.0MPa之间,应力集中影响立柱约1.5m深度,而剪应力基本在-3.0~3.4MPa之间,均比恒载工况要大。

(3)结构在运营阶段各工况下受力情况有较大不同,其中在最大弯矩工况和最大剪力工况下受力最为不利;在这两个工况作用下,结构主压应力基本都在-10.4~0.7MPa之间,压应力较大位置除了出现在横梁支座放置位置、系杆作用位置外,主墩靠近边拱侧也相对较大;受正弯矩的作用,墩身两侧压应力分布非常不均,靠近边拱侧的墩身最大竖向拉应力已达1MPa,且墩身处于受拉状态下的厚度在0.5m以上;结构主拉应力基本都在-5.2~8.9MPa之间,拉应力集中影响立柱约2m深度以上;结构剪应力基本在-3.0~4.6MPa之间,应力较大位置也基本分布在拱肋与横梁、立柱的连接位置局部区域。相比而言,最大弯矩工况下的第一主应力极值与分布区域较其他工况下要大,因此,运营阶段下最大弯矩工况应该为结构受力的最不利工况。

#### 3)拱梁墩交汇段模型试验方面

(1)试验模型严格按照相似理论和桥梁设计图进行模拟缩尺设计,试验荷载采用等效的金沙江公铁两用桥拱梁墩交汇段最不利弯矩和最不利轴力工况进行设计荷载加载和1.4倍超载加载,整个试验按照预期的规划顺利进行,达到了试验的要求。

(2)模型试验过程中,特别是在超载加载系数达1.4的加载下,未出现混凝土结构宏观开裂、钢结构屈曲、结构位移突然增大等结构破坏迹象,钢结构的应力水平小于Q370qE钢的容许应力,混凝土结构的应力水平小于C50混凝土的极限强度,表明结构有较大的强度、刚度和承载能力。

(3)在拱座最不利弯矩和最不利轴力工况设计荷载及超载加载下,模型混凝土结构和钢结构大多数测点的实测应力应变值与计算值一致,表明试验模型对理论模型进行了很好地模拟,试验能够反映结构的真实受力状况。

(4)在拱座最不利弯矩和最不利轴力工况设计荷载和超载加载及重复加载下,模型的应力、应变和变形的测试值均呈现出良好的重复性和良好的线性度,表明结构工作在弹性区间,具有较大的安全储备,良好的使用性能和结构可靠度。

综上所述,金沙江公铁两用桥拱梁墩交汇段结构设计合理、安全可靠。

成贵高铁金沙江公铁两用桥
**建造关键技术**
03

第 **3** 章
# 施工组织

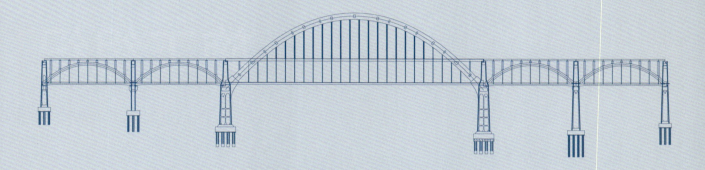

# 成贵高铁金沙江公铁两用桥
## 建造关键技术

### KEY TECHNOLOGY FOR
### THE CONSTRUCTION
OF JINSHA RIVER HIGHWAY AND RAILWAY BRIDGE
ON CHENGDU-GUIYANG HIGH-SPEED RAILWAY

桥梁工程的施工组织通常为提高施工效率,降低施工风险,减少施工成本,优质优量地完成工程而制定。本章针对金沙江公铁两用桥工程特点及难点,介绍项目的场地规划、施工工序和施工方法,重点介绍主桥下部结构和上部结构的主要施工方法。

## 3.1 场地规划

### 1)施工驻地布置

(1)项目经理部

项目经理部设于宜宾翠屏区原四川省水产研究所院内,占地面积4200$m^2$,职工办公及住房以原水产研究所办公楼为主。

(2)各专业架子队驻地

各专业架子队驻地均按规模划段布设,选址距大型工程结构物较近并尽量租用当地房屋,避开不良地质和地势低洼地段等特殊地点,按照功能适用、紧凑、安全、经济的原则布置。

在施工场地内设材料场,储备足够保证施工的材料,并保证材料的防火、防盗。油库、配电室采用灰砂砖砌筑的三类房屋;钢筋、木工、钢结构车间采用钢管支架,侧面及屋面采用薄铁皮与钢支架。

### 2)施工便道、便桥

(1)施工便道

金沙江成都岸新建1条施工便道:从0号台位置沿桥纵向布置,距桥右侧边线约5m,跨越部分民房、公路、铁路的位置采用绕行布置,再接入2号墩,施工便道长约2km,占用面积约4.2亩(1亩≈666.6$m^2$),主要作为施工人员、施工材料及机械设备等运往各墩的施工通道。

(2)施工便桥

在金沙江公铁两用桥贵阳岸设施工栈桥作为3号、4号墩的水上施工通道,总长295m;并在3号、4号墩墩位处设置双支栈桥及钻孔平台,以满足钻孔桩、承台及墩身的施工需要,3号墩双支栈桥长126m,4号墩双支栈桥长53m。

### 3)钢梁预拼场

金沙江公铁两用桥成都岸钢结构拼装场设置在2号墩右侧,内设钢结构拼装场和钢结构存放场;贵阳岸钢结构加工车间设置在贵阳岸侧5~7号墩下游方向的滩地,该场地面积约4.3亩,主要是用于南岸侧钢结构的加工及临时存放,内设钢结构拼装场和钢结构存放场。

### 4)混凝土工厂

金沙江公铁两用桥设混凝土集中拌和站2处,每处生产能力不小于2×120$m^3$/h。混凝土采用集中生产、集中供应,使用混凝土搅拌运输车运输,并使用混凝土输送泵灌注。

拌和站场站内地平、道路采用混凝土进行路面硬化,各类材料分类堆放,场内设置集水池、废水沉淀池、污水过滤池和洗车区,供电、供水的管线合理布置。

### 5)材料厂

标段内共设一处材料厂,用于材料存放及周转,位置位于内昆铁路宜宾南站,占地面积10000$m^2$,供应范围DK117~DK170。

图3-1为金沙江公铁两用桥成都侧场地总布置图。

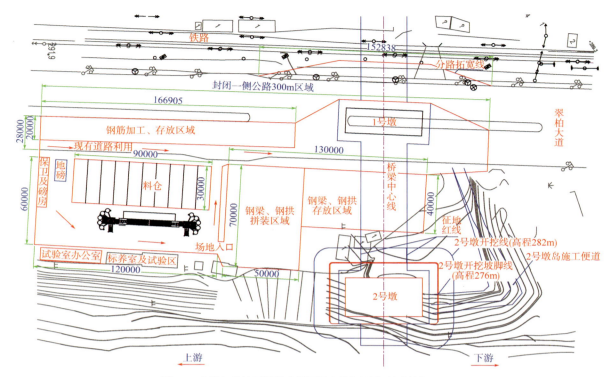

图 3-1  金沙江公铁两用桥成都侧场地总布置图(尺寸单位:mm)

## 3.2 施工工序

### 3.2.1 主墩栈桥及码头

**1）贵阳岸栈桥设计及施工**

(1)贵阳岸栈桥设计

贵阳岸栈桥跨度在主桥3号至7号墩之间,其中栈桥长295m,宽8m。7号与8号墩之间采用筑岛设置临时道路,临时道路长约45m,宽8m。栈桥桥面净宽为8.0m,按1.0m(人行道)+2×3.0m(双向行车道)+1.0m(人行道)设计;桥面板两侧预留0.5m,用于栏杆和管线的布设。栈桥顶高程设为+279.0m,主河槽3号与4号墩之间设计流速为3m/s,4号至7号墩之间设计流速为1m/s,枯水期需完成栈桥钻孔桩施工,水位达到+277.0m时,栈桥停止使用,并采取度汛措施。

栈桥主要作为施工人员、材料运输及机械设备的施工通道,并兼顾100t履带起重机墩旁作业。车辆限速20km/h。栈桥主梁梁底高程应不小于10年一遇的最高水位。

(2)贵阳岸栈桥施工

贵阳岸栈桥布置如图3-2所示。

栈桥施工主要分为钢管桩施工、贝雷片架设、桥面系安装三部分。其中,钢管桩施工应根据地形、施工水域、材料、打桩设备等选择合理的施工方法。栈桥施工流程如图3-3所示。

其中贝雷片及支撑架架设应根据《装配式公路钢桥多用途使用手册》进行贝雷梁的组拼,各种必需配件按规定安装,流程如图3-4所示。贝雷片安装轴线偏位应小于或等于10mm,平面偏差应小于或等于10mm。

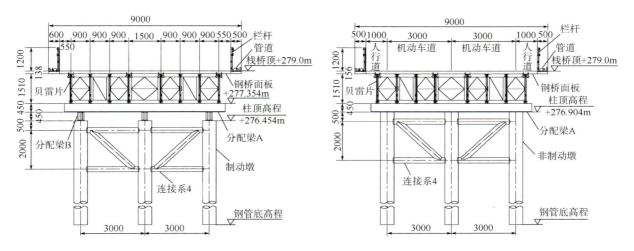

图 3-2 贵阳岸栈桥布置图（尺寸单位：mm）

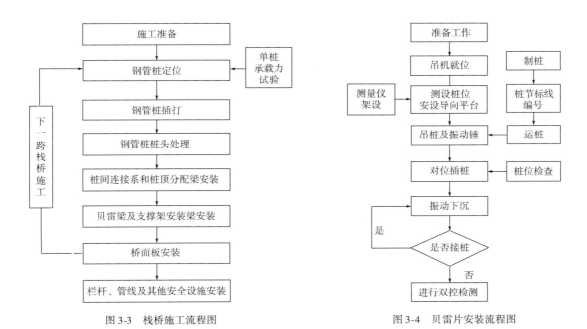

图 3-3 栈桥施工流程图

图 3-4 贝雷片安装流程图

## 2）成都岸栈桥及码头

成都岸设置一座栈桥，栈桥及码头结构采用钢管桩贝雷梁形式，浅水区采用履带起重机插打钢管桩基础，搭设栈桥采用逐渐推进的方法。

桥面宽度及设置与贵阳侧栈桥相同。栈桥顶高程设为 279.0m，主河槽 2 号与 3 号墩之间设计流速为 1.5m/s。

栈桥结构采用钢管桩贝雷梁形式，跨径布置为桥台 +5×15m +3m（第一联）+3m +6m +12m +2×15m +3m（横桥向运输平台）。每联均设置制动墩，采用 φ600mm×8mm 的钢管桩，连接系采用 φ273mm×6mm 的钢管，分配梁采用 2I45b，主梁采用 8 片贝雷梁，贝雷梁布置间距为 3×0.9m +1.5m +3×0.9m，钢桥面板采用"I12.6 工字钢 + I10 工字钢 + 10mm 花纹钢板"的格构式结构，并于两侧设置栏杆。成都岸栈桥的施工可参考贵阳岸栈桥。

### 3.2.2 施工顺序

**1）主桥施工**

（1）主桥基础

2号主墩基础位于堤岸上，采用筑岛作为钻孔平台，再插打钢护筒，安装钻机，进行钻孔桩施工。桩基施工完成后，再施工钢围堰，然后进行承台、塔座及墩身施工。

3号主墩基础位于深水区，采用水上施工方案，先钻孔平台后双壁钢围堰施工。钻孔桩施工期间考虑渡洪要求，承台按枯水期施工。钻孔平台在2艘800t驳船上拼装，将驳船托运至墩位处抛锚并精确定位，利用冲击钻施工支撑桩A及门架桩结构。然后接高支撑桩A钢护筒结构及门架桩钢管结构，通过提升装置将钻孔平台整体提升至设计位置处，铁驳退出工作区域。再拆除门架桩导向装置顶部结构以进行钢箱梁安装，将钻孔平台桁架结构上弦杆与钢箱梁连接。再利用起重船安装80t门式起重机结构，利用起重船及门式起重机配合KTY4000型钻机施工其余钻孔桩。同步在钻孔平台上组拼围堰侧板，在水位较低时在钢护筒上焊接牛腿，拼装底隔仓，钻孔桩施工完成时，接高钢护筒安装围堰下放系统。切除钻孔平台外围部分，下放围堰，围堰自浮（吃水约4.5m），拆除围堰下放系统。利用原钻孔平台提升系统下放内支撑，与围堰侧板焊接。再向围堰侧板内灌水，使围堰着床。围堰下沉到位后，浇筑水下封底混凝土，同时向侧板内灌混凝土。待封底混凝土达到设计强度后，进行围堰内抽水。切割多余钢护筒、破桩头、清除混凝土残渣，浇筑承台混凝土。

4号墩钻孔桩和承台均考虑枯水期施工，钻孔桩直接在河滩上施工，承台采用钢围堰施工。0号、1号、5号基础均采用陆上施工方案。

（2）主桥墩身

主桥墩身采用四箱方形截面空心墩，采用大块钢模板翻模法施工，每节浇筑高度为6m。墩身施工按大体积混凝土组织施工，通过预埋冷却水管等温控措施降低水化热。每主墩旁布置480t·m+150t·m塔式起重机用于墩身及后续施工。主拱塔座设置落地支架进行施工，墩身上横梁、下横梁均采用钢管支架现浇施工。

（3）上部结构施工

主拱336m跨钢箱拱桥采用分节段缆索吊机进行施工。

①钢构件的制造和组拼。

主桥钢箱拱采用工厂分节段加工，运至现场组拼场进行节段组拼。

②钢构件的吊装。

构件吊装设备采用大跨度缆索吊机吊装拱肋节段，拱肋节段采用扣索塔架斜拉扣挂法。

③钢构件的安装措施。

拱肋安装完成合龙后，安装并张拉外侧系杆索。完成系杆索张拉后，铁路桥面板和刚性吊杆正式安装，并安装拱上钢立柱。

公路桥面板待铁路桥面安装完成后进行吊挂。吊装时需采用拱下扁担进行安装。

④系杆的安装措施。

主拱肋合龙后，安装部分系杆索。完成铁路、公路桥面安装后，安装并张拉余下系杆索。最后施工桥面系及附属设施。

⑤缆索吊机。

主桥主拱采用400t（净吊重400t，扁担及天车约150t）缆索吊机方案施工。最大吊重在跨中时垂跨比$f/l=1/14$；单根主索最大索力82t。本缆索吊机为单跨336m布置，沿横桥向布置2组主索，每组主索由16根$\phi 60mm$钢丝绳组成；每股道设2台100t跑车。索塔高度162m，缆塔铰接于扣塔之上，扣塔底部固接，支承于两主墩墩帽顶。塔柱采用新制的钢管立柱结构形式，所有立柱之间设置相应的连接。

跑车牵引选用25t慢速卷扬机,沿每组主索纵桥向两端各布置2台共计8台。牵引索采用$\phi$34mm钢丝绳走6布置。牵引方式:一组主索上的两台跑车串联起来,岸边各布置2台牵引卷扬机。选用8台15t慢速卷扬机作为起重设备,每个跑车均设独立的起吊系统,均可独立操作。起重卷扬机在南北塔架各布置4台,起重索为$\phi$32mm钢丝绳。

缆索吊机塔架及扣索塔架拼装、拆除采用480t·m+150t·m塔式起重机辅助施工。缆索吊机塔架在顶部设有缆风绳,约束塔顶沿纵桥向的水平位移。缆索吊机必须设置各类安全保护措施。严格按照安全操作规程进行操作,定期检查维护。缆索吊机的工作风力为5级,风力超过5级时严禁使用,并应采取一定的安全防护措施。

成都侧和贵阳侧均为120m和116m混凝土拱各一跨,每侧两跨混凝土拱可先施工一跨,然后再施工另一跨。系梁和拱肋、铁路箱梁均采用支架现浇法施工,拱上立柱采用翻模法现浇施工。

### 2)引桥施工

引桥钻孔桩采用常规挖埋护筒法施工,冲击或旋转钻成孔;承台采用放坡开挖施工,其中,5号、6号、9号、11号、8号承台均为高边坡开挖,5号承台号开挖高度约13m,6号承台开挖高度约16m,9号承台开挖高度约10m,11号承台开挖高度约11m,8号承台开挖高度约16m。

墩身采用翻模法分段浇筑,合建段部分墩身上横梁、下横梁均采用钢管支架现浇施工。

成都侧4×45m和5×45m铁路连续梁、48m+80m+48m(连续刚构)、贵阳侧5×45m铁路连续梁采用挂篮悬臂浇筑,其中连续梁部分需设置临时固结,0号块采用托架施工,合龙段采用吊架施工。成都侧6×32m铁路简支梁、贵阳侧3×32m铁路简支梁、合建段公路部分均采用现浇支架施工。

### 3.2.3 关键机具设备

桥位处建筑材料以公路运输为主,铁路运输和水运为辅,各料场均有道路相通,运输条件便利。金沙江公铁两用桥专用设备见表3-1。

金沙江公铁两用桥专用设备表　　　表3-1

| 序号 | 设备名称 | 规格型号 | 配备数量 | 产地 | 制造年份 | 生产能力 | 计划进场时间 |
|---|---|---|---|---|---|---|---|
| 1 | 缆索吊机 | 400t | 1 | 武汉 | 2010 | 400t | 2015年12月20日 |
| 2 | 门式起重机 | 50~120t | 4 | 自制 | 2013 | 50~120t | 2014年3月1日 |
| 3 | 扣索系统 |  | 1 | 武汉 | 2010 |  | 2015年12月20日 |
| 4 | 塔式起重机 | 150~480t·m | 6 | 武汉 | 2011 | 150~480t·m | 2016年1月30日 |
| 5 | 振动打桩机 | APE400B | 4 | 长沙 | 2013 | 90~250t | 2014年2月1日 |
| 6 | 汽车起重机 | 16~50t | 14 | 武汉 | 2010 | 16~50t | 2014年2月1日 |
| 7 | 履带起重机 | KH180 | 3 | 武汉 | 2011 | 50t | 2014年2月1日 |
| 8 | 起重船 | 200t | 4 | 河北 | 2010 | 200t | 2014年2月1日 |
| 9 | 钻机 | KTY4000 | 45 | 武汉 | 2010 |  | 2014年2月1日 |
| 10 | 泥浆分离器 | 500m³/h | 10 | 山东 | 2011 | 500m³/h | 2014年2月1日 |
| 11 | 吸泥设备 |  | 4 | 河北 | 2013 |  | 2014年2月1日 |
| 12 | 挂篮 |  | 2 | 武汉 | 2010 |  | 2015年12月1日 |
| 13 | 预应力设备 |  | 1 | 武汉 | 2011 |  | 2015年12月1日 |
| 14 | 高强度螺栓施拧设备 |  | 120 | 河北 | 2010 |  | 2015年5月1日 |
| 15 | 混凝土搅拌站 | HZS120 | 4 | 武汉 | 2011 | 120m³/h | 2014年2月1日 |

续上表

| 序号 | 设备名称 | 规格型号 | 配备数量 | 产地 | 制造年份 | 生产能力 | 计划进场时间 |
|---|---|---|---|---|---|---|---|
| 16 | 混凝土输送泵 | HBT60 | 8 | 上海 | 2009 | 60m³/h | 2014年3月1日 |
| 17 | 混凝土搅拌车 | SLA5253GJBDFL6 | 12 | 武汉 | 2010 | 8m³ | 2014年3月1日 |
| 18 | 驳船 |  | 3 | 山东 | 2011 |  | 2014年2月1日 |
| 19 | 拖轮 |  | 2 | 河北 | 2013 |  | 2016年4月1日 |
| 20 | 备用发电机组 |  | 10 | 武汉 | 2009 | 350kV·A | 2014年2月1日 |
| 21 | 变压器 | 500~1000kV·A | 14 | 武汉 | 2011 | 500~1000kV·A | 2014年2月1日 |
| 22 | 钢筋加工机械 |  | 4 | 武汉 | 2011 |  | 2014年4月1日 |
| 23 | 钢结构加工机械 |  | 3 | 武汉 | 2011 |  | 2014年4月1日 |

#### 3.2.4 沿线水源、电源、燃料等可资利用的情况

混凝土拌和采用经检验合格的江水或井水,生活用水采用地方管网自来水。工程用电可根据需要向当地供电部门申请,接引电力干线至工地,同时自备发电机组,以满足前期施工用电需要。宜宾为中等城市,燃料等物资可就近购得。

## 3.3 主要施工方法

### 3.3.1 主墩基础及下部结构施工

本节以3号主墩基础及下部结构施工为例。

3号主墩位于江中心,设计冲刷流速4.1m/s,冲刷以后按高桩承台设计。3号主墩共有36根φ3.4m的钻孔桩基础,桩长为40m,承台尺寸为61.6m×26.6m×7.0m,承台顶面高程为+256.3m,底面高程为+249.3m,局部冲刷线高程为+230.0m。双柱式空心墩总高98.073m。实际施工时,3号主墩实测地面高程与设计地面高程不符,实测地面高程比设计地面高程低约10m。

**1)3号主墩钻孔平台设计**

金沙江桥3号钻孔平台主要用于钻孔桩基础施工,钻孔平台包含钻孔区域和支栈桥两部分,支栈桥主要用于材料运输及为50t履带起重机、100t门式起重机等起吊设备提供相关通道,同时支栈桥靠下游侧伸出钻孔平台一定距离,兼作水上提升站使用。

钻孔平台主要技术参数为:平台顶高程+279.0m,设计高水位+277.0m,设计水流速度3m/s,河床高程+246.0m。

**2)3号主墩钻孔平台施工**

(1)钻孔平台施工

3号墩孔平台平面、立面布置图如图3-5、图3-6所示。

①钢管桩制作、运输与插打

a.钢管桩制作、运输。

钻孔平台钢管桩采用Q235B钢板在钢结构加工厂制作,焊缝采用螺旋焊缝,要求达到二级焊缝标准;根据本工程的要求,钢管桩长约48m,采用分节插打,然后利用打桩船按照插打顺序装船运输至施工现场。

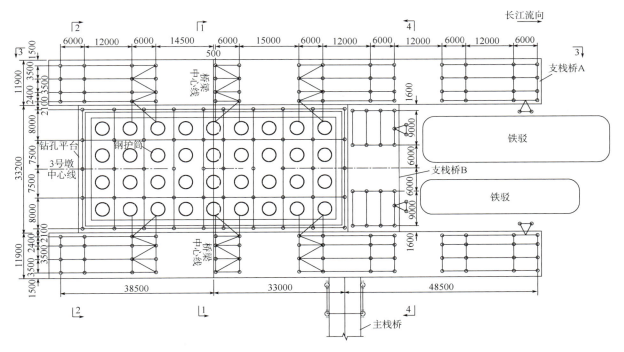

图 3-5 3号墩钻孔平台平面布置图（尺寸单位：mm）

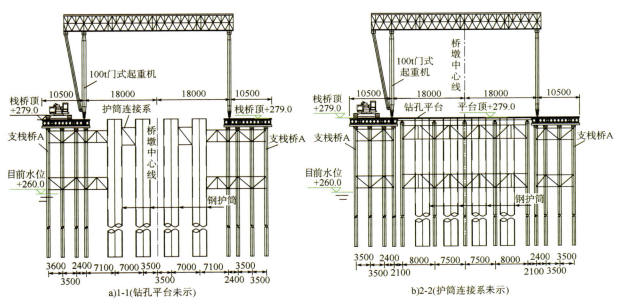

图 3-6 3号墩钻孔平台立面布置图（尺寸单位：mm；高程单位：m）

b. 钢管桩插打。

平台和栈桥的单根钢管桩长约24m,重5t左右。钢管桩采用起重船及打桩锤起吊入桩架并插打，待钢管桩插打至保持稳定深度时，等强接长后继续插打到位。

② 连接系施工

钢管桩插打就位后（2根以后），开始平连钢管的连接，将钢管桩连成整体。钢管桩间的连接系增加部分设施后可作为钢护筒插打的下导向架。

③ 纵、横梁施工

平台纵横梁采用H型钢。所有横纵梁间、纵梁与钢管桩桩头间均需焊接。分配梁完成后，铺设钢桥面板即形成钻孔平台。桥面板采用"I20 工字钢 + 花纹钢板"工厂制作。

（2）门式起重机安装施工

①走行道铺设

门式起重机走行道采用轨排结构，直接布置在钻孔平台支栈桥新制钢桥面板上；钢桥面板 I20 工字钢间距按 40cm 布置；钢轨采用 P43 轨。

②门式起重机拼装方法

利用现场汽车起重机或 KH180 履带起重机将立柱和横梁在横向栈桥上分别组拼成单元段整体；拼装两侧立柱，立柱拼装起来后拉设 4 道缆风绳，调整好立柱垂直度后起重机方可松钩；分别将两片拼装好的主梁整体吊装，然后与两立柱顶相应位置进行连接；安装两片主梁之间的支撑架，使得主梁与两立柱形成整体门架。门架拼装完毕，安装横梁顶的起吊小车走道、起吊系统及所有安全防护设施。

（3）钢护筒的安装

3 号主塔墩基础为 φ3.4m 钻孔灌注桩 36 根，钻孔桩钢护筒内径 3.6m，钢护筒顶高程 +279.0m，底高程 +231.0m，护筒长 48m；3 号墩钢护筒入岩深度根据钻孔时河床覆盖层冲刷情况确定，钢护筒壁厚度为 22mm，采用 1 台 APE400B 型振动打桩锤振动下沉到位，所有钢护筒内壁在底部 1.5m 高度范围用厚度 16mm 的钢板加强。

①钢护筒起吊竖立

钢护筒的运输节段长 16m，吊重约 32t，为防止在钢护筒起吊竖立的过程中造成钢护筒底口变形，应设置一艘钢护筒竖立船，在船上设置钢护筒起吊竖立转动装置，专门用于钢护筒运输节段的起吊竖立，钢护筒起吊竖立转动装置工作过程如图 3-7 所示。

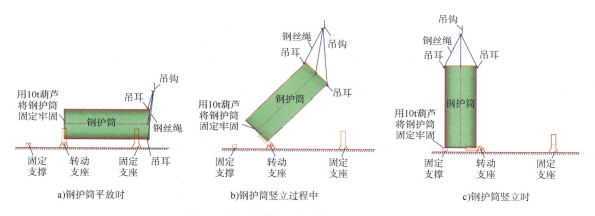

图 3-7　钢护筒起吊竖立转动装置工作过程示意图

②插打安装钢护筒

门式起重机起钩吊起护筒，割掉下护筒的吊耳，用导环调节护筒垂直度，同时用两台全站仪观测护筒垂直度及平面位置，缓缓下放钢护筒插入河床，直至稳定下来，然后松钩吊起 APE400B 振动打桩机，将护筒向下打至设计深度。

### 3）3 号主墩钻孔桩施工

3 号主墩钻孔平台施工完毕后，利用门式起重机插打护筒，护筒在开孔后跟进至岩面下 2m 左右以保证平台稳定性，在平台上摆设 KTY4000 型钻机，然后进行钻孔桩施工；通过合理组织，精心安排，尽量缩短施工工期，3 号主墩 φ3.4m 钻孔桩按 30 天/根控制，共安排 6 台钻机，施工工期从 2014 年 6 月 1 日至 2014 年 11 月 27 日。

钻孔桩施工工艺流程如图 3-8 所示。

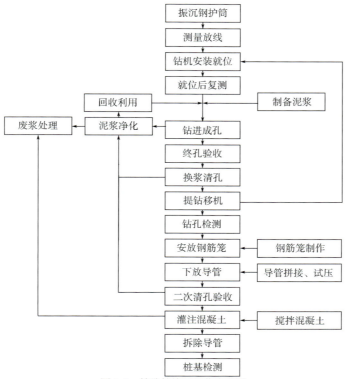

图 3-8 钻孔桩施工工艺流程图

### 4）3 号主墩承台施工

3 号主墩承台尺寸为 61.6m×26.6m×7.0m,采用锁口钢管桩围堰(双壁围堰)施工,施工水位按照 +262.8m 考虑,围堰顶高程为 +266.8m。3 号主墩承台围堰结构如图 3-9 所示。

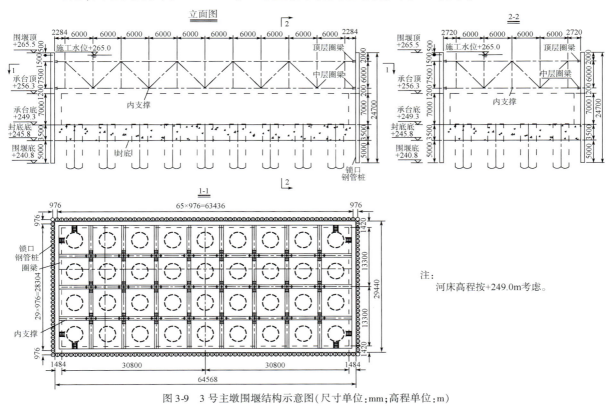

图 3-9 3 号主墩围堰结构示意图(尺寸单位:mm;高程单位:m)

(1) 清基、封底混凝土施工

① 清淤吸泥

根据3号主墩目前实测地面高程情况,拟先回填约1.5m厚的砂石料,待锁口钢管桩插打完毕后,再进行清淤吸泥,吸泥量较小。

钻孔桩施工完毕后,清除钻孔设备,包括钻机、钻具系统、泥浆循环管道等,安装吸泥设备,即可开始清淤吸泥工作。根据锁口钢管桩围堰(双壁围堰)设计要求,钻孔桩施工完毕后,还需在围堰内继续吸泥,清除围堰内的泥沙,将围堰内基坑底面清理至高程+246.3m,以便进行水下混凝土封底。泥沙的清除采用吸泥机辅以高压射水的方法进行。

3号墩围堰平面尺寸61.6m×26.6m,清淤吸泥范围大,清淤吸泥的速度直接关系到基础施工的进度,拟投入2套吸泥设施,每套包括一台起重机、一台空压机、一套吸泥管及一台高压水泵,另外再设4台水泵向围堰内补水。

② 围堰封底

围堰内清淤吸泥完成后,在承台施工前需对围堰进行封底,保证在干处的环境中施工承台。封底混凝土的主要作用:第一,与钢管桩围堰侧壁一起,共同形成挡水围堰,从而形成干处的基坑施工承台;第二,作为承台施工的底模,承受承台施工时的各种荷载;第三,在围堰内抽水以及承台混凝土浇筑时,通过封底混凝土与钢护筒之间的黏结力,将荷载传递至钻孔桩。封底施工前,需根据承台施工过程中各种工况及实际水位,计算围堰封底混凝土厚度及混凝土强度等级。3号主墩封底混凝土体积为5735m³。封底混凝土底高程为+245.8m,顶高程为+249.3m,厚3.5m,采用C30水下混凝土。

(2) 承台施工

3号墩承台尺寸为61.6m×26.6m×7m,承台分二次浇筑完成,承台模板即为大块钢模板,承台顶高程为+256.3m,单个承台混凝土体积约11470m³,属大体积混凝土,按大体积混凝土施工方法分两次浇筑,每次浇筑3.5m,两次混凝土施工间隔时间最少为7天,施工接缝按规范规定处理。承台施工工艺流程如图3-10所示。

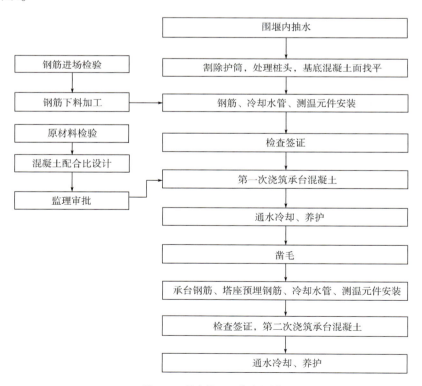

图3-10 承台施工工艺流程图

### 5）3号主墩高墩墩身施工

3号主墩采用双柱式空心墩，总高98.1m。

主墩墩身均采用翻模施工，翻模施工标准节高度按6m考虑，3号墩配备1台480t·m塔式起重机，并配置电梯以供运输人员上下；钢箱拱拱脚与主墩墩身同时浇筑，采用搭设支架现浇施工。在完成3节基本节混凝土的灌注工作后，可按高墩翻模施工工艺流程进行施工，如图3-11所示。

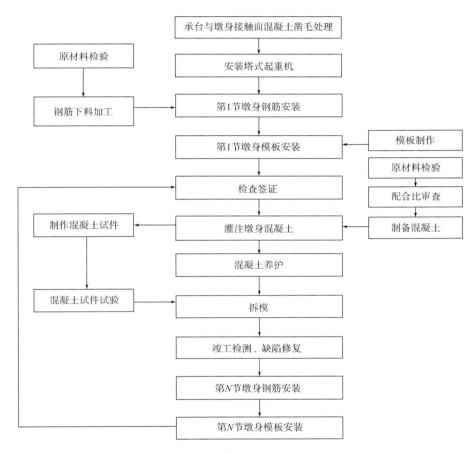

图3-11 翻模施工流程图

### 6）钢箱拱拱脚段支架现浇施工

（1）拱脚段模板设计及制造

钢箱拱拱脚段模板采用大块钢模板。

拱脚段模板制造要求：外模采用精加工的钢模板，要求表面平整光洁，刚度大，在装、拆、运过程中变形能满足规范要求；钢模焊接过程中，应控制焊接变形，焊接变形误差应控制在允许范围之内，以保证模板整体结构尺寸准确；模板制造不允许出现正偏差；面板不得使用翘曲变形板材，接缝处不漏浆，分配梁与肋板焊接时要保证水平，且肋板与分配梁间缝隙需填实，板面沿板长度方向的支承面的表面不平整度不大于1mm；外模在出厂前要进行试拼检查，尺寸误差、拼缝错台满足施工规范要求后方可出厂投入使用，模板使用前进行细致的除锈、涂油处理，保证模板表面光亮无污染。

（2）拱脚段现浇支架设计

根据拱脚段结构特点及施工条件，主桥钢箱拱拱脚段施工支架由钢桩及贝雷架和外模劲性骨架组成。外模劲性骨架为焊接钢构架，焊接钢构架是由型钢焊连成的桁架结构，外模与外模劲性骨架形成整体，支架与墩身通过拉杆连接，通过这些拉杆将模板夹紧。现浇支架结构如图3-12所示。

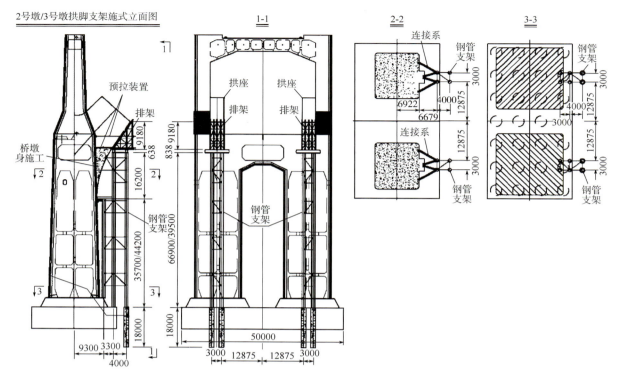

图 3-12 主桥钢箱拱拱脚段现浇支架结构示意图(尺寸单位：mm)

（3）拱脚段混凝土浇筑

混凝土在施工前应多试拌、试验，选择合适的混凝土配合比；检验计量系统是否准确，搅拌要充分、均匀，确保混凝土具有良好的和易性；合理选择混凝土原材料，材料必须符合设计及规范要求，确保在浇筑过程中不离析、不泌水；混凝土振捣要均匀，严格执行振捣工艺，不欠振、不漏振、不过振；严格控制每一层的浇筑厚度，杜绝集中下料致使混凝土堆集在一处，造成漏振；多布置下料点，采用减速漏斗、串筒下料均匀，避免混凝土离析。为防止错台和接缝漏浆，需对模板做一些细节处理，上下节模板之间的平接缝，采用上、下节模板顶、底面做成相反方向的企口，并设止水橡胶带，以确保接缝平整和在浇筑混凝土时不漏浆。

### 3.3.2　主跨上部结构施工

#### 1）总体施工方案

336m 钢箱拱桥采用全钢结构，拱肋节段、K撑、拱上立柱、铁路主梁、公路主梁、刚性吊杆、柔性吊杆均采用400t缆索吊机安装。钢箱拱肋节段、K撑、拱上立柱、系杆、铁路桥面、公路桥面、刚性吊杆、柔性吊杆均采用工厂制造，水上运输至桥位处，其中，拱肋节段、铁路桥面节段、公路桥面节段运输至3号主墩江心侧分栈桥旁，再采用缆索吊机分段吊装；其余小件均放置于钢梁预拼场和2号墩侧用于存放横撑的平台，通过栈桥运输至缆索吊机下方进行吊装。

全桥拱肋、铁路桥面、公路桥面均采用从两侧往跨中节段悬拼，跨中合龙的总体施工方案。拱肋节段拼装采用单榀吊装方案，钢箱梁节段就位后先施拧纵向加劲肋连接高强度螺栓，进行初步定位，然后安装拱肋连接系，挂设并张拉扣索，精调线形后焊接节段环焊缝。

当拱肋合龙以后，应安装部分系杆并张拉，然后拆除部分扣锚索，实现第一次体系转换。当铁路主梁合龙以后，应安装剩余系杆并张拉，同时拆除剩余扣锚索，实现第二次体系转换。公路主梁安装完成后,进行系杆、吊杆索力调整,每个施工步骤均遵照监控指令执行,以保证成桥后的线形。最后进行拱肋和钢梁表面初步修补和防锈处理。

总体施工步骤详见图3-13,安装顺序如下:

(1)安装拱肋GL1~GL3节段、横撑和拱上立柱;
(2)安装临时立柱、滑道梁、牛腿和临时吊杆;
(3)安装公路主梁梁端段和过渡段3;
(4)安装铁路主梁TL1~TL4节段;
(5)安装拱肋GL4、GL5节段;
(6)安装铁路主梁2×TL3和TL5节段;
(7)安装剩余拱肋节段和横撑;
(8)安装拱肋合龙段提升装置,然后安装拱肋合龙段;
(9)安装外侧部分系杆并张拉,然后拆除部分扣锚索,第一次体系转换;
(10)安装铁路桥面吊具,然后安装剩余铁路主梁,并同步安装刚性吊杆;
(11)安装铁路主梁合龙段,拆除剩余部分扣锚索,第二次体系转换;
(12)安装剩余部分系杆并张拉;
(13)拆除铁路桥面吊具;
(14)安装公路主梁,并同步安装柔性吊杆;
(15)钢箱拱吊杆、系杆索力调整,然后进行防护施工和附属结构安装。

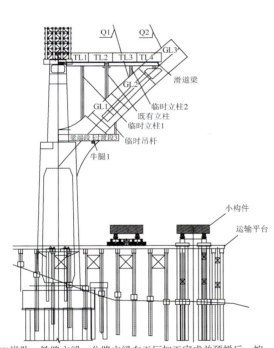

(1)拱肋、铁路主梁、公路主梁在工厂加工完成并预拼后,按施工顺序以水上运输至3号主墩侧的缆索吊机下方。其他小构件放置于2号主墩侧预拼场存放。
(2)安装拱肋GL1~GL3节段,并安装拱肋横撑,并同步张拉扣锚索。
(3)安装牛腿1和临时吊杆1,然后安装公路主梁的梁端段和过渡段3。
(4)安装临时立柱和滑道梁,然后安装铁路主梁TL1节段,通过滑道梁顶推到设计位置,按相同方法安装TL2、TL3和TL4节段。

a)步骤一

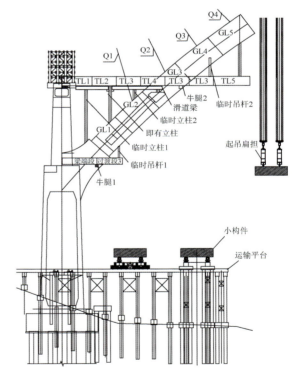

(1)安装拱肋GL4、GL5节段,并同步张拉扣锚索。
(2)安装牛腿2和临时吊杆2,然后安装铁路主梁2段TL3和TL5节段。

b)步骤二

图 3-13

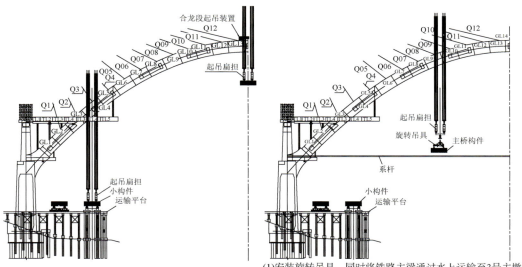

c) 步骤三    d) 步骤四

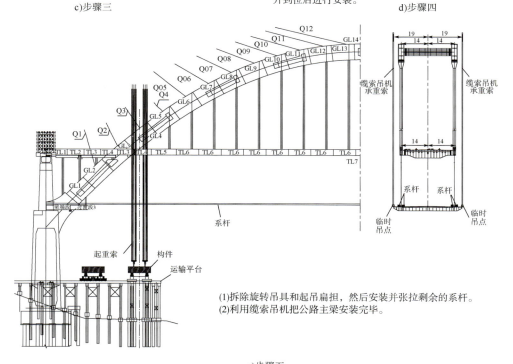

e) 步骤五

图 3-13　主桥钢箱系杆拱桥施工步骤图

## 2）钢箱拱、钢梁的制造与检查

（1）钢箱拱肋、铁路桥面、公路桥面的制造

① 拱肋节段制造

按照设计图纸，拱肋分为 2 榀，每榀由 GL0~GL13 + 合龙段 GL14 + GL13~GL0 组成，共 29 个节段，全桥共有 58 个拱肋节段。

拱肋制造采用先孔多节段连续匹配组装与焊接方案，先孔就是将肋板栓孔用样板在组装前全部精确钻出；多节段就是按要求每四节段一组同时组装；连续匹配即每一组制作完成后，留下末节段与相邻的下一组节段继续组装，直至全部完成。首先制造腹板、顶板、底板及中间纵向隔板和横隔板单元，再进行连续匹配组装。

钢拱肋单榀箱体分为上箱体和下箱体，上箱体为一室或二室长方形截面的箱体，下箱体为一个锥形截面的箱体，两个箱体先分别单独组拼，然后再组焊成一体。

各节段板单元的肋板先用已钻孔的拼接板连接，再组拼成箱形。重点控制拱肋的线形、几何尺寸、相邻接口的精确匹配等。调整好各控制项点后，焊接能施焊的部位，解体后再将未能在组装平台上施焊的焊缝逐节段完成，最后将有横撑的节段焊接横撑连接板。此方案优点：一是箱口吻合，不易错台；二是箱口间隙准确；三是拼接板可互换，安装方便。

节段预拼时，按拼装图给定的参数调整好桥梁线形及各部尺寸后，配钻纵肋节点板孔。纵肋连接板打好标记螺栓，在拼装原位置发运。

②铁路桥面、公路桥面的制造

按照设计图纸，铁路桥面由 TL1～TL4 + 2×TL3 + TL5 + 8×TL6 + 合龙段 TL7 + 8×TL6 + TL5 + 2×TL3 + TL4～TL1 组成，全桥共有 31 个铁路主梁节段。

按照设计图纸，公路桥面由梁端段 + 过渡段 3～过渡段 1 + 10×标准段 1 + 合龙段 + 10×标准段 1 + 过渡段 1～过渡段 3 + 梁端段组成，全桥共有 29 个公路主梁节段。

铁路桥面和公路桥面的制造与拱肋相同，采用先孔多节段连续匹配组装与焊接方案。

（2）钢箱拱肋、铁路和公路钢梁的检查

钢梁及钢箱拱单元件在厂家制造，施工单位委派驻厂质检工程师到钢梁制造厂进行驻厂质量控制。驻厂质检工程师独立检查工序和隐蔽工程，生产过程严格执行"三检制"，各工序自检、互检和专检合格后，分别在生产过程单的自检栏、互检栏和专检栏内盖章，证明自检、互检和专检合格。然后再由专业人员和监理工程师进行终检，未经检验合格的产品和工序不准进入下道工序。

在关键工序合理设置检查停止点，停止点前的工作必须经过全面检查（包括结构尺寸、误差、焊缝的无损检验和文件的完备检查）才能进入后道工序生产。

本工程制造过程设置以下检查停止点：零部件几何尺寸测量；平连节点板折弯检查；板料对接焊后检查；盖板和腹板焊后检查；横隔板焊后检查；节点板钻定位孔后检查；节点板钻孔后检查；喷砂；喷铝、油漆、腻封；完工检查。

### 3）扣索塔架和缆索吊机的设计

钢箱拱肋安装方案：本桥钢箱拱肋的安装采用无支架悬臂扣挂法施工，起吊设备采用 1 台 400t 缆索吊机，从整座桥的结构及施工程序考虑，本桥钢箱拱的制造及吊装方案如下：拱肋节段、铁路主梁、公路主梁运输至 3 号主墩江心侧分栈桥旁，再采用缆索吊机分段吊装，其余小件均放置于钢梁预拼场和 2 号墩侧用于存放横撑的平台，通过栈桥运输至缆索吊机下方进行吊装。

（1）扣锚系统设计

扣锚系统包括扣塔、扣锚索、扣点设计、锚点设计、锚碇设计。扣锚系统模型如图 3-14 所示。

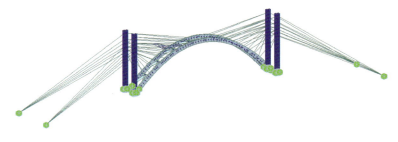

图 3-14　扣锚系统模型图

① 扣塔设计

扣塔采用钢管支架,连接系采用标准万能杆件,底部与 2 号、3 号主墩固接,顶部设计支座与缆塔铰接。

② 扣锚索设计

扣锚索采用公称直径为 15.24mm、抗拉强度为 1860MPa 的标准型光面钢绞线。扣索与锚索在塔架处断开,通过塔架上的分配梁传递内力,锚索另一端锚固于后锚碇。锚索与扣索同步张拉,并控制塔顶位移在允许范围内。锚索材料使用钢绞线。其锚点构造,锚具与扣索一致。

扣锚索张拉端均设置于扣塔上。扣锚索上锚固系统设置在扣塔钢管间,分别由钢管间分配梁 F 及扣锚梁组成,由于受到上下游锚碇位置的影响,扣塔上下游侧的扣锚梁及其下层分配梁 F 的布置均不对称。

③ 扣点设计

拱肋扣索扣点设在各钢箱节段前部隔板与腹板相交处的顶板位置,采用 P 型锚固体系锚固,扣点装置采用双向铰座方式。考虑到扣耳处受力较大,在此位置箱室内设置加固结构,扣点位置布置如图 3-15 所示。

图 3-16 所示为拱肋扣点装配图。扣点系统由扣耳、锚箱、销轴三部分组成,扣耳直接焊接于拱肋顶板上(两边设置加劲板),纵向锚箱(B/D/F)通过销轴与扣耳连接,纵(B/D/F)、横(A/C/E)向锚箱之间采用销轴连接。扣点扣耳均在工厂内随主体结构钢拱肋一并加工,锚箱在工厂内装配制造。

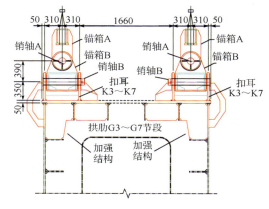

图 3-15 拱肋扣点位置布置示意图(尺寸单位:cm)

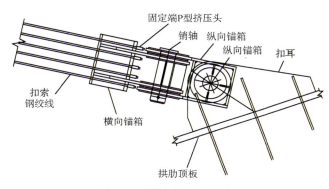

图 3-16 拱肋扣点装配示意图

④ 锚点设计

锚索锚点布置于两侧锚碇上。锚索穿过锚索下锚梁,并将端头挤压成 P 型固定端,锚索下锚碇通过销轴与锚碇锚固系统 A 连接。锚索下锚箱在工厂内装配制造。锚索锚点装配图如图 3-17 所示。

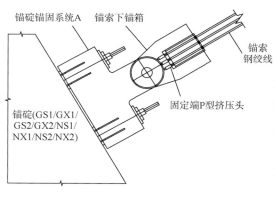

图 3-17 锚索锚点装配示意图

(2) 缆索吊机设计

① 缆索吊机总体布置

缆索吊机跨度布置为(236 + 336 + 236)m,额定最大吊重 400t,承受最大集中荷载 500t,最大吊重在跨中时垂跨比为 1/13.44。缆索吊机主要由绳索系统、塔架支撑系统、锚固系统、缆风系统、机械和电气系统等组成。缆塔高度为 24m,其底部与扣塔顶部铰接,塔身总高度 117m,塔顶设横向横移系统,横移主索以适应主拱横向宽度的变化。扣塔设置在 2 号、3 号墩主墩上,缆索吊机后锚碇每侧各设置 2 个,共设置 4 个扣塔,设计为重力锚与钻孔桩组合,分别设于 0 号墩和 5 号墩上,对称于桥中线布置。

缆索吊机后锚采用八字锚,后锚基础采用桩基承台,起重、牵引卷扬机布置在2号、3号主墩侧。缆索吊机布置如图3-18所示。

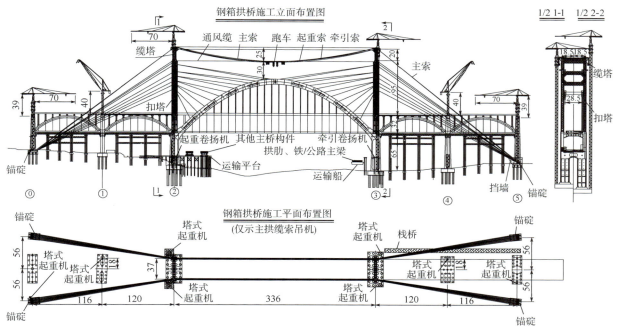

图3-18 金沙江公铁两用桥缆索吊机施工布置图

②缆索吊机设计参数

缆索吊机设计参数见表3-2。

缆索吊机设计参数  表3-2

| 参数 | 设计值 | 参数 | 设计值 |
| --- | --- | --- | --- |
| 最大吊重在跨中时垂跨比 | $f/L = 1/13.44$ | 单根主索破断力 | 239t/根 |
| 跨度布置 | $(236+336+236)$m | 在125%额定吊重时的主索索力 | 84t/根 |
| 主索断面 | $2 \times 12\phi60$mm | 在100%额定吊重时的主索索力 | 70t/根 |
| 缆塔质量 | 600t/塔架单肢 | 主索、缆风、牵引索、起重索等引起的塔架竖向力 | 900t/塔架单肢 |
| 扣塔顶竖向荷载 | 1500t/塔架单肢 | | |

注:$f$为主缆垂度;$L$为主跨跨度。

③塔架支撑系统

缆索吊机塔架利用扣索塔架做基础,缆塔底铰接支承于扣索塔架顶,两岸缆塔塔顶高程相同,缆塔高度24m,扣塔高度93m,塔身总高度117m。缆索吊机塔架的单肢钢管立柱为4根$\phi820$mm钢管,钢管平面间距为4m×4m。缆塔横梁分为两层,顶层为钢箱梁主梁结构以及水平连接系,缆塔横联为万能杆件形式的连接系。

④绳索系统

a.承重主索。

主索采用$2 \times 12\phi60$mm钢丝绳(8×36WS+IWR),主索钢丝绳分两组布置,每组12根,索间距5m;单根主索最大张力700kN,破断力2390kN,破断力安全系数$K>3$;在跨中吊重时,主索最大垂度$f=28.36$m,垂跨比$f/L=1/11.9$;主索钢丝绳公称抗拉强度为1870MPa。

b. 起重索。

该缆索吊机每组主索设 2 台跑车,共 4 台,每台跑车均设置独立的起吊系统,配 8 台 15t 起重卷扬机。起重索采用 $\phi32mm$ 钢丝绳($6\times37S+FC$)8 字形布置。

c. 牵引索。

牵引系统由 8 台 25t 慢速卷扬机和 4 根 $\phi32mm$ 钢丝绳($6\times37S+FC$)及若干转向滑轮组成。牵引索采用闭合回路,按 6 字形布置。

d. 主索横移系统。

为适应横向两片拱肋吊装的需要,缆索吊机主索系统在缆塔塔顶采用横向移动形式,即主索鞍在塔顶横向设置滑道使主索在空载时进行横向移动,塔顶鞍座滑道梁由两根新制箱梁组成,设横向限位装置,滑道面焊接不锈钢板并涂润滑油,保证滑道面摩擦系数小于 0.2。

⑤锚固系统

缆索吊机后锚采用重力锚与钻孔桩组合,锚碇位置根据计算并综合考虑现场实际地形确定。

⑥缆风系统

缆风系统包括鞍座缆风系统和塔架缆风系统,鞍座缆风系统安装在塔顶鞍座上,用以平衡吊重时主索、起重索、牵引索产生的不平衡水平力。鞍座缆风系统由通风索和后背索组成,采用 8 根 $\phi52mm$ 钢丝绳($6\times37+IWR$)。

⑦机械及电气系统

主要包含电路控制、限位装置、避雷装置、天车系统。

### 4)扣、缆塔的施工及缆索吊机安装

(1)塔架施工

①缆索吊机塔架基础是缆索吊机的关键部位,施工时应严格执行施工工艺并做好各项记录。塔架与墩身的刚性连接均应符合规范及施工工艺要求。

②扣索塔架基础虽为临时结构,但受力较大,是扣索塔架的关键部位,塔架基础利用 2 号、3 号墩墩身作基础。

③墩身混凝土灌注之前应按设计要求准确埋置好各扣索塔架的预埋件,并保证预埋件埋设可靠、位置正确。

④扣索塔架拼装之前,应组织技术交底以利顺利拼装,进场材料应做全面检查,必要时应进行力学性能抽检。

⑤塔架与基础之间为铰接,塔架拼装时应临时固结,待塔架拼装完毕再转为铰接,塔架拼装初期采用塔式起重机配合施工,塔架垂直拼装至设计有横梁的高度时应及时将横梁予以连接。随着塔架拼装高度增加可将塔架上挂设滑轮提升并安装散根杆件,塔架每拼装 10m 高度应进行测量检查并做调整。

⑥塔架拼装完毕并经检查合格后,即可安装塔顶索箱及张拉操作平台。

⑦上塔架与下塔架之间为铰接,上塔架拼装时应临时固结,待塔架拼装完毕再转为铰接,塔架垂直拼装至设计有横梁的高度时应及时将横梁予以连接。随着塔架拼装高度增加可将塔架上挂设滑轮卷扬机提升安装散根杆件,塔架每拼装 10m 高度应进行测量检查并做调整。塔架拼装过程中应及时拉缆风索确保塔架施工安全,塔架拼装完成后应进行全面检查,其各项误差应符合下列要求:塔顶高程≤50mm,塔顶位移≤20mm,塔顶平面高差≤10mm,横梁挠度 $<l/1000$,立柱倾斜 $<H/2000$($H$ 为立柱高度)。

⑧塔架拼装完毕并经检查合格,即可安装塔顶索鞍,索鞍安装后,其弧形表面及挡板应光滑,无毛刺,无棱角刃口;穿索时宜在与绳索接触面安装四氟板并涂黄油,以减少磨损和保护绳索。

⑨缆索吊机塔架属高层结构物,为确保其安全,现场宜设避雷装置。避雷引线应可靠接地。

(2)缆索吊机缆索系统安装

①缆索吊机缆索系统绳索安装前设计人员及总工程师应进行交底,务必使参加缆索吊机绳索安装

的施工人员对缆索系统的布置、技术要点、绳索种类、功能与作用、型号规格、长度及技术标准与指标等全面了解,以便正确指导现场施工及时解决现场施工中出现的问题。

②钢丝绳进场时应附有出厂合格证和技术证明书,并对钢丝绳的种类、规格、长度、数量及重量等进行全面检查。同时对钢丝绳主要力学技术指标进行抽检,检验项目、要求及方法以国家技术监督局发布的规范为准。

③锚固设备使用前应抽取有代表性的结构做锚固试验,受拉值一般为设计值的1.3~1.5倍。

④缆索穿挂时须先穿挂好导索。导索利用缆索吊机自身直径32mm的牵引钢丝绳或起重钢丝绳。导索安装好后,其余钢丝绳穿挂均利用导索牵引过江。缆索穿挂过江时,严防缆索坠入水中和受到其他杂物的污染。

⑤穿挂导索时应事先办妥封航手续,严格遵守通航要求,封航之前做好导索穿挂准备工作,务必在封航时间内完成缆索过江作业。

⑥缆索安装技术要求:单根主索应位于同一垂直面内,与主索应相互平行,垂度误差小于100mm;后锚固点位置应一致,其位置误差小于50mm。两岸对应的后锚索应位于同一平面内,锚扣点位置误差不大于50mm。

⑦缆索穿挂完毕应组织一次全面检查,检查内容包括卷扬机、滚筒、电机及制动是否处于良好状态;缆绳有否损伤和污染;绳索与滑车接触是否吻合;锚固点是否可靠;主索垂度及张弛程度是否一致等。检查结果应做详细记录,以便及时处理和备查。

(3)缆索吊机跑车及吊点安装

①成品跑车和吊点在运输和装卸时应注意不要碰伤,运抵工地时应有出厂合格证和抽检技术证明书(含探伤合格证书)及产品使用说明书。

②跑车安装时其各部尺寸应符合设计要求,结构应紧固,稳定可靠。轮槽与主索钢丝绳应吻合,以保证跑车走行时既不受绳索阻挂,也不磨损钢丝绳,同时又顺畅灵活。

③吊点安装时上下挂架应平行且处于水平状态,钢丝绳的绕向走绳及出头正确,绳索排列有序,无交叉扭结现象,且与轮槽相吻合,起、落灵活不相互磨擦。

④跑车与吊点安装后,应对轮系加注钙基润滑脂,钢丝绳子涂油,以实施保护和减少摩阻。

⑤缆索吊机跑车和吊点安装完毕应做全面检查,合乎要求后即可进行空载走行;确认无误后即可办理验收手续。

⑥缆索吊机安装完毕并经验收合格后即可进行试吊。试吊一般分为跑车空载反复运转、静载试吊和吊重运行三个步骤,可按设计吊重的60%、100%、125%分三次进行试吊。在各阶段试吊中,应仔细观测塔架位移、主索垂度、主索受力均匀程度、动力设施工作状况、牵引索和起重索在各转向轮上的运转情况以及主索锚固情况等,并应检查通信、指挥系统的通畅性能和各作业组之间工作协调情况。

(4)安全注意事项

①缆索吊机拼装时应随时注意结构稳定,拼装完毕并试吊合格后须制定详尽的安全使用规则,将其悬挂于缆索吊机醒目处。起吊重物时须严守"十不吊"(指挥信号不明不吊,斜牵斜挂不吊,吊物重量不明确或超负荷不吊,散物捆扎不牢或不规则捆绑不吊,吊物上有人员不吊,机械安全装置失灵或带病不吊,埋在地下物体不吊,现场光线暗、看不清吊物起落点时不吊,零碎小物料无容器和棱刃物与钢丝绳直接接触、无保护措施不吊,五级以上的强风天气不吊)原则。

②缆索吊机绳索穿挂安装时,缆索的打梢、过缆及临时连接与锚固须稳妥可靠,严防绳索脱落摔伤人。水上过导索时,操作人员应站位正确,以免绳索拉直将人打入水中;船舶上应备有救生衣、救生圈,严防人员落水。

③缆索吊机安装及使用之前应全面交底,务必使参与施工人员深切领会设计宗旨和使用要领。通过精心组织,科学管理,确保主跨安装质量及缆索吊机的使用安全。

(5)缆索吊机试吊及观测

①缆索吊机试吊

为检验吊装设备,确保安全施工。正式吊装前必须分静载、超载和动载进行试吊,试吊时必须设置仪器进行详细观测。

机具设备及其他重要部位,派专人值班,检查处理。

②建立吊装指挥系统

按吊装的主要工序进行人员分工,明确组织机构,安装、布置通话系统。

③布置施工观测点

施工观测点包括水平测点和中轴线测点。

④吊装前的其他准备工作及注意事项

当吊装设施安装完毕后,吊装前成立系统的吊装小组,并召集有关人员举办技术及施工交底,要求施工人员对吊装方案中每一细节的施工方法认真讨论落实,做到"五统一"(统一领导,统一管理,统一培育,统一信号,统一指挥),以使吊装工作能顺利完成。

### 5)钢箱拱肋的安装

主跨拱肋 GL0~GL14 节段采用船舶运至桥位施工现场指定水域;为了方便构件起吊及避免构件起吊后的横向移动,缆索吊机在构件起吊前利用索鞍横移装置将主索索鞍横移至待安装节段的横桥向位置,通过船舶抛锚定位,使得待安装拱肋构件位于构件待安位置正下方或天车顺桥向走行线上,然后,采用缆索吊机直接起吊构件。单跨钢箱拱肋的吊装程序是从第一吊拱脚开始,遵循上下游、左右侧对称加载,优先稳定的原则。拱肋安装施工工艺流程如图 3-19 所示。

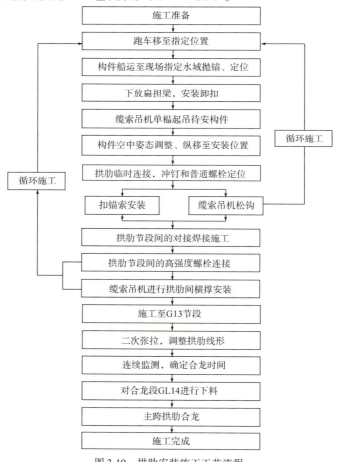

图 3-19 拱肋安装施工工艺流程

(1)拱肋施工方法

①拱肋 GL0～GL14 节段采用缆索吊机在指定水域单榀起吊、翻身,在空中利用缆索吊机前后吊点升降,对构件进行姿态调整,空中移位,缆索吊机调位、安装。

②利用临时连接件将安装构件与已安装的构件进行临时连接;将冲钉和粗制螺栓定位,且总数不得少于孔眼总数的 1/3,其中冲钉不得多于 2/3;然后缆索吊机松钩,进行其他位置拱肋构件吊装。

③利用工作索和循环卷扬机安装扣锚索,并对扣锚索进行对称、分级张拉。

④进行拱肋安装节段与已安装节段间焊接施工。

⑤进行拱肋安装节段与待安装节段间高强度螺栓连接。

⑥利用缆索吊机安装拱肋间横撑。

⑦拱肋安装至 GL13 节段,二次张拉部分扣锚索,调整拱肋线形,完成拱肋 GL14 节段合龙。

(2)构件起吊具体步骤

①缆索吊机上下游,靠边跨端的两台天车起重卷扬机同步、均速收绳,扁担梁吊架提升边跨端的一根通长吊索具,缓慢受力。

②边跨端的两台天车起重卷扬机继续收绳,构件绕边跨端支点旋转。

③同时查看中跨端吊耳中心与吊架下横梁销轴相对位置,当二者在竖直方向为一条直线时,停止提升。

④靠中跨端的两台天车起重卷扬机同步、均速收绳,扁担梁吊架提升边跨端吊索具,缓慢受力。

⑤中跨端两台天车起重卷扬机继续收绳,直至构件边跨端完全悬空。

⑥4 台天车起重卷扬机同步、均速收绳,至构件尾端脱空高度约 1m。此时构件在空中的姿态为:纵桥向竖向、水平向倾斜角度为安装角度。4 台天车起重卷扬机同时收绳,起吊至安装高度后,停止起重卷扬机收绳并启动 4 台天车的牵引卷扬机收绳(放绳),空中转运构件至安装位置。

(3)精确调位

拱肋节段采用单榀吊装方案,节段吊装到位后,按照"腹板→顶板→底板"的顺序连接匹配件。定位箱口时宜先固定箱口刚性较大的拐角部位(腹板与底板角部、腹板与顶板角部)的匹配件,然后固定其他匹配件。

拱肋安装节段提升至安装位置后,利用两节段接口断面设置的临时连接件快速将安装节段与已安装节段连接成整体。先由吊机初步定位,然后穿 M42 长螺杆收紧对接,最后上 M30 螺栓精确对位,待连接件螺栓全部拧紧之后吊机才可松钩。吊机松钩后,连接件作为拱肋一个节段悬臂安装时的临时受力结构,待安装节段与已安装节段所有栓接和焊接完成后,方可进行下一节段的安装,并将所有临时连接件割除。临时连接件布置如图 3-20 所示。

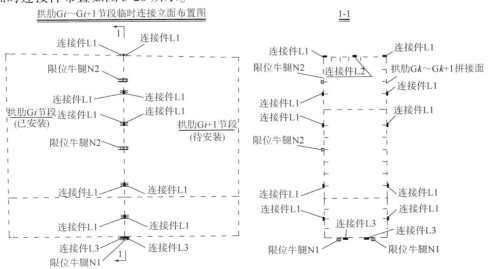

图 3-20　临时连接件布置图

临时连接件分为连接件和限位牛腿。

①连接件：连接件设置于拱肋顶、底板及内外侧腹板外侧，两节段连接件间采用 M30 螺栓连接。连接件采用钢板与主体结构焊接形式，分为连接件 L1、L2 和 L3 三种，连接件结构如图 3-21～图 3-23 所示。

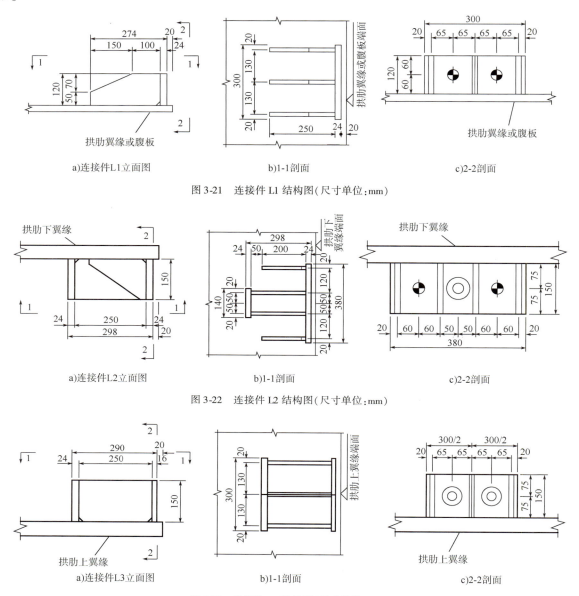

图 3-21　连接件 L1 结构图（尺寸单位：mm）

图 3-22　连接件 L2 结构图（尺寸单位：mm）

图 3-23　连接件 L3 结构图（尺寸单位：mm）

②限位牛腿：限位牛腿仅设置在拱肋 GL0、GL1、GL2 节段，布置在底板和内侧腹板的外侧，每个面各设置 2 个。

在匹配件连接完成后，进行接口对接错边调整，即采用马板和火焰矫正的方法进行局部调整，保证板面错边不大于 1.0mm（由于吊装时的受力状态与预拼装时受力状态不一致，使非匹配件连接部位板面发生错边），先初拧纵肋拼接板高强度螺栓，再施焊接口环缝，然后终拧纵肋连接板高强度螺栓。

在安装过程中还要随时监测各拱肋高程的变化并及时调整，拱肋节段安装完毕后，经专职检查人员对各部尺寸严格检验合格并经监理确认后方可进行焊接，焊接方法和焊接顺序等要严格按有关焊接工艺执行。焊后焊缝余高进行全部铲除或磨平。火焰修整保证几何尺寸满足规范要求。对焊缝进行外观和无损检验，焊缝外观要求将焊接飞溅、熔渣清除干净。

高强度螺栓施拧严格按照高强度螺栓施拧工艺执行。

(4)匹配连接及工地对接焊缝施工

①匹配连接

精确调整后,利用 M30 螺栓和设置在拱肋顶板、底板及腹板外侧的连接件将安装节段与已安装节段连成整体;待测量合格后将螺栓拧紧,并利用临时码板将安装节段与已安装节段临时固结,临时码板按 500mm 均布,在焊接码板前应将对接的顶板、底板、腹板码平,板错边应小于或等于 2mm。

在安装构件匹配连接和临时码板临时固结完成后,进行安装节段与已安装节段间环焊缝施工;焊接时先腹板后顶底板,焊接过程中要求对称施焊,保持焊接顺序一致,防止焊接变形造成线形变化;节段间环缝焊采用箱梁内侧加陶瓷衬垫,箱梁外单侧施焊的工艺。

②高空焊接质量的保证措施

在焊缝形式方面,在坡口设计时优先采用焊接质量容易保证的平焊和立焊等工位,尽量避免采用仰焊;对于需要进行双面焊的焊缝,开坡口时将坡口朝箱体内侧,将清根工作放在操作空间大、视线好的外侧进行,便于根部缺陷的清理打磨和反面盖面操作,提高焊缝一次合格率,保证焊接质量。

在焊接方法方面,对于正面的平焊缝选择生产效率高、焊缝成型好、焊接质量稳定的埋弧自动焊进行焊接,其他焊缝优先采用自动化程度较高的 $CO_2$ 气体保护焊配合焊接成型和质量较好的药芯焊丝施焊。

在焊接环境方面,气体保护焊对风的影响非常敏感,而高空作业恰巧又处于风较大的施工环境,因此必须采取可靠的防风防雨措施,在焊接作业区设置可移动的风雨棚,消除风雨对焊接质量的影响。

焊接措施方面,由于水上施工湿度大,因此,在焊接操作前对施焊区域必须采取相应的除湿措施,并在焊后对焊缝采取一定的保温缓冷措施,保证焊接质量。

③焊缝检测手段

高空焊接的检测手段与工厂制造相同,主要是通过目视外观检测、内部无损探伤及焊接试板力学性能试验三种手段进行。

a.目视检测:目视检测主要是针对焊缝外观质量及表面缺陷进行的肉眼检查。

b.无损探伤:无损探伤是通过超声波检测和 X 射线探伤,对焊缝内部质量和缺陷情况进行检查,具体检查比例按照相关规范执行。

c.焊接试板试验:焊接试板是在构件焊接时与正式焊缝同时焊接的试板,通过对试板取样进行力学性能试验,检验焊缝的各项力学性能指标是否满足设计要求。

(5)扣锚索施工

①钢绞线展开及下料

两侧扣索钢绞线展开分别由两侧扣塔往下游侧码头之间空地位置进行,两侧锚索钢绞线展开分别由两侧山上对应锚碇锚定位置往塔架底之间空地位置进行。

扣索钢绞线展开:将成盘钢绞线转运至塔架底放索架上,由塔架底往下游侧方向,人工牵引钢绞线沿地面展开。

锚索钢绞线展开:将成盘钢绞线转运至对应锚碇前放索架上,由锚碇位置往塔架底方向,人工牵引钢绞线沿地面展开。

下料长度考虑锚点间长度、工作长度(张拉端预留长度)和牵引长度,并留有一定富余量。每组扣锚索第一根钢绞线下料时需要用 50m 钢卷尺对其进行测量,其余钢绞线应参考第一根钢绞线长度下料。

②镦头

扣锚索张拉端在张拉前、后需要对钢绞线进行镦头,具体要求为:锚索钢绞线单根牵引至锚具内,需要对锚索钢绞线单根进行镦头;扣索钢绞线整束牵引至扣锚梁内,需要对扣索整束钢绞线中的 2~3 根进行镦头;扣锚索预紧完成后,需要对钢绞线进行切割,扣锚索退锚前,需要对扣锚索钢绞线单根再次进行镦头。

钢绞线镦头采用 LD20K 镦头器,具体步骤为:钢绞线张拉端打散后,在端头约 12cm 长度范围内平齐割除外圈6丝,保留中心丝,然后将钢绞线复原;用镦头器将中线丝墩成半圆形镦头。

③钢绞线编索

钢绞线在锚固端采用P锚锚固形式,在张拉端采用夹片锚锚固形式,因此,钢绞线必须进行严格的编号,防止钢绞线后续施工打绞。

④钢绞线梳理

扣锚索钢绞线为集中下料,为使得钢绞线锚固端孔眼与张拉端孔眼能够一一对应,在整束钢绞线下料完成后,必须对整束钢绞线进行分丝、梳理,以防止钢绞线打绞。

将扣锚索分丝板由钢绞线锚固端端头穿入,按照钢绞线编号依次编排钢绞线,并将锚固端钢绞线做好相应编号标识;分丝板通过人工操作向张拉端移动,将钢绞线依次理顺,直至张拉端,并在钢绞线张拉端同样做好相应编号标识。

分丝板梳理完成后,放置于钢绞线张拉端端头,以保证钢绞线在后续施工中不打绞。钢绞线编号标识,采用在钢绞线外侧贴字条加不干胶包裹的形式。分丝板采用钢板在钢结构加工厂加工制造,孔位布置与锚具孔位布置一致,且分丝板孔位编号与锚具锚孔编号一致。

⑤扣锚索锚固端穿索

a. 扣索钢绞线锚固端穿索。

扣索钢绞线穿索在塔底地面上进行,人工将编排过的钢绞线依次穿过扣点锚箱A(G4~G7)或锚箱C(G8~G15),钢绞线超出锚孔长度大于50cm,为端头挤压P锚留出工作长度。扣索KS钢绞线穿索原则为由上而下,从左至右。

b. 锚索钢绞线锚固端穿索。

锚索钢绞线穿索在对应正前方地面进行,人工将编排过的钢绞线依次穿过锚点下锚箱,钢绞线超出锚孔长度大于50cm,为端头挤压P锚留出工作长度。锚索MS钢绞线穿索原则为由上而下,从左至右。

⑥钢绞线挤压

扣锚索单束穿索完成后,采用挤压式锚具专用GYJ挤压机进行锚固端钢绞线P锚挤压。

钢绞线挤压施工步骤为:首先将挤压簧缓慢地旋入钢绞线端头,用手旋紧,使其紧紧地裹在钢绞线上→清除顶压头孔内残留簧丝→把带有挤压簧的钢绞线穿入模孔→套上挤压套插入顶压头孔内→进行挤压。

⑦扣锚索锚固端安装

a. 扣索锚固端安装。

扣索的下料、梳理、编号及锚固端穿索、P锚挤压均可提前进行,当拱肋安装节段完成精确定位和匹配件连接后,即可进行扣索锚固端安装。

b. 锚索锚固端安装。

锚索的下料、梳理、编号及锚固端穿索、P锚挤压完成后,即可锚索锚固端安装。锚索下锚箱可采用汽车起重机直接起吊,人工辅助安装。

⑧扣锚索提升

扣锚索提升均采用卷扬机系统整束提升。在两侧扣塔顶横撑H1上分别布置4台5t快速卷扬机,分别对应上下游、扣锚索提升施工;在上下游、靠江侧和靠岸侧扣塔钢管立柱上设置转向滑轮,方便扣锚索钢绞线张拉端直接牵引至安装位置。

下放卷扬机钢丝绳,将绳头与扣锚索张拉端端头临时连接,留有一定的富余长度(含分丝板),方便钢绞线穿过扣锚梁和锚具;启动5t快速卷扬机,提升扣锚索钢绞线至安装位置。

⑨扣锚索张拉端穿索

扣锚索整束钢绞线在扣塔顶5t快速卷扬机的牵引下,提升至待安装的锚固梁位置,通过在分配梁下前端和扣锚梁上部搭设脚手平台,人工辅助,具体步骤为:

a. 人工将单根钢绞线退出分丝板,穿过扣锚梁锚索孔、穿过锚具对应孔眼;

b. 待整束钢绞线全部穿过锚具后,安装夹片;
c. 缓慢放松卷扬机钢丝绳,同时敲紧夹片,使得锚具和夹片承受整束钢绞线自重;
d. 解除钢丝绳与扣锚索间临时连接;
e. 在三孔锚具的辅助下,利用卷扬机单根收紧钢绞线,并用砂轮片割除多余长度部分。

⑩扣锚索张拉

a. 单根预紧。

扣锚索钢绞线单束穿索完成后,首先采用 OVM 前卡式千斤顶对单根钢绞线进行预紧,千斤顶型号为 YDC240QX-200。单根预紧力按照单根张拉力的 5% 进行控制;单根预紧按扣锚索对称同步进行;单根预紧完成后,割除张拉端过长的钢绞线,以方便整束钢绞线张拉,钢绞线预留工作长度为 70cm。

b. 整束张拉。

扣锚索采用千斤顶整体张拉至设计张拉力。

千斤顶安装步骤为:限位板张拉→张拉千斤顶→工具锚→工具夹片。扣锚索张拉顺序:(单件拱肋)上下游、两侧 4 束对应扣锚索同时张拉。

张拉过程中,扣锚索水平不平衡力控制在 200kN 范围内。张拉过程中采用分级、同步张拉,根据扣锚索张拉力控制力按照 20%、40%、60%、80%、100% 分为 5 个级别进行张拉。

⑪防松装置安装

扣锚索钢绞线张拉完成后,安装扣锚索防松装置,采用螺栓将防松压板与锚具旋紧。

⑫减振装置安装

扣锚索张拉完成后,安装抱箍进行减振,抱箍将钢绞线贴合在一起,避免风振使钢绞线相互拍打。在塔端和梁端各安装一个减振抱箍,并采用钢丝绳与拱肋连接。

(6) 横撑安装

考虑到横撑的结构尺寸和重量,横撑 HC5 和 K 撑 HK5 分开吊装。在吊装横撑 HC5 时,采用 4 台天车起吊,且不设扁担梁,吊索具的一端与构件吊耳连接;另一端直接与天车下吊点连接;在吊装横撑 HC3 时,采用 2 台天车 +1 根扁担梁,吊索具的一端与构件吊耳连接,另一端挂在扁担梁外侧吊耳上。

吊索具随天车下吊点或扁担梁下落至构件上方,观察吊架吊点与横撑吊耳的平面位置是否一致,纵桥向通过行走跑车消除误差;横桥向通过驳船移动消除误差。平面位置一致后,吊点卸扣与拱肋吊耳连接,准备起吊。

横撑 HC5 和 HC3 吊装如图 3-24 和图 3-25 所示。

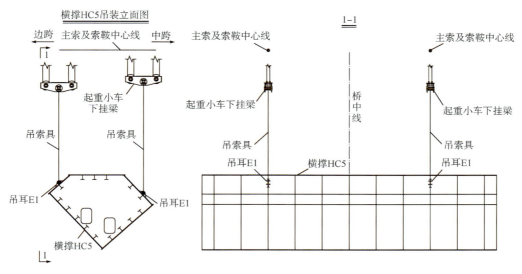

图 3-24　横撑 HC5 吊装示意图

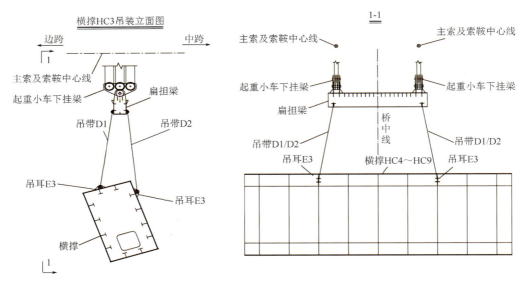

图 3-25 横撑 HC3 吊装示意图

横撑起吊具体步骤：

①拆除天车吊挂扁担梁，并将索鞍横移至指定位置。

②下放天车下吊点，将吊索具直接挂于天车下吊点上。

③构件由舱船水运至起吊区域，调整运输舱船位置，以适应天车下吊点位置，并抛锚定位。

④下放天车下吊点，利用卸扣将吊索具与横撑 HC3 起吊吊耳连接。

⑤4 台天车起重卷扬机同步收绳，提升中跨端天车下吊点，使得中跨端吊索具受力，继续缓慢提升中跨端天车下吊点，构件随天车下吊点提升绕底板边跨端旋转，直至边跨端吊索具缓慢受力，此时构件的空中角度为安装角度。

⑥再次启动 4 台天车起重卷扬机，同步收绳，提升构件至安装高度，启动牵引卷扬机，牵引构件至安装位置。

（7）拱肋合龙

从两侧拱脚分别向跨中悬臂拼装 13 个节段钢箱梁拱肋，跨中（第 14 个节段）合龙。

①考虑到钢箱拱肋节段的制造、测量、安装误差，焊接收缩变形及温差等因素的影响，合龙段增加一定长度富余量，作为合龙时的调整余量。采用单榀吊装合龙。

②合龙段施工的前一周就要观察天气，测量气温，掌握气温变化的规律，以确定最佳合龙时刻。

③选择适宜的合龙气温时段，测量合龙口两侧前端四个角点坐标，以便对合龙段进行长度修正，现场放样切割，做好坡口。

④组拼合龙段，形成矩形单元，仍采用四点起吊，保持水平起落，等待合龙时刻，准确对位，快速合龙。

⑤拱肋安装定位有关技术参数应满足表 3-3 的要求。

**拱肋安装定位技术参数** 表 3-3

| 参数名称 | 技术要求 | 参数名称 | 技术要求 |
| --- | --- | --- | --- |
| 轴线空间偏位 | <10mm | 相对拱段对应点间距偏差 | <6mm |
| 拱圈高程 | <10mm（节段及拱顶四角控制） | 拱段连接板厚度方向（顶板、底板、腹板）允许的差值 | <2mm |
| 实际测量拱圈高程与施工控制指令值的差值 | <5mm | 扣索塔架顶偏位控制 | 10mm |
| 拼装过程中对称的四片拱段连接点相对高差和相对间距偏差 | <10mm | 上下游对称控制索力偏差 | <5% |

（8）拱肋拼装线形保证措施

①拱肋制造：为保证拱肋成型的精度，拱肋制造从线形放样、零件下料、单元件装焊、节段匹配制造及预拼装等方面进行控制，保证钢箱拱的制作质量。

②焊接工艺控制：为了减少拱肋安装时的焊接变形量，保证拱肋成拱的线形，选用焊接热量集中、变形量小的 $CO_2$ 气体保护焊焊接方法进行拱肋安装焊接；制定合理的焊接顺序，减少焊接变形，降低应力峰值，从而达到控制拱肋线形的目的；选择焊缝金属填充量少的坡口形式，减少焊接热量的输入，能有效地控制焊接变形。

③焊接质量管理：从人员、焊接机械、焊接材料、焊接工艺执行、焊接环境控制、焊接质量监测等方面严格控制现场焊接质量，保证拱肋线形。

④拱肋拼装：采用单榀吊装方案，拱肋拼装过程中设置临时连接系减少由于拼装过程造成的拱肋间相对偏差；通过在拱肋节段上设置匹配件、侧向缆风索、吊装吊耳等设施保证拱肋节段对位精度；通过制定拱肋对位后先安装纵向加劲肋连接板，并施拧高强度螺栓，张拉扣索，调整好线形后施工节段环焊缝的拼装工艺措施，保证拱肋拼装线形。

⑤监控监测：根据理论计算资料对拱肋悬臂拼装全过程进行监测监控，每拼装一个节间，对拱肋线形及高程进行一次测量，并与理论值进行比较，给扣索调节提供依据，通过扣索调节保证拱肋拼装线形。

### 6）吊杆、系杆施工

吊杆分为铁路主梁的刚性吊杆和公路主梁的柔性吊杆。其中，刚性吊杆最大长度50m，采用分节制作，分节最大长度27m。柔性吊杆最大长度约85m，采用索盘存放。系杆采用钢绞线，上下游各16束，每束为 $55\text{-}\phi15.2\text{mm}$ 可换式镀锌钢绞线成品索。

（1）刚性吊杆施工

刚性吊杆为八角形钢箱梁，在2号主墩侧横撑放置平台上采用竖直接长，在起吊扁担梁下设置抱箍式连接临时装置，与刚性吊杆临时连接后，再用缆索吊机吊装至安装位置下方，从下到上提升对位，到位后进行定位安装。

①吊杆应由专业化厂家成套生产，按规范经试验和检验合格后才能出厂。吊杆的加工长度在设计长度的基础上应考虑拱的线形施工偏差的影响。

②吊杆安装步骤：吊杆运输→立式连接拼装→缆索吊装→精确对位→测量监控→调节桥面高程→安装临时定位装置→高强度螺栓施拧。

（2）柔性吊杆施工

吊杆采用高强度低松弛平行钢丝束，锚头为冷铸墩头锚。主跨吊杆间距12m，靠近桥面系的DS12采用 $127\text{-}\phi7\text{mm}$ 的平行钢丝束，其余为 $55\text{-}\phi7\text{mm}$ 的平行钢丝束。

柔性吊杆为钢绞线，采用索盘存放，索盘放置于拼装场，由汽车运输至缆索吊机下方，再由缆索吊机运输至安装位置下方（铁路主梁下方）。在钢箱拱里设置卷扬机和转向轮，从刚性吊杆的预留孔里下放牵引钢丝绳，然后与柔性吊杆连接，柔性吊杆提升到位后，锚固于拱肋锚箱之上。

（3）系杆施工

系杆施工时按设计要求做好防水细节处理，配置适宜的安装调节装置。系杆的主要安装步骤：系杆索及锚具安装→系杆张拉→系杆力调整→封锚、防腐处理。

①系杆索及锚具安装

下料应控制剥除PE护层的长度。系杆PE护层的剥除长度，根据系杆索设计长度及锚具安装尺寸计算其两端的需要来确定。剥除PE护层的部分，应清除其表面油污。利用牵引卷扬机将系杆索牵引出两端拱脚处的预埋管孔口。随后安装经清洁后的锚具及夹片。可换索式系杆索锚具安装时，应将锚板上用于注油的两螺纹孔的相对位置保持在最上方和最下方。安装的钢绞线应与锚具单元孔位一一对应，夹片与锥孔配合精确、夹片与钢绞线咬合均匀且夹片端面平齐。

②系杆张拉

根据设计加载程序和监控要求,分批进行系杆张拉。张拉所用的千斤顶、油泵、油表等,应进行配套标定,在张拉时按标定情况配套使用。张拉时,应力求两端对称、同步进行。张拉锚固后拆除张拉设备,切除多余的部分,注意对于可换索式系杆索应预留一定长度,以方便换索施工。之后,安装防松装置及减振块。

③系杆力的调整

按拟定的调整方案执行,并配合做好监测、监控工作。

④封锚、防腐处理

系杆钢绞线多余部分采用砂轮切割机切割,切不可用火焰切割。对永久性锚固系杆,按设计要求对整个预埋管道进行灌浆;对系杆锚具密封筒内灌浆,灌浆后封好灌浆孔和排气孔,并清理干净锚具表面;对可换索式系杆,在预留孔道灌注防腐油脂,安装防护罩并在其内注满防腐油脂。

⑤系杆施工主要注意事项

系杆初步安装到位后,根据现场实际情况及设计要求进行分批张拉。系杆张拉索力应根据检测监控提供的数据进行,张拉应逐步加载,并随时对各个监测点进行监测反馈。采用两端同步张拉。

### 7）铁路、公路桥面吊装

铁路桥面由（TL1～TL4）+2×TL3+TL5+8×TL6+合龙段 TL7+8×TL6+TL5+2×TL3+（TL4～TL1）组成,全桥共有 31 个铁路主梁节段。公路桥面由梁端段+（过渡段 3～过渡段 1）+10×标准段 1+合龙段+10×标准段 1+（过渡段 1～过渡段 3）+梁端段组成,全桥共有 29 个公路主梁节段。

根据整体吊装方案,铁路桥面采用缆索吊机定点起点方案。即由水运至铁路主梁设计位置下方,由缆索吊机定点起吊,然后进行微调,再进行临时固结,最后安装刚性吊杆并进行全断面正式焊接,使之形成整体结构受力。

公路桥面采用缆索吊机纵移提升安装方案。即由水运至 3 号主墩旁,由缆索吊机垂直起吊,然后进行纵桥向移动至设计位置下方,并进行微调,再进行临时固结,最后安装柔性吊杆并进行全断面正式焊接,使之形成整体结构受力。

当拱肋合龙以后,铁路主梁（TL1～TL4）+2×TL3+TL5 节段和公路主梁梁端段、过渡段 3 号节段所处的位置为缆索吊机在纵桥向的行走盲区,给吊装带来一定困难。因此,需要在拱肋安装过程中把以上节段提前安装到位,再进行拱肋合龙,拱肋合龙后再进行其他铁路主梁节段和公路主梁节段的吊装与合龙。

（1）缆索吊机纵向盲区钢梁节段的吊装

公路主梁梁端段、过渡段 3 号节段采用斜拉吊装方式,直接放置到牛腿和临时吊杆之上,并设置微调装置进行纵横向的位置调整,然后进行临时定位,并进行两梁段之间的正式焊接,使之形成整体受力。

铁路主梁 TL1～TL4 节段采用逐步安装、利用滑道梁牵拉到位的架设方法。并设置微调装置进行纵横向的位置调整,然后进行两梁段之间的正式焊接,使之形成整体受力。

铁路主梁 2×TL3+TL5 节段直接放置到牛腿和临时吊杆之上,然后进行临时定位,并进行两梁段之间的正式焊接,使之形成整体受力。

（2）跨中标准节段钢梁的吊装

钢梁在工厂制造单元件,并进行预拼,然后运输到桥位处,采用缆索吊机进行节段吊装。跨中节段和大部分标准节段处于高空区域,节段通过水运至缆索吊机下,由缆索吊机按常规垂直起吊,携梁走行至设计位置后进行焊接的方法架设。吊装作业程序为:

①吊机作业组对设备进行安全检查,在现场技术人员的指挥下将缆索吊机移到缆索吊机下,各作业班组进入作业位置。

缆索吊机就位后,在提升梁段的荷载逐渐转移至吊机的过程中,主缆会出现漂移,梁段会做纵向移动,因此缆索吊机定位时,应保证提升梁段和已安装梁段之间有约 20cm 的预留空间,以避免梁段在提升过程中产生叠压。

②安装缆索吊具,检查钢梁的临时吊点位置是否与缆索吊机的吊点位置相符,然后精确定位。吊机作业组指挥卷扬机操作人员将吊具下放到钢梁上,这时吊具作业人员将吊具与钢梁连接,并指挥微调箱梁位置,配合吊具连接作业。

③待吊具与钢梁吊耳连接好后,缆索吊机微微提升预紧各吊具,使各吊点受力一致,两吊点同步提升,当钢箱梁将离开而尚未离开台车时,停止提升,再检查钢梁是否水平,用手拉葫芦调节水平后,再同步提升。

④启动缆索吊机牵引索卷扬机,使缆索吊机携梁走行至钢梁节段设计位置。

⑤用同样的方法吊装其他标准节段钢梁。当节段钢梁移动吊装略高于已安装钢梁高度后停机,施工人员下至箱梁顶面检查两节中梁的接缝距离,利用 2 个 5t 牵引器,将节段向已安装的节段拽移,临时固定,稍后将吊索杆锚头与钢梁的锚箱连接(注意纠正吊杆的扭转和吊杆编号),待各吊杆锚头均与永久吊点连接好,经检查无误后,指挥吊具下降,让吊索受力,连接两相邻梁段临时连接螺栓。

⑥待钢梁临时连接完成后,拆除缆索吊机的吊具,将缆索吊机纵移至下一节段的吊装位置。

⑦按照以上梁段安装方法从两侧向跨中依次对称吊装剩余标准梁段,在钢梁两端顶面安装临时连接件。

(3) 跨中合龙段钢梁的吊装

在吊装合龙梁段前,需要将已吊装的梁段连续进行调整,测量合龙应有的长度,并对合龙段长度进行修正。

合龙梁段起吊至设计安装位置后,将吊索锚头与钢梁的永久吊点连接;同时将端梁段由预偏位置顶推至设计安装位置并与合龙梁段临时连接,全桥合龙即告完成。待支座、阻尼器安装及焊接完成后,拆除墩旁支架。

(4) 钢梁临时锁定及焊接施工

在钢梁吊装的最初阶段,其下缘处于开口状态,相邻梁段只在梁段上缘临时连接。随着箱梁节段吊装的进行,两相邻节段梁底板间下缘张口逐渐减小至计算值时,进行梁段底板临时连接件的连接,再进行钢梁现场整体焊接工作。

(5) 钢梁检查车安装及支座安装

①钢梁检查车在完成第一节段钢梁吊装后即进行检查小车的安装。钢梁检查小车轨道在钢梁制作时已焊接在钢箱梁上。检查小车预先安装在钢箱梁上,随钢梁一起吊装到位。

②钢梁两端支座安装。

a. 竖向支座的安装。

先按设计要求浇筑支座垫石混凝土,待混凝土达到设计要求的 80% 后安装钢梁钢支座。鉴于竖向支座总成结构比较复杂,组成的零件 10 余种,加工及安装精度要求较高,因此在端钢梁吊装前,直接将此总成装于钢梁下部的相应位置,并在钢梁吊装前吊装就位。端梁临时支撑高度要满足支座安装空间最小尺寸的要求。

b. 横向支座的安装。

在拱肋 GL3 节段横向限位支座垫板上攻 4 个 M8 丝深度 15mm 的孔。将支座滑板本体固定在拱肋 GL3 节段上,外露孔洞用腻子密封,支座底板通过 M36 高强度螺栓与铁路钢 TL4 连接。

c. 纵向阻尼器的安装。

端部钢梁合龙调整就位后,按设计要求将钢梁底部纵向阻尼器连接架通过阻尼器与支承垫石连接。

(6) 总体线形、受力的监控及调整

随着箱梁节段吊装的进行,荷载不断增加,对拱肋的作用力、作用点和力的方向也随之发生变化,为了拱肋的受力安全,在箱梁吊装过程中必须跟踪监测、调整。钢梁安装控制标准见表 3-4。

钢梁安装控制标准 表3-4

| 项次 | 检查项目 | | 规定值或允许偏差 | 检查方法 |
|---|---|---|---|---|
| 1 | 吊点偏位(mm) | | 20 | 用全站仪检查,逐个 |
| 2 | 同一梁段两侧对称吊点处梁顶高差(mm) | | 20 | 水准仪,逐个 |
| 3 | 相邻梁段匹配高差(mm) | | 2 | 钢板尺,逐段 |
| 4 | 箱梁段轴线偏差(mm) | | 10 | 全站仪,逐段 |
| 5 | 焊缝尺寸 | | 符合设计要求 | 量规,全部 |
| 6 | 焊缝探伤一次合格率(%) | 超声波 | ≥95 | 100% |
|   |   | 射线 | ≥90 | 按设计规定,设计未规定时按10%检查 |

注:项次2允许偏差在靠近跨中部分区域取±3mm,靠近拱脚区域取±5mm。

### 3.3.3　边跨(116+120)m混凝土系杆拱上部结构施工

116m和120m边拱为双层桥面混凝土简支系杆拱桥,边拱上部结构全部采用支架现浇施工,拱上立柱采用翻模法现浇施工。底层公路梁现浇支架采用钻孔桩基础,钢管柱上设置贝雷梁结构;中层拱肋现浇支架采用管柱式结构;上层铁路箱梁现浇支架采用在拱上立柱设预埋件支撑体系,其上设置贝雷梁结构。

两岸均通过墩身施工,并采用塔式起重机配合施工。成都侧边拱位于翠柏大道上方,施工对既有行车干扰大,上部结构施工时需要采取跨既有铁路和公路的施工防护措施。

#### 1)现浇支架搭设施工工艺

主桥公路梁现浇支架由于荷载较大,基础采用钻孔桩基础,上接钢管桩,然后拼装贝雷梁及型钢形成现浇平台,边拱支架在已浇筑好的公路梁上采用满堂钢管支架搭设。成都岸支架上跨翠屏路,采用防护支架搭设,防护支架采用钢管桩作为下构,上铺型钢及钢板形成高空封闭,以保证下方的行车安全,如图3-26所示。

(1)公路梁贝雷梁支架拼装

①支架基础及下部结构施工

钻孔桩基础采用冲击钻机成孔,导管法灌注成桩,上接小型承台,承台上预埋法兰盘与钢管桩连接,由于支架较高,钢管桩之间每6m设1道连接系以增强横向稳定性,支架墩基础施工完成后,将钢管桩接高到设计高程,在施工过程中,同步安装各钢管桩之间的连接系,以保证钢管桩的垂直度。焊接各连接系钢管时,先将钢管按照相贯线切割后再焊接,施工过程中保证各连接件之间的焊缝质量,保证结构安全。

②分配梁及贝雷片安装

支架墩施工完成后,安装桩顶分配梁,然后安装贝雷片。贝雷片安装之前,先在地面根据设计要求将其拼装成组,然后利用履带起重机或汽车起重机整体吊装、分配梁上人工配合就位。贝雷片安装完成后,按要求将分配梁两端外侧贝雷片采用角钢限位,防止贝雷片横向移动,纵向按照要求将相邻各组贝雷片连接成整体。最后安装贝雷梁上底模分配梁,安装完成后用U形卡将其与贝雷片固定。

(2)拱肋满堂支架拼装

满堂钢管支架轻巧,拼装方便,但其刚度较小,为保证支架的强度及整体稳定性,支架采用四体品字形双层结构排列,支架底部垫尺寸为20cm×15cm的水平方木或钢板。支架之间用φ48mm×3.5mm的钢管将支架纵横交叉连接,内部及外侧用钢管作剪刀撑,在箱梁腹板、横隔板位置处支架加密,悬臂板部分可适当减少一些。上托顶架铺设 I12.6 工字钢作为分配梁,再在工字钢分配梁上铺设 10cm × 10cm 方木,利用上托调整预拱度。

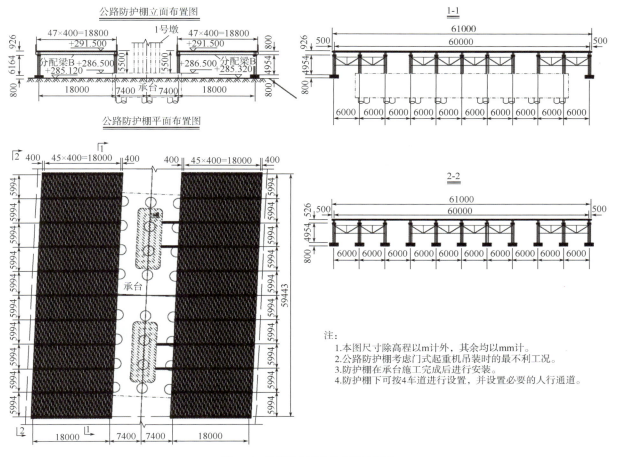

图 3-26 边拱跨公路防护支架示意图

（3）支架预压

为了在公路梁浇筑成型后取得与设计相一致的线形,支架拼装完成后,对支架预压,预压荷载不小于梁重及施工荷载的120%,以检查支架的承载能力,减少和消除支架体系的非弹性变形及地基沉降。预压过程中的荷载尽量模拟箱梁自重及施工过程中荷载的特点进行布置,预压材料利用现场钢筋,或沙袋和水箱等材料。无论利用何种材料,注意天气对荷载的影响,避免实际荷载大于计算荷载,超出支架的承受能力。在下雨天气实施预压方案时对预压材料采取覆盖、避免淋雨的措施,确保预压效果及结构安全。

待消除支架非弹性变形量及压缩稳定后测出弹性变形量,即完成支架压重施工。撤除压重后,设置支架施工预留拱度,调整支架底模高程,并开始箱梁施工。

### 2）公路梁现浇施工工艺

（1）模板安装及预拱度设置

现浇箱梁的外模及内模均采用18mm厚的高强度竹胶合板,内、外模采用钢管支架支撑。支架预压后,对底模高程进行调整,并根据预压数据和设计要求设置预拱度。根据梁的挠度和支架的变形量与设计预拱度要求所计算出来的预拱度之和,即为预拱度的最高值,设置在梁的跨径中点;其他多点预拱度,以中间点为最高值,以梁的支点两端为零,按二次抛物线进行分配。

底模调整完成后,安装侧模和翼板底模,绑扎底板、横隔板、腹板钢筋,安装内侧模,然后安装内顶模,绑扎顶板、翼板钢筋。

模板从梁一端顺序安装,要求接缝严密,相邻模板接缝平整,接缝处用贴胶带密封,防止漏浆,并在模板混凝土面板上涂刷清漆和脱模剂,保证混凝土表面的光洁和平整度,确保梁体外观质量。

内模及支架根据现场实际条件,采用汽车起重机、履带起重机或人工安装。内模侧模可在中部开适当观察孔,顶板底模在每孔梁的适当位置开两个人洞,以便内模拆除时从人洞往外运输,加快施工进度。内、外侧模间用条形混凝土预制块固定。内模的背带、支撑体系均采用钢管,确保牢固可靠。

(2)断面尺寸及轴线控制

断面尺寸和轴线通过模板控制,故在模板系统形成后,钢筋安装之前,必须对模板进行严格检查。而模板系统又支撑于主框架上,故在支架拼装过程中,需对其精确定位,方可保证要求的线形。在施工过程中,勤检查勤测量,及时发现问题及时解决。

(3)钢筋安装

公路梁钢筋种类多、数量大,构造复杂。施工前对所有的钢筋大样进行复核,使之与公路梁的尺寸相对应;制定公路梁及其纵、横隔板钢筋绑扎方案,分清绑扎先后顺序使箱梁钢筋与横隔板钢筋绑扎交错进行,互相协调。

钢筋在加工厂下料加工成型,运至工地现场就地绑扎。钢筋的检验、下料、成型、绑扎等施工按规范要求施工。钢筋接头采用电弧焊焊接,单面焊搭接长度不小于$10d$($d$为钢筋直径),双面焊搭接长度不小于$5d$。受力钢筋接头错开布置,对于绑扎接头,两接头间距不小于1.3倍搭接长度。

(4)混凝土浇筑

现浇公路梁混凝土横断面采用一次浇筑成型的方案,混凝土从生产工厂通过混凝土运输车运至施工现场,再通过输送泵送至梁面浇筑。

混凝土浇筑从分段梁体较低的一端向较高的另一端按水平分层、斜向分段依次浇筑,一次浇筑完成。混凝土浇筑时间控制在初凝时间内。上层与下层前后浇筑距离不小于1.5m,每层浇筑厚度不超过30cm。在混凝土浇筑过程中,注意要使混凝土入模均匀,避免大量集中入模。

顶板表面进行二次收浆抹面,并在终凝前拉毛,及时养护,防止裂纹。

混凝土初凝后,及时进行养护,大面积混凝土养护不及时,容易产生裂缝。混凝土表面采用麻袋覆盖保温保湿洒水养护,每天洒水次数视环境湿度而定,以能保证混凝土表面经常处于湿润状态为准,保证混凝土质量。

(5)混凝土养护及降温措施

浇筑完成的混凝土初凝后外露面要及时喷雾状水养护,及时覆盖无纺土工布并安装自动喷淋装置确保养护湿度。

其余部位混凝土带模养护至混凝土设计强度的90%以上。在混凝土带模养护期间,需特别注意对钢模接缝处的养护,采用窄条土工布将钢模接缝覆盖并使用钢夹固定,定时洒水以确保土工布在养护期间始终保持湿润。

夏季养护期间采用布设冷却水管方式降低混凝土内部温度为主,在钢模外定时喷水为辅,以降低钢模表面温度。在混凝土强度达到设计强度的80%后,适当松开钢模,向钢模内混凝土进行浇水养护,直至拆模覆盖养护。

(6)梁体线形的监控

在施工过程中,根据施工工况对梁体线形进行测量监控。测量监控主要分六种工况进行:混凝土浇筑前、灌注混凝土过程中、混凝土灌注完毕、预应力张拉前、预应力张拉后和拆除支架后。将实测数据与理论计算相比较,若有偏差,及时调整模板撑杆高度,使之吻合。

### 3)拱肋、拱上结构物现浇施工工艺

拱肋及拱上结构物现浇采用满堂支架施工,其现浇工艺与公路梁相同,此处不再复述。

#### 4）铁路箱梁现浇施工工艺

铁路箱梁采用满堂支架施工，除预应力施工与公路梁不同外，其他施工工艺均与公路梁相同，此处仅对预应力施工工艺进行阐述。

(1) 预应力管道安装

在安装钢筋的过程中，安装预埋件及预应力管道，安装管道时曲线每隔50cm、直线每隔100cm以 $\phi$8mm 定位钢筋焊于梁体钢筋骨架上，以保证管道定位准确牢固。

(2) 预应力施工

现浇箱梁混凝土浇筑完毕后，待混凝土达到设计强度后，依次张拉纵向预应力腹板束、顶（底）板束，横梁预应力束，箱梁顶板横向预应力束。

(3) 支架拆除

现浇箱梁张拉完成，压浆强度达到设计要求后，即可进行支架拆除，支架拆除原则为对称、少量、多次、逐渐完成，每孔从梁跨中间向两端均匀落架，每次卸落值为0.5cm，直至底模与梁底分开，每孔支架落架时，在梁顶板设观测点（支座、1/4跨、1/2跨处左右各2点），落架前，对观测点进行一次全面的观测，落架时每次卸落后，观测相应及有关测点变化情况，一孔落架完成后，对观测点做一次全面观测，确定桥梁线形。

拆除支架时，自上而下顺次拆除，拆除不得死拧硬撬。拆下贝雷梁、型钢和钢管桩不得随地乱抛，并进行整修，集中堆放，转移到下一孔拼装。然后进行桥面及附属工程施工。

### 3.3.4 引桥公铁合建段施工

引桥公铁合建段跨径组合：成都侧为 4×45m 连续箱梁，贵阳侧为 5×45m 连续箱梁。下层公路梁采用支架现浇，支架形式为钢管桩贝雷梁形式；上层铁路梁采用挂篮悬浇，共配备2套支架、6套轻型挂篮进行施工。施工时间安排为：公路连续梁6个月，铁路连续梁5个月，共11个月。

公路连续梁支架现浇施工工艺与主桥边跨公路梁支架现浇施工工艺相同，此处不再复述。图3-27为45m铁路主梁挂篮现浇施工工艺方案图。

#### 1）0号块托架

0号块托架是0号块箱梁混凝土现浇的主要承重结构，要求其具有足够的强度和刚度。采用钢管桩搭设，支撑于承台顶面，支架上部扩展为三角形托架，托架纵横梁均采用型钢，托架顶横桥向设置横向分配梁作为箱梁底模、侧模的支撑结构。

0号块托架拼装完毕，采用其自重的1.2倍重量预压，用砂袋作压重荷载。0号块托架承受整个0号块混凝土的重量，在预压前计算出不同单位横断面上荷载分布情况，其中顶板混凝土重量直接传送到底板上。腹板和隔墙处荷载比较集中，砂袋堆放时要按照单位横断面荷载分布情况进行堆放，以便能正确模拟混凝土荷载，达到预压的目的。根据计算结果，对底模高程进行调整，使预留拱度值更加准确，同时也是对支架的强度、刚度和稳定性的检验。

(1) 临时支座和临时锚固

连续梁在采用分段悬臂浇筑过程中，永久支座不能承受施工中产生的力和不平衡力矩。可设置临时墩和临时支座承受施工中产生的力，施工中需采取临时锚固措施，以抵抗施工中产生的各种不平衡力矩，保证T构平衡。本项目设计采用在主墩两侧设置临时竖向预应力锚固的方式，对临时墩和梁进行临时固结。

临时墩采用 $\phi$800mm×8mm 钢管桩，桩内采用强度等级为C30的混凝土浇筑，临时墩支座与梁体中间设2cm厚的硫磺砂浆层，硫磺砂浆层中夹电阻丝，便于临时墩和支座的拆除。临时锚固采用直径为32mm的精扎螺纹钢筋进行锚固。

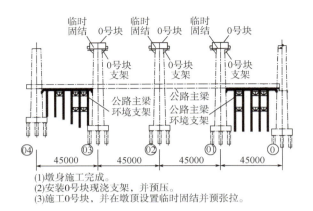
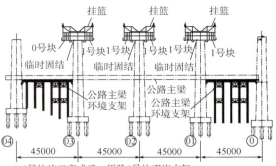
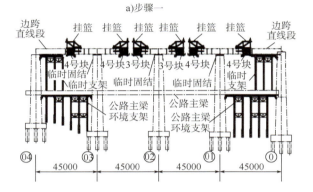
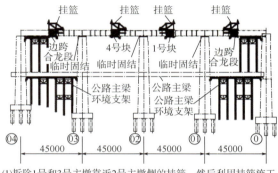

图 3-27　45m 铁路主梁挂篮现浇施工方案图

（2）模板安装

①梁底模板：两端悬臂部分采用大块钢模板（挂篮底模），两悬臂端梁底纵坡利用调模装置进行调整，从而使底模达到坡度要求。

②外侧模：采用大块钢模板，在梁变宽部分利用调模装置调整立模宽度，当内外侧模板拼装后用 M18 对拉螺杆对拉，拉杆间距按水平≥0.5m，竖向≥1.0m 布置。顶板底模与外侧模连接处镶橡胶条并塞紧，以防漏浆。

③隔墙模板及腹板内模板：均采钢木组合模板现场拼装，内模板的紧固主要用对拉螺杆，并用型钢内支架连接，下倒角模板采用木模。

④人洞模板及支架：隔墙人洞采用木模板、木支架，顶板临时人洞模板采用钢板焊接，支撑用 $\phi$12mm 钢筋与梁顶板钢筋网片焊接。

⑤端模：端模用自行加工的钢模板，与内外模及其骨架连接牢固，中间留进人洞方便捣固人员出入，待混凝土浇筑到位后再行补加。

（3）钢筋及预应力管道安装

0 号块钢筋种类、数量大，构造复杂。施工前对所有的钢筋大样进行复核使之与箱梁的尺寸相对应，制定 0 号块箱梁及其横隔板钢筋绑扎方案，分清绑扎先后顺序使箱梁钢筋与横隔板钢筋绑扎交错进行，互相协调。钢筋在钢筋棚集中加工，现场绑扎成型。

0 号块集中了全桥大部分纵向顶板束管道，安装管道时每隔 50cm 以 $\phi$8mm 定位钢筋焊于梁体钢筋骨架上，以保证管道定位准确牢固。为防止水泥浆渗入波纹管，堵塞预应力管道，混凝土浇筑前在纵向管道内插入直径略小于管道直径的聚氯乙烯(PVC)管。

(4)混凝土施工

0号块横隔板尺寸较大,混凝土浇筑时需考虑混凝土内部水化热问题,采用布设冷却水管方式降低混凝土内部温度,确保混凝土芯部温度与混凝土表面温度差控制在15℃以内。混凝土浇筑采用连续浇筑完成。耐久性混凝土必须采用具有自动计量和检测装置的搅拌站拌制,采用混凝土运输车运送,混凝土垂直运输采用泵送,采用插入式振动棒捣固密实。

(5)混凝土养护及降温措施

引桥0号块与主桥边跨公路梁现浇混凝土养护及降温措施相同。

(6)预应力施工

预应力张拉在混凝土强度及弹性模量均达到设计规定后方可进行,张拉顺序按施工顺序从外到内左右对称张拉。预应力筋张拉后24h内完成压浆,工艺与0号块施工相同。

### 2)悬浇梁段施工

连续梁1~N号节块均采用菱形挂篮悬臂浇筑。0号块施工完毕后在0号块上安装挂篮,经验收合格且试压后进行1号块悬浇施工。

(1)施工工艺流程

挂篮悬浇箱梁施工工艺流程如图3-28所示。

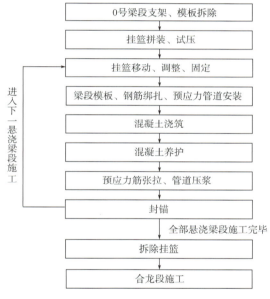

图3-28 挂篮悬浇箱梁施工工艺流程图

(2)施工挂篮

①挂篮结构

施工挂篮采用自行设计制作的液压轻型菱形挂篮,主要由主桁架、行走及锚固系统、吊带系统、底平台系统、模板系统五大部分组成。该挂篮承载能力大、刚度大、机械化程度高,操作方便快捷、安全可靠。

挂篮的锚固是利用箱梁的竖向预应力钢筋通过后锚梁将挂篮锚固于已完梁体上。

②挂篮拼装

挂篮结构构件运达施工现场后,利用塔式起重机吊至已浇梁段顶面,在已浇筑好的0号梁段顶面拼装,拼装完毕后,对挂篮施加梁段荷载进行预压,充分消除挂篮产生的非弹性变形,悬浇施工过程中,将挂篮的弹性变形量纳入梁段施工预拱度计算。

挂篮结构拼装顺序如下:轨道安装、锚固→主桁片安装→后锚杆锚固→主桁前、后横梁桁片→主桁上下平连安装→底平台安装→外模系统安装→内模系统安装→悬吊工作平台安装。

③挂篮静载试验

挂篮拼装完毕后,进行荷载试验以测定挂篮的实际承载能力和梁段荷载作用下的变形情况。

荷载试验时,加载按施工中挂篮受力最不利的梁段荷载进行等效加载,测定各级荷载作用下产生的挠度和最大荷载作用下挂篮控制杆件内力。

根据各级荷载作用下挂篮产生的挠度绘出挂篮的荷载—挠度曲线,为悬臂施工的线性控制提供可靠的依据。根据最大荷载作用下挂篮控制杆件的内力,可以计算挂篮的实际承载能力,了解挂篮使用中的实际安全系数,确保安全可靠。

④挂篮的移动

在每一梁段混凝土浇筑及预应力张拉完毕后,将挂篮沿行走轨道移至下一梁段位置进行施工,直到悬浇梁段施工完毕。

⑤挂篮拆除

箱梁悬浇梁段施工完毕后,进行挂篮结构拆除。拆除顺序为:箱内拱顶支架→侧模系统→底模系统→主桁架,吊带系统及行走锚固系统在其过程中交叉操作。箱内拱顶支架拆零取出,侧模、底模系统采用卷扬机整体吊放,主桁架采取先退至墩位附近再利用吊机进行拆零。

⑥挂篮拼、拆装注意事项

a.挂篮拼装、拆除应保持两端基本对称同时进行。

b.挂篮拼装应按照各自的顺序逐步操作,作业前应对吊装机械及机具进行安全检查,在操作过程中地上、空中应有专人进行指挥及指导。

c.挂篮的拼装、拆除是高空作业,每道工序务必经过认真的检查无误后方可进行下一道工序施工。

(3)悬臂灌注施工

悬臂灌注施工主要包括挂篮前移、挂篮调整及锚固、钢筋及孔道安装、混凝土灌注及养护、预应力施加、孔道压浆六个工序循环进行。悬浇梁段施工长度3～4m,当混凝土强度和弹性模量达到设计要求后进行预应力张拉,根据梁体情况具体调整。

①挂篮前移

在前一梁段施工完毕后,解除放松各吊点,使模板脱离梁体,解除梁上后锚点,进行锚固转换,行走小车托力转换在滑道上,通过手拉葫芦拖拉主桁使整个挂篮前移动至下一梁段位置。

②挂篮调整及锚固

挂篮就位后,先将主桁梁上锚固转换到梁体的锚筋上,并将底篮后锚安装转换到梁体上,然后通过测量仪器进行中线、高程测量、定位,通过千斤顶进行高程调整,经过检查确定合格后,最后进行全面锚固。

③模板就位

模板安装按下列顺序进行:外模安装→底腹板堵头→梁体底腹板钢筋安装、纵向预应力管道、竖向预应力筋等安装完毕→内侧模板安装→内顶模支架→内顶板安装→顶板堵头。

④钢筋、预应力安装

所有进场钢筋、钢绞线、锚具等材料均须按规定抽检合格后方准使用。钢筋绑扎按图纸要求进行,波纹管安装除插芯棒外,曲线段每50cm、直线段每1.0m设置一道定位U形钢筋,定位后的管道轴线偏差要求不大于0.5cm。波纹管应有良好的水密性,并在施工中注意保护,如有烧伤现象,及时用胶带缠包,以免造成漏浆堵管,锚垫板与波纹管连接要稳固,接头要包缠封死,防止漏浆堵塞压浆孔。

⑤混凝土浇筑和振捣

混凝土采用水平分层两侧同时对称的方式浇筑,由于预应力筋及预应力管道周围钢筋密集,尽量减少混凝土与钢筋的碰撞,以免影响混凝土浇筑质量,振捣采用不同直径的插入式振动棒(B30、B50、B70),其中顶板底板采用B70、B50振动棒,腹板采用B30、B50振动棒,水平分层宜控制在30cm左右,保证振捣质量。

混凝土在浇筑过程中,先浇筑底板及倒角,底板混凝土从两端的溜槽溜入。振捣时特别注意振动棒不要抵紧波纹管振动,防止振破波纹管导致漏浆,并应遵循对称浇筑的原则。顶板混凝土浇筑时,应注意高程、横坡及整体平整度的控制。

⑥混凝土养护

混凝土浇筑完成后,顶板及底板均应收浆抹面,并在初凝后终凝前进行第二次收浆并拉毛,防止表面收缩裂纹的产生,根据气候条件,最迟不超过12h即覆盖或洒水养护。混凝土的洒水养护时间一般为7天,每天洒水次数以能保持混凝土表面经常处于湿润为准。冬季施工时,当气温低于5℃时不得洒水养护,应采用覆盖保温养护。

⑦预应力张拉

预应力张拉在混凝土强度及弹性模量均达到设计规定值后方可进行,张拉顺序按施工顺序从外到内左右对称张拉。

⑧压浆、封锚

预应力张拉完经检查合格后,前移挂篮,预应力筋张拉后24h内完成压浆,确保孔道中预应力筋体系在完成灌浆工序前不出现锈迹,应对灌浆材料的性能进行专门试验。试验测试的内容包括初始流动度、流动度的延时变化与温度敏感性、压力引起的最大泌水量、膨胀性能以及强度发展速度等。

3）边跨直线段施工

边跨直线段采用支架现浇,其工艺与前述支架现浇箱梁施工相同,此处不再复述。

4）合龙段施工

（1）吊架及模板安装

合龙梁段采用合龙吊架施工,合龙吊架和模板采用施工挂篮的底篮及模板系统,施工吊架安装步骤为:将挂篮的底篮整体前移至合龙段另一悬臂端→在悬臂端预留孔内穿入钢丝绳,用滑车吊起底篮前横梁及内外滑梁的前横梁→拆除挂篮前吊杆→用卷扬机调整所有钢丝绳,使底篮及内外滑梁移到相应位置,安装锚杆、吊杆和连接器将吊架及模板系统锚固稳定→将主桁系统退至0号梁段后拆除。合龙段吊架布置如图3-29所示。

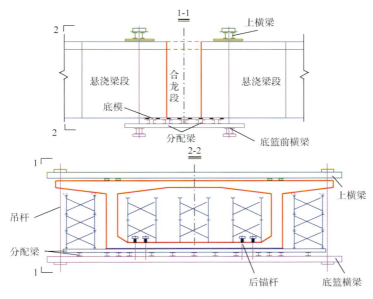

图3-29 合龙段吊架布置示意图

（2）设平衡重

采用在悬臂端的水箱中加水的方法设平衡重,近端及远端所加平衡重重量由施工平衡设计确定。

(3)普通钢筋及预应力管道安装

普通钢筋及预应力管道安装与 0 号块相同,此处不再赘述。

(4)合龙锁定

合龙前使合龙段两共轭悬臂端临时连接,尽可能保持相对固定,以防止合龙段混凝土在浇筑及早期硬化过程中发生明显的体积改变。合龙前除 T 构悬臂端按平衡要求设置平衡重外,在施工控制有要求时还应对合龙段处采取调整措施。合龙段支撑劲性钢骨架施工及临时预应力束张拉施工同边跨合龙段施工。

(5)体系转换

解除连续梁墩顶的临时锁定,并切断该墩临时支座锚固钢筋,完成体系转换。

(6)浇筑合龙段混凝土

合龙段混凝土浇筑过程中,按新浇筑混凝土的重量分级卸去平衡重(即分级放水),保证平衡施工。合龙段混凝土选择在一天中气温较低时进行浇筑,可保证合龙段新浇筑混凝土处于气温上升的环境中,在受压的状态下达到终凝,以防混凝土开裂,混凝土的浇筑速度为 $10m^3/h$ 左右,2h 内浇筑完成。为减少合龙段混凝土在凝固过程中的收缩变形,提高其早期强度,施工时混凝土的配合比中适当添加微膨胀剂,同时降低水灰比。合龙段混凝土一次浇筑成型。

(7)预应力施工

合龙完成后,张拉中跨预应力束,再张拉边跨底板第二批预应力束,合龙段施工完毕后,拆除临时预应力束并对其管道压浆。

(8)拆除模板及吊架

前述工序完成后,最后拆除模板及吊架。

### 3.3.5 引桥(48 + 80 + 48)m 连续梁施工

分建段铁路跨高桩桥水库采用(48 + 80 + 48)m 连续梁布置,0 号块及直线段采用支架施工,标准节段采用挂篮悬浇,合龙段采用吊架现浇,共配备 2 套 0 号块支架,1 套直线段支架,2 套挂篮进行连续梁施工。连续梁施工工艺与前述引桥合建段铁路连续梁施工工艺相同,此处不再复述。

### 3.3.6 引桥铁路、公路分建段施工

分建段铁路引桥除跨高桩桥的连续刚构外,其余引桥铁路部分均采用32m 混凝土简支箱梁布置,成都岸跨径布置为 6×32m,贵阳岸跨径布置为 3×32m,混凝土简支箱梁均采用支架现浇,共配备 2 套支架,施工时间安排为 5 个月。简支箱梁施工工艺与前述主桥边跨公路梁支架现浇施工工艺相同,此处不再复述。

### 3.3.7 桥面系及附属工程施工

金沙江公铁两用双层系杆拱桥桥面系及附属工程施工包括:防撞墙施工、电缆槽施工、综合接地施工、遮板及栏杆施工、防水层铺装和桥上排水系统施工、桥面防水层施工、聚丙烯纤维混凝土保护层施工、桥梁伸缩缝施工。均为常规施工,此处不再赘述。

## 3.4 施工安全环境管理

为了保证本工程顺利实现标准化管理目标,施工单位在施工过程中严格遵守国家铁路局及建设单位的有关规定,针对本项目的具体情况,并结合以往类似工程的经验,从思想、组织、工作原则、工作要求、经济等方面建立符合本项目工程的标准化管理保证体系;针对项目的质量、安全、工期、投资等要求建立了相应的保证体系及控制措施;针对建设期间的环境、文物保护要求采取了保护措施,并制定了文明施工规章制度。

成贵高铁金沙江公铁两用桥
建造关键技术

04

第 **4** 章

# 复杂条件下双层预应力门式墩施工关键技术

# 成贵高铁金沙江公铁两用桥
## 建造关键技术

KEY TECHNOLOGY FOR
THE CONSTRUCTION
OF JINSHA RIVER HIGHWAY AND RAILWAY BRIDGE
ON CHENGDU-GUIYANG HIGH-SPEED RAILWAY

我国西南地区多山谷，又是地震高发区，导致桥梁基础所受荷载大且复杂，因此多采用大直径钻孔桩、大体量混凝土承台。且山区的江河水位暴涨暴落，而深水基础施工不确定性因素很多，因此需在河流枯水期高效、优质地完成深水基础施工。金沙江公铁两用桥位于于长江上游地区，主墩采用双柱式空心高墩施工，其中3号主墩高达98m，位于贵阳侧江心，江水流速大，渡洪要求高。桥位处有珍稀、特有鱼类自然保护区和水源保护区，对环保要求极高。针对本桥下部结构施工难点，开展专项施工技术研究、比选等，因地制宜地创新施工工艺，提高施工质量，实现绿色节能的目标，主要成果包括：首创新型锁口大块双壁拆装式钢套箱围堰技术，实现了大型围堰结构的重复利用；研发了墩身钢筋整体吊装，内模兼做钢筋劲性骨架支撑技术，减少了型钢支架安装工序，节约工期33天，减少型钢劲性骨架166t，每节墩柱节段偏差均在±5mm内，提高了主墩施工质量。

本章主要介绍以下施工关键技术：深水基础采用大直径嵌岩钻孔桩施工；承台大体积混凝土采用双壁锁口钢套箱围堰施工；预应力双层门式框架主墩采用大块组合钢模翻模法施工；拱墩固结区混凝土专项施工等。

## 4.1 复杂地质下大直径桩基施工技术

在实际工程中，桥梁基础桩径大小受基岩强度、成孔工艺、单桩承载力以及总体工期限制等因素影响，根据成贵高铁金沙江公铁两用桥工程实际特点对选用合理的钻机钻进成孔进行深入的研究，同时对钻进过程中出现的漏浆问题进行研究，能较好地实现结构安全性、经济性、环保性和进度需要的平衡统一。

### 4.1.1 钻孔桩成孔工艺研究

成贵铁路宜宾金沙江公铁两用桥工程施工区域存在水深、流急、汛期时间长、水位变化大、覆盖层薄、基岩强度高、基岩面倾斜等恶劣条件，因此给水上栈桥及钻孔平台的设计提出了较高的要求。3号主墩位于贵阳侧金沙江江心，采用36根φ3.4m钻孔桩基础（护筒直径3.6m），横桥向间距7.0m，纵桥向间距7.0m，桩长40m，承台尺寸61.6m×26.6m×7.0m，顶高程+256.3m，底高程+249.3m，基础平面布置见图4-1。

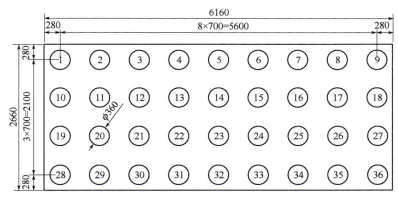

图4-1 3号主墩基础平面布置示意图（尺寸单位：cm）

3号主墩桩身具有直径大、桩身长、基岩强度高的特点，钻进施工过程护筒防漏浆、保证钻孔桩施工入岩深度及成孔质量显得尤为重要，因此，对冲击钻成孔方案和KTY4000钻机成孔方案进行比选。

**1）方案1：冲击钻成孔**

冲击钻成孔（图4-2）采用冲击式钻机或卷扬机悬吊冲击钻头（又称"冲锤"）上下往复冲击，将硬质土或岩层破碎成孔，部分碎渣和泥浆挤入孔壁中，大部分成为泥渣，用淘渣筒掏出成孔或采用泥浆泵正循环使泥浆带动钻渣流出孔口泥浆池沉淀方式成孔，然后灌注混凝土成桩。冲击钻成孔孔径一般为50～

1500cm,孔径最大可达到3.5m,钻孔极限深度可达100m。冲击钻在高强度基岩如微风化岩石中的钻进速度为0.4~0.6m/d,在松散、强风化基岩中钻进速度为1.4~1.8m/d。

图4-2 冲击钻钻孔施工

优点:设备构造简单,适用范围广,操作方便,所成孔壁较坚实、稳定,不易塌孔,能有效保证钢筋笼保护层厚度,有效保证桩基混凝土强度及使用寿命,不受施工场地限制,无噪声和振动影响等。

缺点:冲击钻成孔对地质条件要求高,适应于软弱地层,在基岩强度高或微风化岩层钻孔进度较慢,根据桩基承载力不同,冲击钻成孔清空后,孔底沉渣较多,摩擦桩可选用冲击钻成孔;柱桩对孔底沉渣厚度要求较高,冲击钻成孔后不利于孔底沉渣清理,桩基承载力不易达到设计要求。

#### 2)方案2:KTY4000钻机成孔

KTY4000钻机系液压动力头钻机,是铁路和公路桥梁等大型基础工程钻孔施工机械,钻机可在岩石平均单轴抗压强度$\sigma_c \leq 120$MPa的基岩中钻进,钻孔直径可达4.0m,钻进深度可达130m。KTY4000钻机的工作原理是由动力头驱动钻杆,钻杆带动钻头回转钻进,采用空气反循环的排渣方式(图4-3、图4-4)。

KTY4000钻机由动力头、滑移横梁、钻机结构(含底盘、钻架、封口盘等)、钻具、操作室、液压站、电气控制系统等组成。KTY4000钻机在微风化砂岩中钻进速度为1.6~1.8m/d。

图4-3 拼装中的KTY4000钻机　　　　　图4-4 施工中的KTY4000钻机

KTY4000钻机的先进性主要体现在制造工艺、生产成本及钻机的操作使用等方面,具体如下:

(1)钻杆为批量全动力钻杆,简化了钻杆的制造工艺,缩短了生产周期。

(2)动力头可随钻架倾斜40°,以让出钻孔孔位,方便钻头、重型钻杆的拆装。通过动力头旋转和自由上下滑移,钻杆上法兰栓的拆装均可在封口盘平台上完成,无须增设二层平台,简化钻杆拆装,降低了作业人员的劳动强度,提高了钻进效率。

(3)KTY4000钻机适用于各种复杂地质条件下的大直径桩基钻孔施工,可在黏土类、砂层、卵砾石层以及岩石层施工。钻机具有成孔速度快、施工成本低、孔壁整齐、孔口稳定、操作安全、自动化程度高的特点。

其缺点主要体现在外形尺寸大,整机外形尺寸为 7380mm×7470mm×8160mm;自身重量大,主机重(不含钻具、液压站)46t、液压站重 10t、主机单件最大重 11t;现场拼装及场地搬运需大型起吊设备,尤其钻孔桩灌注完成后的整机搬运需约 80t 以上的大型起吊设备。

#### 3)方案比选

根据前述要求,3 号墩桩基设计为柱桩,桩尖进入微风化砂岩深度不小 5m,钻孔桩灌注前孔底沉渣厚度不大于 5cm。3 号墩覆盖层较薄、基岩强度大、桩径大,采用方案 1,钻孔进度慢,钻孔完成后桩底沉渣厚度较大,采用砂泵或气举反循环清孔,不易满足要求,导致施工工期长,经济成本相应增加;采用方案 2,可有效降低大直径钻孔桩及基岩强度高、进度慢的不利影响,保证孔底沉渣厚度符合设计要求,最大限度地提高施工效率。综合考虑 3 号墩基础钻孔桩的地质情况、施工可行性、工期等,采取方案 2。

### 4.1.2 钻孔过程中堵漏技术研究

钻孔施工过程中易发生护筒漏浆现象,而护筒漏浆的主要原因如下:

(1)护筒埋设太浅,周围填土不密实,或护筒的接缝不严密,在护筒刃脚或其他接缝处产生漏水。

(2)钻头起落时,碰撞护筒,造成漏水。

(3)钻孔中遇有透水性强或地下水流动的地层。

(4)护筒内水位过高,护筒冒水,钻孔漏浆会造成护筒内承压水头高,易引发坍孔,也会发生护筒倾斜、位移及周围地面下沉。

成贵铁路宜宾金沙江公铁两用桥 3 号主墩处于河槽右侧,河床面平缓,河床面高程 256.15~257.1m,覆盖层厚 20~23m,上部为厚 2~6m 全新统($Q_4$)稍密~中密状圆砾土,下部为厚 15~20m 全新统($Q_4$)稍密~中密状砂类土,底部为厚 2~7m 全新统($Q_3$)密实状卵石土,局部夹有直径 5~6m 的孤石。

3 号主墩钻孔采用 KTY4000 钻机成孔,地质资料显示,桩身周围无岩溶及裂隙状况,3 号主墩覆盖层底部为厚 2~7m 全新统($Q_3$)密实状卵石土,局部夹有直径 5~6m 大小的孤石。3 号主墩承台 36 根钻孔中,有 2 根护筒底口漏浆,其中 10 号桩护筒底口存在一较大孤石,6 号桩护筒立于斜面基岩上。

#### 1)钻孔护筒漏浆堵漏技术研究

护筒漏浆处理方案有如下几种:

(1)方案 1:埋设护筒时,护筒四周土要分层夯实,土质要求选择含水率适当的黏土。

金沙江公铁两用桥 3 号主墩位于金沙江处于河槽右侧浅滩区,覆盖层厚 20~23m,钻孔桩护筒埋设采用导向架定位,液压振动机插打护筒,此方案适用于陆地钻孔桩施工中的护筒堵漏措施。

(2)方案 2:起落钻头,要注意对中,避免碰撞护筒。

金沙江公铁两用桥钻孔采用 KTY4000 型钻机钻进成孔,前文中已叙述该钻机钻孔中的各种优点,因此使用 KTY4000 型钻机钻进成孔过程中此方案只能作为提醒、预防作用,并不适用于 3 号主墩护筒漏浆处理措施。

(3)方案 3:钢护筒跟进堵漏。对有钻孔漏浆相应情况时,可增加护筒沉埋深度,加大泥浆比重,倒入黏土慢速转动,用冲击法钻孔时,还可填入片石、碎卵石土,反复冲击增强护壁。

此方案中增加护筒沉埋,深度适用性较强,对于钻孔灌注桩陆地施工及水上施工均可使用,对于 3 号主墩采用 KTY4000 型钻机钻进成孔出现的护筒漏浆处理措施同样适用。

(4)方案 4:适当降低筒内的水头。

该方案对于陆地或水深不大的钻孔过程中出现的护筒漏浆现象有显著作用,但对于 3 号主墩深水区域钻孔过程中出现的护筒漏浆现象基本无作用,过量降低护筒内的水位反而容易造成护筒内外压力差过大,从而加大了护筒底部渗漏或出现塌孔现象。

(5)方案5:护筒刃脚冒水,可用黏土在周围填实、加固。如护筒接缝漏水,可采用潜水工下水进行堵塞作业。

该方案加固处理措施与方案1相同,适用于陆地钻孔桩出现的护筒漏浆处理。

(6)方案6:如护筒严重下沉、位移,则应返工重修护筒。

钻孔过程中如出现护筒下沉、偏位等现象,返工重新插打护筒是唯一可行的方案。但此方案容易造成正在施工的钻孔桩孔口坍塌,产生安全隐患,对于钻孔桩成桩质量有一定的影响,处理起来费时费力,极易造成工期延误。本桥中3号主墩护筒埋设采用钻孔平台孔口定位及在平台支撑钢桩间设置定位导向架双重定位导向的方法沉埋护筒,在护筒振动加压不再下沉后临时固定在钻孔平台支撑钢桩上,因此该方案不适用于3号墩堵漏方案。

(7)比选结果:综合宜宾金沙江公铁两用桥3号主墩地质情况、施工环境、钻机选用等因素,采用方案3的处理措施更为适合。

### 2)钢护筒跟进堵漏原理

本方案综合了KTY4000钻机与冲击钻机两种施工方法的特点,首先采用KTY4000钻机钻至钢护筒底约0.5m处,然后换成冲击钻机在钢护筒内钻进施工,待冲击钻钻进完整基岩1.0~1.5m后,采用100t门式起重机吊装液压振动锤随钢护筒跟进至岩层,最后再转为采用KTY4000钻机钻进施工。此方案解决了KTY4000钻机在复杂地质条件施工时容易产生的漏浆现象,成功预防了旋转钻机动力钻头被埋的问题。

循环施工顺序为:KTY4000钻机钻进施工→冲击钻机钻进施工→$\phi$3.6m钢护筒插打跟进→KTY4000钻机钻进成孔→钻孔桩钢筋笼制作安装→钻孔桩混凝土灌注→循环施工。

### 3)钢护筒跟进堵漏方案适用范围

本方案适用于铁路、公路桥梁工程大直径水中钻孔桩施工。因西南山区地质条件复杂,覆盖层薄,岩面倾斜或大型孤石较多,桥梁钻孔桩施工用钢护筒无法一次性下沉到位,钻进时漏浆严重,或因工期紧张,更能显示出其优越性。

### 4)钢护筒跟进堵漏方案特点

(1)工艺成熟,设备重复使用,质量有保证,加快工期的同时减少了钻孔桩施工的成本。

(2)两种钻机交替使用,有效地解决了KTY4000钻机在复杂地质条件施工时容易产生的漏浆现象,成功预防了动力钻头被埋,施工过程操作简单,工艺成熟。

(3)钻孔桩施工过程中,主要使用KTY4000钻机进行清水钻,减少了泥浆的产生,泥浆转运设备投入少,对金沙江的江水基本无污染。

## 4.2 拆装式双壁锁口钢套箱围堰施工技术

围堰作为桥梁基础施工的临时设施,其主要作用是作为水中基础施工隔水装置,以便在无水、安全条件下进行承台、墩身施工。围堰对于深水区承台施工既能够止水,又大大减少了吸泥工作量,对环境污染小;承台混凝土在无水环境下施工,不受水环境的影响,更能保证施工质量。

3号主墩承台采用双壁锁口钢套箱围堰施工,围堰设计控制抽水位+263.0m。双壁锁口钢套箱围堰长66.60m、宽30.04m,围堰顶高程+268.3m,围堰底高程+245.1m,围堰封底混凝土厚3.5m,3号主墩围堰封底立面布置如图4-5所示。

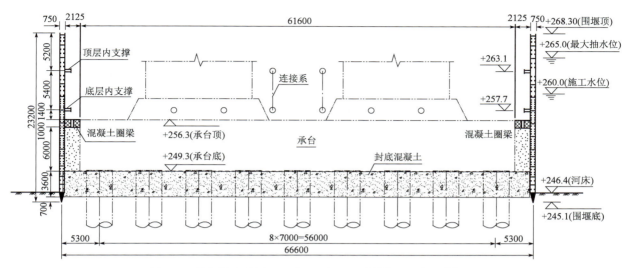

图 4-5　3 号主墩围堰封底立面布置示意图(尺寸单位:mm,高程单位:m)

### 4.2.1　围堰施工技术研究

通常情况下,水中基础施工主要采用钢板桩围堰、单壁锁口围堰或双壁钢围堰进行施工防护。

(1)方案 1:钢板桩围堰

钢板桩吊装和插打不需大型起吊和下沉设备。由于其截面刚度小,钢板桩围堰内需设置较为密集支撑,水深较大时不适宜采用。同时在孤石和片石地层中插打,下端极易出卷边或撕裂,造成围堰不能止水,延误工期,影响承台防护质量和安全。

(2)方案 2:双壁钢围堰

双壁钢围堰整体性、刚度和强度大,围堰内无支撑,较其他围堰,在止水效果、抽水水头、抗水流冲击力和波浪浸袭方面都具有较大优势,广泛应用于深水基础施工中。同时双壁钢围堰体积庞大,需要大型起吊设备,在覆盖层下沉亦需较多设备,下沉速度较缓慢,若遇土层中障碍物,需在刃脚下的深水中清除,影响工程顺利开展。双壁钢围堰在防护结束后,只可回收承台顶以上部分,材料投入大。

(3)方案 3:拆装式双壁锁口钢套箱围堰

双壁锁口钢套箱围堰有如下优点:一次性投入稍大,但设备可重复使用;适应于各种复杂地质,如水下地层有障碍物、密集孤石、片石堆积等;施工速度快,制作、加工、运输、吊插、下沉等方便灵活,工艺简单,所需设备少;可根据需要,组装成各种形式的围堰;截面刚度大,围堰内支撑少,可适应大体积承台的施工。其缺点是使用的锁口筒槽与锁口截面积不等,易造成锁口钢管桩不对称,进而产生倾斜。

(4)方案比选

3 号主墩位置河床面平缓,河床面高程 +256.15 ~ +257.1m,洪峰最高水位 +277.0m,最低通航水位 +259.06m,最大流速 3m/s。3 号墩承台尺寸为 61.6m × 26.6m × 7.0m,承台顶高程为 +256.3m,承台底高程为 +249.3m。

鉴于基础施工位于深水区、水流速度大、冲刷严重、地质条件复杂,如采用钢板桩围堰,施工中插打及固定困难;如采用单壁锁口围堰施工,围堰刚度不足需要焊接大量的内支撑,工序转换复杂且施工和倒用周期长;如采用双壁钢围堰,则不利于拆除和倒用,浪费材料,并且投入大。从高质、高效、安全、简单、经济、环保等方面因素综合考虑,对金沙江公铁两用桥 3 号主墩基础施工采用拆装式双壁锁口钢套箱围堰。

### 4.2.2　拆装式双壁锁口钢套箱围堰设计及施工

金沙江公铁两用桥采用的拆装式锁扣钢套箱围堰技术为首创,已获得国家发明专利授权,并获得中国中铁股份有限公司重点节能低碳技术。其提出的新型锁口形式,实现了大型围堰结构的重复利用。拆装式双壁锁口钢套箱围堰单块壁板的刚度大,分块制造,榫头式插入连接,安拆方便快捷,采用止水锁口桩连接形式,快速定位,结构安全可靠,止水效果好,低碳环保,施工快速、可重复利用,经济效益显著。其设计及施工关键技术主要有以下几点。

### 1) 围堰分块与连接

3号主墩双壁侧板材质为Q345钢,内支撑及其余结构材质均为Q235钢。围堰设计成可拆装式结构,共分为22块,单块最大尺寸为9.7m×0.750m×23.2m,重79t,各分块之间采用止水锁口管桩方式进行连接,如图4-6所示。

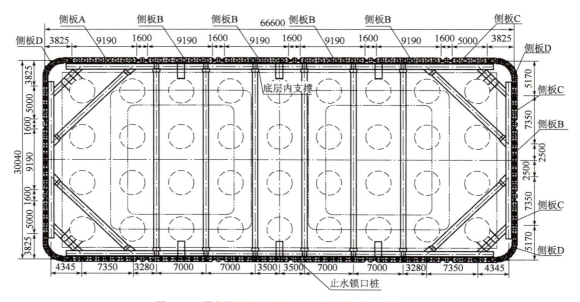

图4-6　3号主墩围堰封底平面布置示意图(尺寸单位:mm)

### 2) 围堰接缝装置

为使围堰接缝可以有效传递竖向剪力,采用止水锁口桩与螺栓组合的连接方式,在壁板间设置$\phi0.75m$锁口定位桩,打入深度比壁板深6m,起到定位壁板和与壁板咬合止水的目的。锁口中间灌砂浆,以保证其止水效果。止水锁口桩连接形式如图4-7所示。

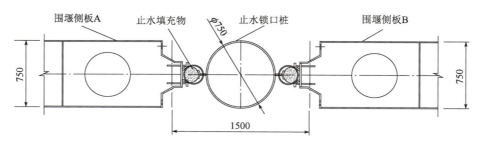

图4-7　围堰止水锁口桩结构示意图(尺寸单位:mm)

### 3) 围堰内支撑

围堰内支撑分为顶、底层两层内支撑结构,顶、底层间通过连接系连接成整体。围堰侧板下沉过程中,内支撑亦作为双层整体式导向结构。

#### 4)围堰封底

围堰封底前为防止冲刷,需在围堰侧板外侧抛填沙袋护脚。封底前潜水工应认真清理钢护筒外壁及围堰内壁,使其表面无泥土附着。承台封底混凝土分为3个隔仓分别进行灌注,水下封底混凝土浇筑应从一侧向另一侧依次浇筑,过程中要保证先中间后四周、先低后高、对称均衡的原则,导管埋深控制大于0.7m,浇筑过程要保证连续(图4-8)。

图4-8 拆装式双壁锁口钢套箱围堰施工

#### 5)环保围护

为了提高环保质量,水中围堰周围设置彩条布隔油、吸油棉围护,并用消油剂对油污进行分解,处理和吸收来自施工造成的油污染。通过内嵌式连接物连接(双壁锁口钢套箱围堰),可覆盖大面积区域,拦截大面积油污,再围护吸油棉,吸油棉可抗紫外线,长期数月浮于水面上吸油而不变质、断裂或下沉,减少可能对环境带来的影响。采用围堰与吸油棉的结合可使水中施工安全、绿色、环保。

### 4.2.3 封底混凝土施工技术

围堰水下封底混凝土施工的难点和重点是要保证封底结构的连续性和整体性,封底混凝土要求有良好的流动性,一般要保证混凝土的流动半径达到5.5~6.5m,同时在封底混凝土施工中要统一协调和指挥,要由专人进行水下混凝土的高程测量,随时掌握混凝土的上升高度。

#### 1)施工技术要求

(1)具有较好的和易性

水下封底混凝土不可能采用振捣,仅依靠混凝土本身的自重和流动性进行推平密实,水下浇筑混凝土的拌合物坍落度均匀下沉,坍落的锥体边缘类似圆形,且不易流出水泥薄浆。

(2)较小的泌水性

试验经验表明,泌水率为1.2%~1.8%的混凝土具有较好的黏聚性。施工时混凝土控制在5h内无泌水。

(3)混凝土应具有良好的流动性保持能力

混凝土拌和时,坍落度控制在18~22cm范围内,混凝土的流动性保持能力应大于5h。

(4)混凝土的密度要求

水下混凝土主要靠自重排开仓面的环境水或泥浆进行摊平,因此有密度要求,混凝土的密度应为2345kg/m³。

（5）混凝土的初凝时间

混凝土须在 40h 内浇筑完毕，且初凝时间设计为不小于 20h。

### 2）封底混凝土施工前的准备

（1）封底混凝土施工工艺流程

工艺流程为：封底分仓模板安装→搭设封底平台→安装中心集料斗、导管及溜槽→补料→浇筑混凝土，直至混凝土面达到设计高程。

3 号主墩封底混凝土数量大，需采用自拌混凝土进行封底施工，以减少现场水深等因素的影响。采用隔仓模板，将整个封底混凝土的施工分成三个区，最大限度降低封底的风险，确保封底混凝土的浇筑质量，每个仓的混凝土体积约为 2121.75m³。

（2）导管的选择与布置

灌注导管选用 $\phi$377mm 卡式快装垂直导管及无缝钢管，导管长度 33.0m，导管上口接小料斗，料斗用型钢固定在平台上。导管使用前进行水密试验；导管安装时每个接头需进行预紧检查，固定完成后导管底口距离底部 20cm。

导管的布置：①单根导管的作用半径按 4.5m 考虑，导管的作用范围覆盖整个混凝土浇筑区；②导管与管桩桩基护筒外侧壁尽量保证一定的距离，以利于混凝土的均匀扩散。经计算单次混凝土封底需导管 10 根（共计 20 个灌注点）可满足施工需要。

（3）施工参数的确定

①首批混凝土数量

水下封底混凝土要做到连续浇筑，在混凝土初凝时间内做到各施工面的搭接，水下混凝土的浇筑速度不宜过低，更不能中断，因此搅拌站的搅拌能力不小于仓面每小时浇筑强度的 1.5 倍。封底首盘体积计算如图 4-9 所示。

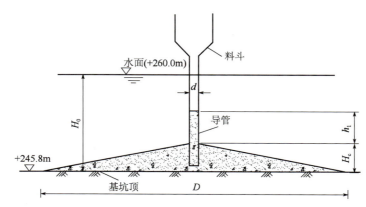

图 4-9 封底首盘体积计算示意图

$d$-导管直径；$D$-导管的作用直径；$H_0$-围堰内水面至基底的高度；$H_c$-首批混凝土浇筑高度；$h_1$-混凝土达到 $H_c$ 时导管内混凝土柱与管外水压平衡的高度

导管浇筑时，仓面每小时浇筑强度计算公式：

$$q = \frac{RtF}{6t_h} \tag{4-1}$$

$$Q = nq \tag{4-2}$$

式中：$Q$——仓面每小时浇筑强度（m³/h）；

$n$——仓面导管数（根），取 13 根；

$q$——一根导管要求的混凝土小时供应量（m³/h）；

$R$——一根导管的作用半径（m），取 4.5m；

$F$——一根导管的控制面积（m²），经过计算为 37.74m²；

$t_h$——流动性能保持时间(h),取5h。

自建混凝土工厂两个搅拌站的设计产量均为 120m³/h,实际生产能力约 100m³/h。

首批混凝土数量计算采用下列公式:

$$V = \frac{h_1 \pi d^2}{4} + H_c \frac{\pi D^2}{3} \tag{4-3}$$

式中:$D$——导管的作用直径(混凝土的扩散直径,m),取 4.5m;

$d$——导管的直径(m);

$H_c$——首批混凝土浇筑高度(m);

$h_1$——混凝土达到 $H_c$ 时导管内混凝土柱与管外水压平衡的高度(m)。

代入相关参数计算,$V = 13.03m^3$。考虑 1:8 的扩展坡度,流封半径取 4.8m,则 $V = 14.76m^3$。施工中在灌注平台中央布置一个 15m³ 的中心集料斗,能满足一根导管的首封要求。

②每根导管的作用半径

由于流动性保持时间 $t_h$ 内,浇筑在仓面内的混凝土与水下混凝土锥容积相等,则:

$$t_h I F = \frac{F R_{ex} i}{3} \tag{4-4}$$

式中:$t_h$——水下混凝土拌合物流动性保持时间(h),取 5h;

$R_{ex}$——水下混凝土的极限扩散半径(m);

$I$——水下混凝土上升速度(m/h),取 0.15m/h;

$i$——扩散半径平均坡度,取 1:8。

代入相关参数计算,$R_{ex} = 18m$。

锥体周边的混凝土经历 $t_h$ 时达到设计强度后,此时还处于流动性状态,混凝土开始离析,且质量恶化。因此导管的作用半径应小于 $R_{ex}$。宜采用 0.4~0.5 倍的极限半径作为允许最大作用半径。此时采用作用半径 4.5m 是可行的。

③管外水压平衡计算

管外水压平衡的高度计算公式如下:

$$h_1 = \frac{H_w \gamma_w}{\gamma_c} = \frac{H_w}{2.5}$$

$$H_w = H_0 - \frac{H_c}{3} \tag{4-5}$$

式中:$\gamma_w$——水的重度(kN/m³),取 10kN/m³;

$\gamma_c$——混凝土重度(kN/m³),取 25kN/m³;

$H_w$——围堰内水面至初批混凝土角锥体重心的高度(m);

$H_0$——围堰内水面至基底高度(m),$H_0 = 260 - 245.8 = 14.2m$。

将数据代入上式后计算得,$h_1 = 5.2m$。

### 3)隔仓模板

封底分仓为 3 排钻孔桩,12 根钻孔桩将装个区域进行分隔,隔仓模板用钢板制作,利用工程桩作为隔仓模板的支撑,分 3 个仓进行封底混凝土浇筑。隔仓模板高 3.5m,长度自 5.0~10.0m 不等,总长为 27.49m×2 块,每块模板清洗干净后潜水员用螺栓进行水下安装。

### 4)封底混凝土浇筑

(1)首封顺序

封底混凝土采用由上游向下游推进的方式,3 号主墩投入 2 套灌注导管系统(每套管架横向均布设 5 根导管),2 套导管系统循环使用,当第一套导管灌注时,安装第二套导管,做好拔球准备,第一套导管灌注封底混凝土至设计层高程,并确保埋住第二套导管底口后,将第二套导管进行拔球、灌注,然后将第一套导管架采用门式起重机提升,移至第二套导管下游,安装下放导管,做好拔球准备,待将第二套导管封底混凝土灌注至设计层高程后,进行拔球,如此进行循环,直至封底混凝土灌注完成。对已经封底的导管按先后顺序每隔1h补料一次,不少于2.0m³,保持混凝土的流动性。在首封前,用测锤从导管内测出导管下口与泥面的距离,调整其距离至20cm左右开始首封。

(2)混凝土浇筑

为减少混凝土被导管中积水的稀释,在开浇阶段集中浇筑力量向一根导管布料,直至该导管被混凝土埋至一定的深度,方可浇筑第二根导管,一般为该导管周边的混凝土流动性较弱为止。导管封口完成后,按规定的时间及时补料,为保持混凝土的流动性,同一导管两次灌入混凝土的时间间隔控制在60min以内。

(3)过程控制

封底混凝土施工前,按20㎡左右布设一个测点,浇筑混凝土时做好测深、导管原始长度、测量基准点高程等记录,绘制混凝土顶面高程上升图,记录每根导管的首封时间、停歇时间、完成时间,同时每根导管封口结束后应及时测量其埋深与流动范围,并做好详细记录。因封底混凝土厚度仅3.5m,为保证导管有一定埋深,混凝土灌注顺利时,一般不随便提升导管,即使需要提管,每次提升的高度都严格控制在20~30cm。提升导管采用塔式起重机进行,由起重工统一指挥。灌注过程中,根据灌注量,每隔一定时间测一次高程,用以指导导管下料,使混凝土均匀上升。

(4)终浇

封底混凝土顶面高程+249.3m,根据测点实测混凝土高程,确定该点是否终浇,终浇前上提导管适当减少埋深,尽量排空导管内混凝土,使其表面平整。混凝土浇筑临近结束时,全面测出混凝土面高程,根据测量结果,混凝土面高程偏低时,对测点附近的导管增加灌注量,直至所测结果满足要求。当所有测点的高程满足控制要求后,结束封底混凝土灌注。上拔导管时要边插边拔,防止上拔速度过快,导管的混凝土堆积在导管口附近,造成混凝土面不平,增加抽水后凿平混凝土的难度。

### 5)封底混凝土施工技术措施

(1)未初凝混凝土面上首封措施

在浇筑混凝土时,因导管首封和补料较多,致使混凝土淹没了相邻的导管口,需在尚未初凝的混凝土面上开设新的首封。施工中采用直接浇筑加密导管或水泵抽出导管的积水再浇筑混凝土措施,水抽干施工后封底效果显示无渗水现象。

(2)导管内返水返浆措施

当混凝土面上升速度较慢,或终浇阶段混凝土上升较慢,单纯地用较少导管埋深来解决,均容易造成导管埋深不足以抵抗环境水压力,使水进入导管。提管过于迅速,会加大导管内混凝土的冲力;提管过高,致导管口脱离混凝土面,或被外界水压力顶穿,以上情况在施工中多次发生。因此,施工提升导管应缓慢,提升前核实导管的埋深,提升时导管内的混凝土可能不动,但一经流动,应迅速下降导管。导管内有少量积水时,应立即下插导管,防止继续进水。若导管进水较多应立即拔出导管,另行首封。

(3)封底混凝土防上浮措施

在双壁锁口钢套箱围堰施工中选择2块围堰侧板,每块侧板施作前设置一个连通阀,用来保证围堰内外的水位差。连通的高程选择在+260m(常水位)。围堰抽水前保持连通阀处于连通状态,使围堰内外水压一样,保证围堰和封底混凝土的安全。待封底混凝土强度达到100%,潜水员安装连通阀的封孔板,截断围堰内外的水流连通。

(4)基底清理有关要求

①基底残存物:风化岩碎块、落水型钢等,应清除干净。基底清理的有效面积不得小于设计要求。

对于锁口空隙及钻孔桩钢护筒周围潜水员应严格检查,务必清除干净。

②基底清理完毕后,测量基底平面高程,测点按 1.0m 网格状布置,以查明岩面实际倾斜与走向,符合要求即可进行封底作业,对高程相差较大的需要进行吸泥或回填,直至确定实际基底与设计高程误差在 20~50cm 之间为止。

(5)底隔仓堵漏

由于 3 号主墩围堰设计时底隔仓端部与围堰壁板每侧留有 20cm 间距,底隔仓每侧与锁口之间间距为 10cm,为了防止封底时混凝土从底隔仓与围堰锁口之间流走,导致围堰进水,研究对围堰两端企口处采用气囊法堵漏。首先由潜水员下水探摸底隔仓两端与围堰连接状况,根据探摸情况加工制造导向架和气囊;接着在底隔仓两端下放导向架和气囊,气囊上下两端与导向架固定;下放到位后向气囊内充水,然后开始底隔仓内灌注混凝土;浇筑时先在底隔仓两端拔球灌注混凝土,封底完成后再向气囊内压浆。

(6)围堰锁口堵漏措施

①锁口钢管桩的止水是围堰成功的关键,采用 $\phi15cm$(比锁口略大)与锁口长度相同的防水布袋内注浆进行堵漏,将帆布袋包裹住 $\phi30mm$ 注浆管伸入母口底端,后进行注浆,边注浆边提升直至注满母口。

②采用布袋内注浆可防止浆液在水下被冲散,同时也在浆液与锁口壁体形成隔离层,方便后期拔桩。

③浆液必须充满锁口才能成功止水,对混凝土强度要求不高,可采用低强度高流动性泥浆。建议配合比为 350kg(膨润土):200kg(水泥):40kg(膨胀剂):1000kg(水)。

④止水前,先对锁口内进行冲洗,保证锁口内通畅,壁体无夹泥。

⑤采用专用拌浆设备拌制泥浆,严格控制浆体的施工质量,避免过稀导致收水严重或过稠导致灌注困难。

⑥布袋与注浆管一同插入锁口,安装时防止绞缠,到底后,开始注浆,注浆管边注浆边提升。

⑦及时检查布袋填充情况,需要补灌者必须及时进行,防止口袋被浆体硬结,影响补灌质量。

(7)封底透水预防措施

①水下浇筑封底混凝土,可在围堰周边浅埋 30cm 左右的钢管作为汇水井,对于承台施工尺寸外的围堰边缘区域,如有小流量透水,可在汇水井内安放小型潜水泵抽水,汇水井覆盖钢板以利于施工。

②护筒周围透水堵漏措施

a. 借用隧道施工堵漏方法,采用聚氨酯浆液堵漏,利用聚氨酯浆液遇水迅速膨胀原理达到堵漏效果,此措施单位时间注浆量小,适用于漏水压力的封底堵漏,不适用深水桩基堵漏。

b. 采用工勘钻机钻孔。选取水泥-水玻璃-水配合比浆液作为压浆剂,进行注浆堵漏,从而达到止水目的,深水桩基施工封底堵漏同样适用。

## 4.3 预应力双层门式框架墩施工技术

金沙江公铁两用桥主墩均采用预应力双层门式框架墩。下横梁以下为四箱室结构空心墩,采用 C40 混凝土,上下横梁之间为实心柱,采用 C50 混凝土。主拱拱座采用 C50 混凝土,拱座内预埋 142 根 M56 锚杆。主墩具有墩身高度最高、结构形式最为复杂、采用不同强度等级混凝土的特点。

墩身施工选用大块组合钢模翻模法节段施工工艺(图 4-10),标准节段高度为 6m,其中 3 号主墩节段浇筑高度达 9m;以翻模内箱模板作为钢筋劲性骨架支撑,减少型钢劲性骨架安装工序和加快施工进度;钢筋采用整体预制吊装;外模采用脚手架一体化技术(图 4-11)。通过整体安装工艺最大的优点在于缩短了工序之间的等待时间,变常规墩身高空钢筋绑扎为地面预制,其施工的效率和质量明显优于高空散绑,同时这种方法提供了更大的工作面,当工期紧时可加大钢筋工人数。

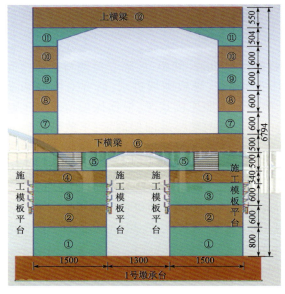

图4-10　墩身施工分节示意图(尺寸单位:cm)
①~⑫-墩身施工分节序号

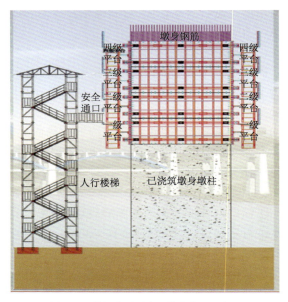

图4-11　模板脚手平台一体化布置示意图

单块墩身模板设计最大尺寸为长4.0m、高2.0m,模板与模板之间竖向与横向连接均采用螺栓连接,螺栓采用正反向形式进行安装。同时侧模板与模板之间采用$\phi 25mm$精轧螺纹钢筋进行对拉,采用双螺母进行安装,满足模板受力要求。

墩上部及底部实心部分采用一次浇筑成型,其他段采用翻模施工(图4-12)。翻模施工是采用自下而上逐层上翻循环施工的特殊钢模,由两层模板组成一个基本单元,并配有随模板升高的工作平台。当灌注完上层模板的混凝土后,将最下层模板拆除翻上来装在第二层模板上成为第三层模板。以此类推,循环施工,直至桥墩施工完毕。

图4-12　墩身施工

模板在专业厂家进行加工,模板的强度、刚度、表面平整度应满足设计要求,试拼合格后方可进场投入使用。每次在模板安装前,必须进行检查验收,对不满足模板验收要求的必须进行更换。

### 4.3.1　翻模法施工工艺

主墩墩身施工工艺流程如下:

①测量放样→②基面处理→③钢筋制作及安装→④底层冷却水管及测温元件安装→⑤预埋件安装→⑥模板安装→⑦浇筑第一节6m混凝土→⑧养护,施工缝处理→⑨第二节段钢筋安装并安装预埋件→⑩拆除第一节4m模板→⑪安装第二节6m模板→⑫浇筑第二节墩身混凝土→⑬养护,施工缝处理→⑭重复⑨~⑬直到完成下横梁以下墩身浇筑→⑮下横梁支架安装、支座牛腿支架安装→⑯安装下横梁、支座牛腿钢筋、冷却水管、模板、浇筑混凝土→⑰重复⑨~⑬直到完成铁路框架墩墩身浇筑→⑱上横梁支架安装、支座牛腿支架安装→⑲安装上横梁、支座牛腿钢筋、冷却水管、模板、浇筑混凝土→⑳张拉上横梁预应力、压浆,并施工支承垫石

门式框架墩翻模施工流程如下：

①施工准备→②钢筋制作→③安装内、外操作平台临时支架→④钢筋安装→⑤吊出内操作平台临时支架→⑥安装箱室内模→⑦测量内模平面位置和高程→⑧调试内模→⑨吊出外操作平台临时支架→⑩安装外模→⑪测量外模平面位置和高程→⑫调试外模→⑬浇筑混凝土→⑭进入下一节段施工。

### 4.3.2 墩身模板设计、制作

墩身施工采用组合钢模板,模板本身应具有足够的强度、刚度和稳定性,能承受新浇筑混凝土的重力、侧压力及施工中可能产生的各项荷载;保证混凝土结构设计形状、尺寸和相互位置;模板接缝处不漏浆,制作简单,安装方便,便于多次拆卸和多次使用;并与混凝土结构和构件的特征、施工条件和浇筑方法相适应。模板的制作和安装应符合《铁路组合钢模板技术规则》(TBJ 211—1986)的规定。模板与混凝土的接触面应平整光滑,并涂隔离剂,模板的重要拉杆采用钢杆带螺母、垫圈。墩身模板采用大块整体钢模板,墩帽使用整体定型钢模板。墩身模板在工厂加工,每节高2.0m,由厚6mm的A3钢板和角钢、槽钢等型钢加劲制作,背后设加劲肋(槽钢20),加劲肋上预留拉杆的位置。模板间的接口采用企口对接,粘贴止浆双面胶带,用螺栓连接。

### 4.3.3 墩身翻模施工方法

#### 1)首段墩身施工

(1)在墩身顶面放样墩身四个角点,并用墨线弹出印记,找平墩身模板底部,清除墩身钢筋内杂物。安装墩身实心段模板,在墩身四侧面搭设脚手架施工平台,绑扎墩身钢筋,加固校正模板。

(2)自检合格后并报请监理工程师检查后,浇筑墩身混凝土。混凝土浇筑完毕及时进行顶面覆盖和洒水养护,准备下步墩身施工。

#### 2)首节模板安装注意事项

(1)模板安装前,通过全桥控制网测放墩身中心点和墩身四个角点,并进行换手测量,确保无误后,在墩身面用墨线弹出墩身截面轮廓线和立模控制线十字轴线。

(2)沿墩身轮廓线施作3cm厚砂浆找平层,以调整基顶水平,使点相对高程不大于2mm。第3节墩身施工完,可凿除砂浆找平层,以利底节模板的拆除。

(3)外模安装后再次进行抄平、校正,待模板顶相对高差小于2mm,对角线误差小于5mm后,上紧所有螺栓和拉杆、支撑。

(4)墩身混凝土施工时,在墩身轮廓线以外70cm左右处埋设$\phi$16mm短钢筋头,以利墩身外模的支点加固。

#### 3)第N节段墩身施工

(1)墩身混凝土浇筑后,模板暂不拆卸,然后搭设墩身四周的钢管脚手支架,同时在第1节模板顶

上安装第 $N$ 节段模板。

（2）第 $N$ 节段外模板用塔式起重机分块吊装，支撑就位于第 1 节外模顶上，对于空心墩同时安装内模。利用拉杆对拉加固墩身模板。搭设内模施工平台，接长墩身脚手架施工平台，采用塔式起重机提升墩身钢筋，主筋接头采用机械直螺纹套筒连接，以减少现场焊接时间，保证施工质量。

（3）采用混凝土泵车浇筑第 $N$ 节段墩身混凝土。

（4）施工时注意在实心段墩身顶部预留泄水孔，以利上面各节墩身施工期间养生水和雨水流出。

### 4）其余节段墩身施工

第 $N$ 节段段墩身施工后，待第 $N+1$ 节段模板内的墩身混凝土达到一定强度后，先后拆除第 $N$ 节段模板（第 3 节模板暂不拆），利用塔式起重机提升模板，提升达到要求的高度后悬挂于吊架上，将第 $N$ 节段模板依次安装支立于第 $N+1$ 节段模板顶上，绑扎墩身钢筋，浇筑墩身混凝土。循环交替翻升模板、绑扎钢筋、浇筑混凝土，每次翻升 1 节模板，浇筑墩身，依次周而复始，直至完成整个薄壁空心高墩身的施工。

### 5）模板翻升

每当上两节段墩身混凝土浇筑完成后，即可进行模板翻升、钢筋安装等。

（1）模板解体

在安装钢筋的同时，可以开始拆下面一节外模工作。拆模时用手拉葫芦将下面一节模板与上面一节模板上下挂紧，同时另设两条钢丝绳拴在上下节模板之间。拆除左右和上面的连接螺栓，然后通过两个设在模板上的简易脱模器使下节模板脱落。脱模后放松手拉葫芦，使拆下的模板由钢丝绳挂在上节模板上。然后逐个将四周各模板拆卸并悬挂于上节模板上。

（2）模板提升

利用塔式起重机将模板提升至安装节，安排工人对模板表面进行去污、涂油、清洁。提升过程中应有专人监视，防止模板与周边固定物碰撞。

（3）模板安装

将上层墩身混凝土面凿毛、清理后，用塔式起重机吊装提升，人工辅助对位，将模板安装到对应位置上，安装底口横向螺栓与下层模板连接，并以手拉葫芦拉紧固定。

内模板同步安装就位后，及时与已安装好的内外模板拉杆连接。

模板整体安装完成后，检查安装质量，调整中线水平，安装横带 4 角螺栓固定。

（4）施工要求

①墩身各部位混凝土按照内实外美的要求，立模前认真清洗钢模，涂刷脱模剂，以利于拆模，保持混凝土外表色泽一致。

②模板整体拼装时要求错台 <1mm，拼缝 <1mm，模板接缝采用建筑专用双面止水胶带胶。安装时，利用全站仪校正钢模板两垂直方向倾斜度和四个角点的准确性，模板安装完毕后，检查其平面位置、顶部高程、垂直度、节点联系及纵横向稳定性，经监理工程师检查签认后，浇筑混凝土。

③模板加强清理、保养，始终保持其表面平整，形状准确，不漏浆，有足够的强度、刚度。任何翘曲、隆起或破损的模板，在重复使用之前经过修整，直至符合要求时方可使用。模板在运输、拆卸过程中，一定要轻拆轻放，防止变形。

④模板提升时应做到垂直、均衡一致，模板提升高度应为混凝土浇筑高度。墩身模板安装应稳固，设计拉杆数量不能随意减少，倒角拉杆严格按要求设置。

### 6）墩帽施工

（1）当墩身翻模施工浇筑完最后一节混凝土后，对工作平台重新进行改装，以便浇筑墩帽混凝土。

（2）在浇筑最后一节空心段时，按照需要高度预留牛腿孔洞，安装承托及过载梁，将平台托架下落，支撑于牛腿过载梁上,拆除提升系统及其他不需要的附属设施后,即可立模绑扎钢筋并灌注混凝土,然后利用塔式起重机、墩帽,吊起托架,拆除牛腿,将工作平台拆除后吊放至地面,妥善存放,以便重复利用。

## 4.4 拱墩固结段施工技术

### 4.4.1 墩拱固结区

本桥拱墩梁交汇段构造复杂,其设计特点为:拱肋与桥墩固结,而与主梁分离,主拱在拱脚混凝土段下与混凝土墩固结,上与钢箱拱结合。交汇段钢拱肋采用Q370qE钢材,立柱与拱座采用C50混凝土;主墩采用双柱式门式框架墩,下横梁以下为四箱室结构空心墩,采用C40混凝土;上下横梁之间为实心柱,采用C50混凝土。拱座内预埋142根M56锚杆,拱梁墩交汇段结构如图4-13所示。

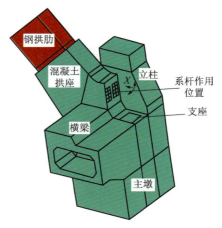

图4-13 拱梁墩交汇段结构示意图

**1)混凝土桥墩及立柱**

主墩上层均采用门式框架墩,2号墩墩身高56.89m,3号墩墩身高65.39m,墩身横向分两幅,单幅墩身桥宽15m,顺桥向墩身宽度从墩顶13m沿墩高按斜率1∶35放坡,2号墩墩底顺桥向宽16.079m,3号墩墩底顺桥向宽16.565m。墩身采用钢筋混凝土空心墩结构,横桥向墩壁厚1.5m,顺桥向墩壁厚度从墩顶往下以1∶35的斜率增大,墩顶顺桥向壁厚1.5m,墩底顺桥向壁厚1.9~2m。空心墩内部以竖向隔板将其分为4个箱室,竖向横隔板厚80cm,竖向每隔一定间距设置水平隔板,水平隔板厚1m。墩身周围均设有通风孔和泄水孔,竖向及水平隔板均设有进人孔。立柱高32.683m,采用钢筋混凝土实体截面,横桥向截面宽5m,顺桥向截面宽6~7.439m,柱底7.5m高度范围内为系杆锚固区域,立柱顺桥向截面宽度由7.439m变化至13m。

**2)拱脚**

在拱脚位置,钢箱拱肋与桥墩混凝土基座连接形式采用直接承压式。接头处钢箱拱拱肋高9.1m,宽3.08m,为单箱三室截面。顶底板厚度均为50mm。箱内水平板以及腹板厚度均为40mm。在钢箱拱拱肋底部设置承压加劲板。加劲板宽400~450mm,厚28mm。钢箱拱和混凝土接触面设置厚度为120mm的承压板,将拱肋壁板及加劲肋熔透焊接在承压板上,通过承压板将拱肋及承压加劲肋的压力均匀传至混凝土底座。钢混凝土接头采用M56锚栓提供预压力,通过锚栓的预紧力使钢箱拱和桥墩混凝土基座连接成一体。锚栓一侧锚固在混凝土桥墩内,另外一侧锚固在钢箱拱承压加劲板与锚固垫板共同构成的锚梁上,锚固段长1.2m,锚垫板厚度60mm。

**3)系杆**

系杆为主桥重要受力部分,承担拱肋大部分水平推力。采用可换型55-$\phi^s$15.2镀锌钢绞线系杆索,全桥共用32根,横向布置为四层,单侧共4排。钢绞线采用钢绞线外包聚乙烯(PE)护套,其标准强度为1860MPa,弹性模量为$1.95 \times 10^5$MPa,钢绞线应同时满足美国材料与试验协会(ASTM)标准和国际标准化组织(ISO)标准的要求。系杆放置在公路桥面边主梁顶面上,沿柔性吊杆对称放置,在拱脚处穿过钢拱肋竖弯锚固在拱座外侧。

#### 4）下横梁及支座

下横梁采用钢筋混凝土结构，净跨径为13m，主梁采用箱形截面，跨中梁高10m，根部梁高12m。梁顶板厚150cm，底板厚150cm，腹板厚150cm。在主墩靠主拱侧布置高阻尼橡胶支座，在副拱侧布置双向活动支座，公路桥面直接支撑于主墩支座上，同时在桥墩中心位置横向设置挡块，并在公路桥面底设纵向阻尼装置。

### 4.4.2　施工技术方案研究

根据结构特点，如采用常规的浇筑方法，即先施工四箱室结构空心墩及下横梁C40混凝土，达到强度后对墩身及下横梁的拱座区进行凿毛清理，再立模板施工拱座及上立柱C50混凝土，可以保证不同混凝土的施工。但由于节点构造复杂，钢筋绑扎密集，特别是固结区预埋142根锚杆定位架，操作空间狭小，钢筋纵横交错，凿毛困难。同时由于分次浇筑及凿毛，致使施工时间大大加长，施工过程中容易产生混凝土浇筑的冷缝。

根据实际情况，采用分四层浇筑混凝土，即拱座、锚固区与墩身、横梁、立柱整体分层浇筑，浇筑高度为9m+6m+6m+9m（墩身到立柱变截面7.5m+1.5m立柱）。结合结构特点，采用两种不同强度等级混凝土同时浇筑，即墩身、横梁、立柱、拱座C40和C50混凝土同时施工，在混凝土交接面处采用专用密目钢丝网分隔。在浇筑过程中，采用先高后低强度等级混凝土的浇筑顺序，即先浇筑主拱拱座C50混凝土，并高出30~40cm，再浇筑C40混凝土，浇筑高度30cm左右。

C40、C50混凝土同时施工，减少了施工工序，节约了施工时间，但在施工过程中对浇筑时间差及浇筑点控制要求较高。

### 4.4.3　墩拱固结区混凝土施工

#### 1）施工准备工作

混凝土运输车配置4辆，现场采用2台地泵进行施工，1台地泵用于灌注C40混凝土，1台地泵用于灌注C50混凝土；下横梁混凝土按大体积混凝土施工，采取冷却水管通循环水措施控制下横梁内部温度。

浇筑墩身混凝土前，对墩身的主体钢筋、墩身预埋钢筋、冷却水管、模板、预埋件及分隔密目钢丝网等各方面进行详细的检查和核对，确保安装数量、位置。

#### 2）混凝土浇筑、养护方案

主桥2号墩墩身、横梁和拱座结构采用一次性浇筑成型，对C50、C40混凝土同时供应浇筑，浇筑步骤如下：

(1) 采用C50混凝土浇筑拱座部分，浇筑高度为30cm，坍落度控制为170~185mm。

(2) 采用C40混凝土浇筑墩身与拱座接合部位，浇筑高度为20cm，混凝土不得高于及侵入拱座混凝土。

(3) 采用C50混凝土浇筑拱座部分混凝土，浇筑高度为30cm，混凝土可以侵入墩身部分。

(4) 采用C40混凝土浇筑墩身与拱座接合部位，浇筑高度为30cm，混凝土不得高于及侵入拱座混凝土。

墩拱固结区混凝土施工如图4-14所示，浇筑立面、平面示意图如图4-15所示。

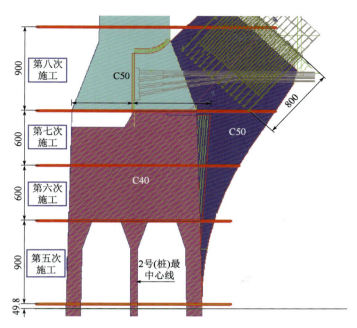

图 4-14　墩拱固结区混凝土施工示意图(尺寸单位:cm)

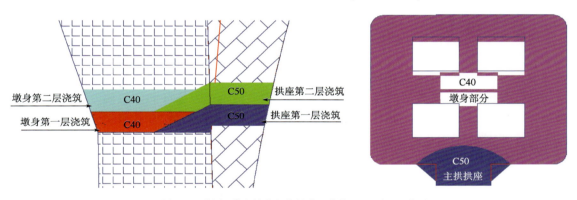

图 4-15　墩身、拱座接合段分层分区浇筑立面、平面示意图

**3）混凝土现场浇筑质量控制**

（1）浇筑混凝土之前，分部总工程师对现场技术负责人、现场管理人员、技术人员及工人进行技术交底，要求施工人员熟悉施工工艺。

（2）混凝土到达现场，试验室人员、现场技术负责人对混凝土强度等级进行确认，并检测混凝土的各项指标。

（3）施工过程中，现场技术人员严格按照混凝土工艺顺序进行浇筑，不允许出现 C40 混凝土侵入拱座。

### 4.4.4　锚杆精确定位及首节段安装技术

**1）锚杆定位及首节段安装的要点、难点**

拱肋初始段（GL0 节段）高 10m、宽 3.0m、长 4.4m。在钢箱拱和混凝土接触面设置厚度为 120mm 的承压板，通过承压板将拱肋及承压加劲肋的压力均匀传至混凝土底座。拱肋 GL0 节段与混凝土拱座之间采用 142 根 M56 锚栓提供预压力，通过锚栓的预紧力使钢箱拱和桥墩混凝土基座连接成一体。锚杆一侧预埋在主桥主墩内,另外一侧锚固在钢箱拱 GL0 节段的拱肋上,锚杆安装空间角度为 47°1′54″,锚杆群同时穿越间距为 120cm 的上下锚垫板进行锚固,锚杆群设计密集,布置复杂,拱肋首节段穿过孔空间小,需同时穿越多层定位孔。因此接合段预埋锚栓及拱肋 GL0 节段的精确定位,是保证钢箱底与混凝土顶面密贴和质量的关键。

**2)多层多面锚杆群精确定位施工技术研究**

(1)锚杆空间位置模拟

为了保证拱肋 GL0 节段的顺利、精确安装,需要对支架系统主体结构进行精确的定位。各部分构件安装前,利用 CAD 建立空间模型,精确计算各部构件的空间位置,便于施工过程中测量定位,如图 4-16 所示。

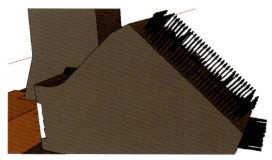

图 4-16 锚杆空间位置模拟

(2)GL0 节段安装精确定位施工技术研究

传统安装方法采用直接吊装,利用导向架高空进行对位安装。对个别有少量偏位的锚杆,通过手拉葫芦等辅助设备对偏位锚杆调整对位。经综合比较,研究采用对锚杆的竣工测量,对个别偏位的锚杆,通过锚杆孔修正,再利用导向架高空进行对位安装施工。此施工技术在满足设计受力的前提下,提前对 GL0 锚杆孔进行修正,操作简单、快捷。锚杆孔修正后,孔径变大,同时为满足受力需要,增加锚垫板厚度。较传统施工工艺,每个 GL0 节段修正锚杆孔需要减少工时 1 天,节省了大量时间和工序,并降低了操作难度。

(3)方案优化实施

在安装 GL0 节段之前,首先对锚杆顶、底口预埋锚杆进行竣工测量,采用两次独立测量,对两层的数据进行整合,进行然后分析数据中的锚杆总中线位置偏差值及单根锚杆的位置偏差,确定锚杆孔,再根据锚杆偏差,对拱肋 GL0 节段的锚杆孔进行修正,将锚杆孔从原设计的 70 孔修正到 80 孔,同时将锚垫板加厚 2cm。将修正工作及锚垫板加工完成后,再进行吊装施工。

拱肋 GL0 节段采用悬臂支撑架,安装支撑架时,对支撑架的顶面方向进行精确调整,以确定拱肋节段行进的方向,在支撑架上设置 6 个刚性垫块,将刚性垫块的顶面高程进行精确计算,使拱肋 GL0 节段锚杆孔精确对准锚杆。拱肋 GL0 节段采用缆索吊机,缓缓滑向安装位置,两侧设导梁对拱肋节段横向位置进行限位,到位后,再采用手拉葫芦、千斤顶等对拱肋位置进行精调,直至其满足相关规范设计要求。拱肋 GL0 节段测量精度要求见表 4-1,拱肋 GL0 节段安装见图 4-17。

拱肋 GL0 节段测量精度要求　　　　　　　表 4-1

| 项次 | 检查项目 | 规定值或允许偏差(mm) | 检查方法或频率 |
|---|---|---|---|
| 1 | 拱肋轴线横向偏位 | 10 | 用全站仪检查 5 处 |
| 2 | 拱圈跨度 | $L_0/3000$ | 用全站仪检查 |
| 3 | 拱顶、拱脚高程 | 0~10 | |
| 4 | 接头点 | 15 | 用全站仪检查 5~7 次 |
| 5 | 两对称接点相对高差 | 15 | |
| 6 | 拱肋相对高差 | 10 | |
| 7 | 拱肋间距 | 15 | |

注:$L_0$ 为桥梁计算跨度。

图 4-17 拱肋 GL0 节段安装

### 3）精确定位施工方案

锚固在混凝土内的锚杆群采用型钢支架系统进行辅助定位，该系统由定位支架、定位锚箱及微调装置组成。其中定位支架定位锚杆预埋、定位主跨系杆索导管；定位锚箱精确定位预埋锚杆群的外漏部分，锚箱结构在工厂内精加工。根据空间模拟坐标，锚杆定位支架安装前、预埋件安装后顶面高程，定位锚箱安装前及安装后，测量人员对设计坐标分别进行复核，并对安装后的坐标进行修正。在定位支架周围采用钢支点、千斤顶、手拉葫芦对定位锚箱进行微调。安装、检查并复核完成后，通过焊接、栓接、抄垫等方式将定位锚箱与定位支架进行固定，按照设计要求安装锚杆；后安装拱座结构钢筋、浇筑拱座混凝土，并振捣密实。待混凝土达到设计强度后，对锚杆外漏部分进行竣工测量（检测锚杆前端、后端的空间坐标，预留孔位的相互位置关系）。

### 4）精确定位精度控制

定位支架现场加工制造，为了方便现场运输及安装，定位支架加工成两个单桁片，运输到现场采用塔式起重机进行单片安装，出厂前对加工完成后的支架结构尺寸、焊缝质量进行全面检查。

定位箱制造精度要求高，由专业的钢结构工厂精加工，两块定位板采用数控钻孔，定位箱单件加工完成后，对构件的结构尺寸、平整度、孔位、孔径等进行全面检查，符合要求后开始组拼，组拼完成后对定位锚箱构件进行整体检查验收；拼装完成后，分段连接处采用销轴连接，并对定位锚箱的各部件进行编号，然后按照先后顺序拆卸；运输至施工现场后，利用现场的拼装平台进行拼装，拼装平台位置需考虑塔式起重机能够顺利起吊定位箱，并对平台进行平整度调整，平整度误差不超过 ±1mm；按照先后顺序对构件进行拼装，拼装完成后对组件结构尺寸、相对孔位、两层定位板孔位的垂直度等进行检查，如不满足要求，需对孔位修正，误差不超过 ±2mm，满足设计要求后，对拼接处进行焊接、加强。锚杆定位支架安装现场如图 4-18 所示。

图 4-18

图 4-18　锚杆定位支架安装现场

### 4.4.5　首节段与拱脚接合面施工技术

#### 1）方案比选及优化

（1）方案比选

针对拱脚钢混接合面施工提出三种不同施工方案,并进行比选,见表4-2。

首节段与拱脚接合面施工方案比选情况　　表4-2

| 方案 | 内容 | 特点 |
| --- | --- | --- |
| 方案一 | 拱脚按设计尺寸施工,达到设计强度后对混凝土与首节段接触面打磨整平,用混凝土砂浆调整接触面的角度和高程达到设计位置 | 由于拱脚为倾斜面,浇筑完成后无法保证其表面角度、平整度及设计高程;打磨修复难度极大,工作量大;接触面大,无法保证钢混接合面的密贴 |
| 方案二 | 将拱脚混凝土面少浇筑20cm,GL0节段吊装到位,利用钢板抄垫并固定后,钢混接合部位20cm采用灌浆料压浆密实 | 由于钢混接合面较大,GL0节段底板为整体钢板,无排气孔,灌浆料压浆,会使空气无法完全排出,存在气孔,钢混接合面无法完全接触,存在一定的质量隐患;同时灌浆料的耐久性不满足设计要求 |
| 方案三 | 将拱脚混凝土面少浇筑20cm,GL0节段吊装到位,采用自密实细石混凝土灌注 | 自密实细石混凝土可保证GL0节段钢拱定位准确,保证了钢混接合处的紧密接触,耐久性也满足设计要求 |

根据比选分析,方案三更具有可行性。

（2）方案优化

针对拱肋钢混接合段,研究探明其传力机理、受力性能,提出了结构优化措施,研发了自密实混凝土以提升钢混接合段的工作性能。通过模型试验验证了大断面自密实混凝土的工作性能,有效保证了桥梁关键节点的受力性能。

参考钢混接合面的施工,钢混接合面采用狭小空间自密实细石高强混凝土灌注技术。灌注前进行三次1/4实体模型试验,分别采用不同的配合比、不同的施工工艺对钢混接合段的混凝土进行配合比、灌注效果试验。通过试验总结出优化的试验配合比、坍落度、扩展度及灌注方法。图4-19所示为试验现场。

#### 2）首节段与拱脚接合面施工

钢箱拱-混凝土拱座接合面面积为$3m \times 9m = 27m^2$、厚度20cm,且接合面设有两层钢筋网及锚杆等,针对钢混接合段面积大、锚杆多、空间狭小的特点,为保证钢混接合段混凝土施工质量,经过专项方案设计、专家评审确定采用后浇筑C55细石自密实混凝土的施工工艺。

图 4-19 试验现场

根据试验结果,先将部分锚杆孔进行堵塞,并预留一部分排气孔,将三面采用钢模板进行封堵并加固,按照最优配合比在搅拌站拌制 C55 细石自密实混凝土,现场采用塔式起重机吊装进行浇筑,并采用 $\phi 30mm$ 振捣棒辅助振捣密实,浇筑完毕后进行收面、抹平。图 4-20 为首节段与拱脚接合面施工现场。

图 4-20 首节段与拱脚接合面施工现场照片

预埋锚杆精确定位施工技术是金沙江公铁两用桥主桥施工的一项关键技术,在主拱拱肋首节段锚杆定位中得以成功地运用和有效实施。通过一系列研究、科学的试验、详细的计算、精准的测量以及严格的施工控制,顺利完成了不同强度等级混凝土同时浇筑施工;快速、便捷、精确地对 142 根锚杆群进行了空间定位;首节段精准快速就位,自密实混凝土顺利浇筑完成。此技术操作简单,易于掌握,便于推广,施工机械简单,且将大量的高空作业转换为地面作业,配合现场塔式起重机吊装施工,不需大量的高空作业,为同类型施工提供了宝贵的经验。

成贵高铁金沙江公铁两用桥
# 建造关键技术

KEY TECHNOLOGY FOR
THE CONSTRUCTION
OF JINSHA RIVER HIGHWAY AND RAILWAY BRIDGE
ON CHENGDU-GUIYANG HIGH-SPEED RAILWAY

成贵高铁金沙江公铁两用桥
建造关键技术

05

第 5 章

# 大跨双层公铁两用钢箱拱桥主拱施工关键技术

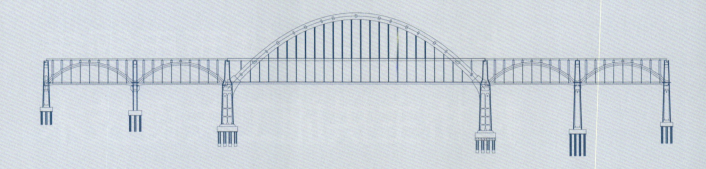

# 成贵高铁金沙江公铁两用桥
## 建造关键技术

### KEY TECHNOLOGY FOR
### THE CONSTRUCTION
OF JINSHA RIVER HIGHWAY AND RAILWAY BRIDGE
ON CHENGDU-GUIYANG HIGH-SPEED RAILWAY

主桥上部结构采用系杆拱桥方案,包含上承、中承、下承式三种结构体系。主拱采用钢箱结构,平行的钢箱拱肋间通过横撑相连,拱墩采用固结体系;铁路桥面采用刚性吊杆与拱肋相连,公路桥面通过柔性吊杆穿过刚性吊杆并锚固于拱肋上;在公路桥面设置水平系杆以平衡拱脚水平力。高空多层体系拱桥构件吊装难度大,吊杆、系杆安装复杂且相互干扰,拱肋线形影响因素多,给主拱施工造成极大不便。结合主拱大尺寸拱脚节段锚固定位、双层高墩刚架系杆拱架设控制以及吊杆架设等难题的攻关成果,本章主要介绍相关的施工关键技术。

## 5.1 大尺寸拱脚节段锚固定位及实测修正制造技术

主拱与主墩采用钢-混凝土连接形式(图5-1),拱肋首节段 GL0 高 10m、宽 3.0m、长 4.4m。采用 142 根 M56 锚杆将拱肋与拱座连接成一个整体。锚杆一侧预埋在主桥主墩内,另外一侧锚固在钢箱拱 GL0 节段的多层多面承压锚箱上,锚杆安装空间角度为 47°1′54″,锚杆与 GL0 节段的锚固长度为 1.6m,多层多面承压锚箱由厚度为 120mm 的下锚垫板和厚度为 60mm 的上锚垫板组成,锚杆孔直径为 90mm。

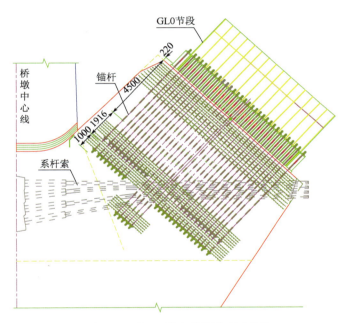

图 5-1 拱脚钢-混凝土固结段结构图(尺寸单位:mm)

### 5.1.1 拱座预埋锚杆定位及首节段安装的要点、难点

根据金沙江公铁两用桥主桥特点,主拱拱肋线形将直接影响铁路梁、公路梁的高程,而拱肋的线形取决于拱肋首节段 GL0 的安装精度,因此锚杆预埋精度是拱肋线形控制的关键,预埋锚杆定位精度控制则是成桥线形控制的难点。

拱墩固结段涉及的预埋锚杆数量多、布置复杂,需采用空间位置进行精确定位,单处拱座预埋锚杆达 142 根。GL0 节段穿过孔空间小,同时穿越多层定位孔,预埋精度要求高,施工难度大,采用定位锚箱精确定位锚杆。控制施工精度是 GL0 节段顺利架设的难点。

钢箱拱和混凝土接触面设置厚度为 120mm 的承压板,通过承压板将拱肋及承压加劲肋的压力均匀传至混凝土底座。拱肋 GL0 节段与混凝土拱座之间采用 144 根锚栓提供预压力,通过锚栓的预紧力使钢箱拱和桥墩混凝土基座连接成一体。接合段施工时须注意填充混凝土密实性,确保钢箱底与拱座混凝土顶面密贴。

拱座-钢箱拱肋设计用 20cm 厚的 C55 级微膨胀混凝土接合过渡,为解决狭小空间混凝土不能振捣、后浇密贴等难题,配制的混凝土应具有流动性好、坍落度和扩展度损失小、易自密、微膨胀等优异性能,混凝土的力学性能及耐久性能满足设计要求。

### 5.1.2 拱座预埋锚杆定位技术

针对拱墩接合段的安装难点,研发了拱座预埋锚杆精确定位技术。前后设置两块可移除式精加工定位板+定位骨架,两块精加工的定位板保证了所有锚杆相对位置的准确性,而通过调整定位板与定位骨架的相对位置来保证锚杆空间位置的准确性。这种两级定位系统的方法实现了拱座 142 根预埋锚杆快速、精确定位。

#### 1)锚杆定位工艺原理及步骤

(1)工艺原理

利用锚杆定位支架进行锚杆的精定位、安装,定位支架进行预拼装时,对加工偏差进行测量,并对定位板实际坐标进行计算复核,根据计算结果及现场情况,在定位板下方安装牢固的锚杆定位支架。利用定位支架上布设的刚支点、千斤顶、手拉葫芦对锚杆预埋板、预留孔进行精确定位。安装、检查并复核完成后,通过焊接方式将定位板与定位支架进行固定,然后单根安装锚杆、精确调整锚杆,浇筑拱座混凝土,并振捣密实。待混凝土达到设计强度后,再对锚杆进行三维空间(检测里程、偏距、相互位置关系)测量检查,做好与钢梁制造单位的衔接、沟通。

(2)施工步骤

施工准备→定位支架系统设计→定位支架的拼装→定位支架的检查验收→定位支架的安装→锚杆安装→拱座混凝土施工→锚杆定位支架拆除、清理及钢-混凝土接触面凿毛→拱肋锚杆竣工测量→对拱肋首节段调整→拱肋 GL0 节段安装→拱肋 GL0 节段精定位→浇筑接合段无收缩混凝土→拱肋锚杆张拉→拱肋 GL0 节段防雨帽安装、防护。

#### 2)锚杆定位支架系统设计

(1)锚杆定位架系统制造

定位支架系统由型钢定位支架、定位箱及小构件组成,型钢定位支架由 HN500 型钢、I20 工字钢及 ∠75×75×6 角钢连接系组成;定位箱由 2 块 20mm 厚钢板、I20 工字钢形成桁架结构。定位支架由现场钢结构加工厂按照设计图纸进行加工制造成单桁片,然后运输到现场进行组装,再进行吊装安装。由于定位箱采用精加工,定位板采用数控机床钻孔,误差达到±1mm;同时定位箱整体结构尺寸较大,不能整体运输。因此只能分块进行制造,然后运输至现场进行组装。

(2)定位箱组拼、检查验收

定位箱单件运输至现场后,对构件的结构尺寸、平整度、孔位、孔径等进行全面的检查,符合要求后开始进行组拼;首先在现场确定一处塔式起重机能够起吊的位置,设置一组拼平台,并用水平仪(水准仪、靠尺)对平台进行检查,然后按照先后顺序对构件进行预拼装,拼装后对组件结构尺寸、相对孔位等进行检查,满足设计要求后,对拼接处进行焊接、加强(图 5-2)。

图 5-2　锚杆定位锚箱现场组拼

### 3）定位支架及锚杆安装

(1) 定位支架安装

定位支架安装前,应对预埋件的平面位置进行检查,然后安装支架立柱,并对立柱的空间位置进行检查。之后单片安装定位支架(图 5-3),并将单片的空间位置调整到设计位置,采用连接系将定位支架连接成整体,再次对定位支架进行检查。由于精定位主要由定位箱完成,其空间位置误差应控制在 ±10mm 内,且应综合考虑支架安装过程中受应力、挠度、稳定性的影响。定位支架完成后,在定位支架顶安装 6 个支点,然后精确调整 6 个支点的空间位置,使得支点形成的面满足垂直于拱轴线,以便后期定位箱的位置只需要在这个面内调整;此支点高程应考虑定位支架自重、定位箱自重、锚杆自重及混凝土浇筑后对施工支架的挠度、位移影响。

图 5-3　锚杆定位支架安装

(2) 定位箱安装

定位箱安装前,应检查定位箱的结构尺寸、前后定位孔是否同心、定位板平整度,检查定位支架 6 支点的面是否满足设计要求,并在定位支架侧边安装横向限位装置,限位装置应比定位箱设计尺寸稍大,应对定位箱的吊点进行检查,根据定位箱的倾角设置钢丝绳。准备工作完成后,开始安装定位箱,定位箱起吊后,在空中进行方向的调整,然后慢慢地放置在定位支架的支点上,沿平面内的方向紧靠在限位装置上,并将塔式起重机松钩,测量人员对定位箱的孔位进行检查。对定位箱孔位的检查结果进行计算,计算出定位箱需要在面内平移的数据,然后对纵、横向限位进行抄垫,抄垫后重新对定位箱进行就位,再次对定位孔进行测量,使其满足设计要求,保证里程、高程偏距均在±2mm范围以内。

(3)锚杆安装、检查

锚杆进场后,对锚杆的规格、材质、长度、直径、保护情况进行检查,并对螺纹头进行有效的防护,避免在施工现场被破坏;吊装锚杆时,采用软吊带进行吊装,防止损坏锚杆防护;安装过程中(图5-4)需要考虑锚杆安装先后顺序和系杆索导管的安装要求,使其在安装过程中不相互影响,确保锚杆的顺利安装;安装时应按照设计要求安装垫板、螺母、弹簧圈等,并精确控制外伸锚杆的长度。对锚杆的端点进行测量检查,锚杆安装完成后对锚杆的外伸长度、小构件以及锚杆的防护等进行检查,都满足要求后,对锚杆的中间部位进行加固、固定(图5-5)。

图5-4 锚杆安装过程照片

图5-5 锚杆精定位安装完成照片

(4)测量控制

为确保锚杆的定位精度,保证南北两岸坐标及高程的相对统一,在定位支架系统安装前布设局部控制网,采用边角网的形式,利用全站仪进行精密平差,同时将平面控制网点均通过水平仪及精密全站仪引测高程,并进行南北岸联测,利于定位支架、定位箱及锚杆的三维坐标定位。锚杆定位箱安装后的定位板面必须垂直于拱轴线,定位板的同侧相对高程不大于±2mm、横向不大于5mm、纵向不大于5mm。单个锚杆定位孔误差不大于±5mm;利用全站仪位于桥轴线控制点$Q4$、$Q5$上,采用坐标法在定位板上放样出纵横十字线;通过检定钢尺量取锚杆孔至定位板的十字线。预埋锚杆定位效果如图5-6所示。

图5-6 预埋锚杆定位效果图

### 5.1.3 拱肋 GL0 节段实测修正技术

项目首创拱脚节段精确定位技术,研制了一种三角式桁架悬托牛腿。三角托架承担拱肋自重沿托架方向的分力,前支点与主体墩身之间采用精轧螺纹钢锚固,后支点通过爬锥与墩身连接。异形竖向桁架顶面设有滑动面,竖向滑动系统位于滑动面上,竖向滑动系统由两个滑块和两台竖向千斤顶组成,两个滑块之间通过型钢连接,两滑块之间设置两台竖向千斤顶,竖向千斤顶可用来精确调整拱肋节段的高程和空间姿态。侧向限位支架用于约束拱肋阶段的横桥向位置,如图 5-7 所示。该技术可实现拱肋节段的竖向定位、精调和滑移功能,相较于传统的落地支架,其工程量小、施工简便。

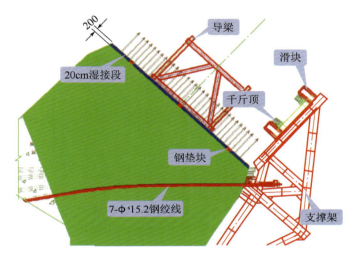

图 5-7　支撑架、导梁安装示意图(尺寸单位:mm)

#### 1) 预埋锚杆竣工测量方法

采用全站仪在各墩位分别放出锚杆对应斜面方向锚杆中心十字中轴线(包括里程中轴线和偏距中轴线),断面分别为距离锚杆顶端 30cm 断面和距离锚杆顶端 150cm 断面。

测量采用 2 号墩、3 号主墩联测进行观测,即测量 2 号墩锚杆时测站点设在 3 号墩,测量 3 号墩锚杆测站点设在 2 号墩,视线长 300 多米,根据施工环境及观测条件(观测时,墩身其他部位施工影响,如仪器误差、人为误差、大气折光等),综合分析取误差 10mm。针对测量报告中实测值与设计值偏差较大的个别点位,重新补测复核。

通过数据比对发现每两次测量结果存在一定偏差(最大达 12mm),同时考虑气温、日照等因素对测量的影响,要求测量组对已放样的"十字中轴线"进行复测,且复测时间应选择在早上 7:00 至 9:00 时间段。

针对测量报告的数据分析结果,绘制锚杆定位竣工图,其包含轴线偏差位移量、轴线偏差扭转值、锚杆相对"十字中轴线"的实际距离和锚杆相对距离等。

#### 2) 测量数据结果分析

以 2 号墩右幅拱墩固结数据进行分析。

(1) 断面一:距离锚杆顶端 1.5m 断面(即下口)数据分析结论

此断面整体偏移十字中轴线,向下端(大里程)偏移平均值 9.5mm,向上游(右幅)偏移平均值 10.1mm。锚杆相对中轴线最大偏差 13mm,锚杆与锚杆相对距离最大偏差 10mm。

(2)断面二:距离锚杆顶端0.3m断面(即上口)数据分析结论

此断面整体偏移十字中轴线,向上端(小里程)偏移平均值4.25mm,向下游(右幅)偏移平均值4.1mm。锚杆相对中轴线最大偏差10mm,锚杆与锚杆相对距离最大偏差5mm。

### 3)设计值与实际值存在偏差修正分析

(1)实际扩孔值计算方式

根据每根锚杆、每一断面位置具体分析该锚杆相对纵桥向中心线偏移量($H_1$)和横桥向中心线偏移量($P_1$),计算出该锚杆实际锚杆中心点位相对设计锚杆中心点的距离($L$),并考虑锚杆半径(28mm+2mm),得出锚杆实际扩孔值。实际扩孔半径: $R_1=(H_1+P_1)/2+30$;实际扩孔直径: $D_1=R_1 \times 2=[(H_1+P_1)/2+30] \times 2$。

(2)存在偏差修正方式

根据测量轴线偏移量和各锚杆整体偏位情况,以横桥向和纵桥向中线为基准,整体调整锚杆实际轴线中心线。具体修正方式为:纵桥向中心线整体向上游(右幅)修正5mm,横桥向中心线整体向上端修正6mm。以相同方式修正2号墩左幅、3号墩左右幅锚杆制作的实际空间孔位。

### 4)GL0节段制作注意事项

钢梁制作应根据实际竣工测量数据修正分析报告进行加工制作,并考虑轴线偏差修正值及个别孔位的扩孔修正值,以满足现场GL0节段顺利安装。

### 5)拱肋GL0节段定位安装技术

(1)主要施工步骤

拱肋支持架、导梁安装→拱肋GL0节段安装→拱肋GL0节段精确定位→浇筑接合段无收缩混凝土→拱肋锚杆张拉→拱肋GL0节段防雨帽安装、防护。拱肋GL0节段安装完成如图5-8所示。

图5-8 拱肋GL0节段安装完成

(2)主要施工工序

①拱肋GL0节段支撑架、导梁安装

a.对加工好的支撑架、导梁、滑块进行检查验收,安装好操作施工平台、上下人行通道及防护栏杆。

b.利用塔式起重机依次安装支撑架、导梁、导梁及连接系等(图5-8);按照设计要求安装钢绞线、爬锥;每束钢绞线张拉力为1000kN。精确调整支撑架的地面高程和轴向方向,保证GL0节段沿支撑架滑下后锚杆能准确穿入GL0节段。

c.根据拱肋底端的监控高程,在混凝土拱脚顶面设置6块抄垫板,用于GL0节段安装到位后提供竖向支撑和精调高程。

②拱肋GL0节段安装

a.复核拱肋的安装对应位置,然后采用缆索吊机进行伸钩,起吊至支撑架位置处。

b.拱肋首节段缓慢吊至拱肋支架上方时,采用缆索吊机吊钩微调的方式调整拱肋GL0节段的位置、角度,并缓慢地落到支撑架上面的垫块上,然后将拱肋与垫块进行临时固定。

c.解除垫块与支撑架支架的临时锁定,然后随着垫块慢慢地向拱脚方向滑移。

d.当拱肋GL0节段底垫板接近锚杆端头时,停止拱肋GL0节段的滑移;仔细核查底垫板是否对准相应的孔位,如个别有偏差,采取特殊方式(人工、手拉葫芦等)对锚杆位置进行调整,让锚杆对准底垫板的锚杆孔;对偏差比较多的锚杆,拟采用喇叭口的导向装置进行导向,导向装置应做成长短不一的结构形式;当锚杆全部对准垫板孔位后,缆索吊机继续松钩,拱肋继续向拱脚处进行滑移。

e.当拱肋GL0节段滑移到位后,对拱肋GL0节段前端点的空间坐标进行检查,并按照同一时间进行反复调整,满足设计要求后进行锚固。

(3)测量检查控制关键点

鉴于本桥施工方法的特点,成拱后的拱轴状态(包含轴线长度、高程等)不仅取决于构件加工场下料加工的状态,也受现场架设工艺及监控措施的影响。根据设计与施工工艺编制测量专项方案,每一拱肋GL0节段吊装后,对安装的轴线、高程需进行测量控制,采取缆索吊机调整空间坐标,并采用千斤顶、手拉葫芦、垫块等措施对拱肋进行线形、高程调整,选择温度稳定时段调整拱肋节段。

### 5.1.4 首节段与拱脚混凝土接合面施工技术研究

#### 1)混凝土工作性能、力学性能及耐久性能指标确定

自密实混凝土要求有良好的流动性、匀质性及穿透钢筋能力,能较好地填充结构物,为了使混凝土工作性能满足施工要求、力学及耐候性能满足设计要求,合理确定混凝土施工性能指标尤为重要。混凝土工作性能要求主要依据《自密实混凝土应用技术规程》(JGJ/T 283—2012)确定,力学性能、耐久性能主要根据设计图纸、《铁路混凝土工程施工质量验收标准》(TB 10424—2010)及《铁路混凝土》(TB/T 3275—2011)确定。工作性能应重点把控坍落扩展度、$T_{500}$、坍落扩展度与J环扩展度差值,倒置坍落度筒、L形仪、U形仪试验是进一步验证自密实混凝土工作性能的重要手段,因此本工程在配合比方面重点对骨料用量、骨料粒径、浆体所占体积、膨胀剂、减水剂、减小水胶比等方面进行研究。

#### 2)混凝土配合比设计计算

配合比设计计算主要依据《自密实混凝土应用技术规程》(JGJ/T 283—2012)、《普通混凝土配合比设计规程》(JGJ 55—2011)及《铁路混凝土》(TB/T 3275—2011)进行,依据混凝土堆垒理论,采用绝对体积法设计计算。在相关参数选定时,应尽可能地提高骨料用量、降低浆体体积,以保证混凝土的体积稳定性。

(1)确定粗骨料用量 $m_g$

粗骨料在混凝土中起骨架作用,对混凝土体积稳定亦有重要作用。自密实混凝土粗骨料体积分数宜控制在0.28~0.35,过小影响混凝土弹性模量等力学性能,过大则影响混凝土工作性。本混凝土设计强度较高,且碎石粒径偏小,初步选定粗骨料体积分数 $V_g$ 为0.35。故 $m_g = V_g \times \rho_g = 0.35 \times 2780 = 973 kg/m^3$。

(2)确定细骨料用量 $m_s$

砂浆体积分数 $V_m = 1 - V_g = 1 - 0.35 = 0.65$;自密实混凝土的砂浆中砂的体积分数宜控制在0.42~

0.45,过大则混凝土工作性和强度降低,过小则混凝土收缩较大。为进一步保证混凝土体积稳定性能,适当降低胶凝材料用量,砂浆中细骨料的体积分数 $\Phi_s$ 取 0.45。故细骨料用量 $m_s = V_m \times \Phi_s \times \rho_s = 0.65 \times 0.45 \times 2640 = 772 \text{kg/m}^3$。

(3)计算浆体体积 $V_p$

$$V_p = V_m - V_s = 0.65 \times (1 - 0.45) = 0.358 \text{m}^3$$

(4)计算胶凝材料表观密度 $\rho_b$

$$\rho_b = \frac{1}{\left[\frac{\beta_1}{\rho_1} + \frac{\beta_2}{\rho_2} + \frac{(1-\beta_1-\beta_2)}{\rho_c}\right]}$$

$\beta$、$\rho$ 分别为相应掺合料的质量分数、表观密度;掺适当的粉煤灰可改善混凝土的工作性能,降低混凝土水化热;膨胀剂是微膨胀混凝土的膨胀源,经试验比选确定,取粉煤灰、膨胀剂的质量分数分别为 0.18、0.10;根据试验结果,水泥、粉煤灰、膨胀剂的密度分别为 3.14g/cm³、2.57g/cm³、2.81g/cm³;代入公式计算可得,胶凝材料表观密度 $\rho_b$ 为 2.986g/cm³。

(5)计算混凝土试配强度 $f_{cu,o}$

依据普通混凝土配合比设计规程,取 $\sigma = 6.0$,则

$$f_{cu,o} = f_{cu,k} + 1.645\sigma = 64.9 \text{MPa}$$

(6)计算水胶比 $m_w/m_b$

$$\frac{m_w}{m_b} = \frac{0.42 f_{ce}(1-\beta+\beta \cdot \gamma)}{f_{cu,o}+1.2} = \frac{0.42 \times 42.5 \times 1.16 \times (1-0.28+0.18 \times 0.4+0.10 \times 0.9)}{64.9+1.2} = 0.28$$

(7)计算胶凝材料用量 $m_b$

取设计含气量 $V_a$ 为 2.0%,水的密度 $\rho_w$ 为 1.0g/cm³,故:

$$m_b = \frac{(V_p - V_a)}{\frac{1}{\rho_b} + \frac{m_w}{m_b}\frac{1}{\rho_w}} = \frac{0.358 - 0.02}{\frac{1}{2.986 \times 10^3} + \frac{0.28}{1.0 \times 10^3}} = 550 \text{kg/m}^3$$

(8)单位用水量 $m_w$

$$m_w = m_b \times \frac{m_w}{m_b} = 550 \times 0.28 = 154 (\text{kg/m}^3)$$

水泥用量、矿物掺合料用量:粉煤灰用量 $m_f = 550 \times 0.18 = 99 \text{kg/m}^3$;膨胀剂用量 $m_p = 550 \times 0.10 = 55 \text{kg/m}^3$;水泥用量 $m_c = 550 - 99 - 55 = 396 \text{kg/m}^3$;外加剂掺量 $\alpha$ 按 1.3%,得外加剂用量 $m_{ca} = m_b \times \alpha = 7.15 \text{kg/m}^3$。

(9)验算混凝土浆体比

根据规范《铁路混凝土》(TB/T 3275—2011)第 7.2.6 条要求,C50～C60(含 C60)混凝土最大浆体比应≤0.35,浆体比是胶凝材料和水体积之和与混凝土总体积的体积之比。本次设计计算的混凝土浆体比 $\frac{V_p - V_a}{1} = 0.34$,符合规范要求。

(10)确定初步配合比

C55 细石自密实微膨胀混凝土初步配合比参数见表 5-1。

C55 细石自密实微膨胀混凝土初步配合比参数（单位：kg/m³）　　表 5-1

| 水胶比 | 水泥 | 粉煤灰 | 膨胀剂 | 砂 | 碎石(5~10mm) | 水 | 外加剂 |
|---|---|---|---|---|---|---|---|
| 0.28 | 396 | 99 | 55 | 772 | 973 | 154 | 7.15 |

### 3）混凝土配合比试配

（1）混凝土外加剂相容性试验

为保证混凝土有良好的工作性能，满足坍落度损失小、易自密等性能要求，良好的高性能减水剂是关键。外加剂调配过程中，同配合比砂浆性能与混凝土工作性能具有较好的相关关系，且可以较大程度地降低试拌混凝土劳动强度，所以，在混凝土试拌前应进行外加剂的相容性试验。在砂浆试拌过程中，应重点观察砂浆的气泡大小、扩展度损失及泌水抓底情况，及时调整外加剂组分，确定外加剂的配方及最佳掺量。

除膨胀剂外本工程重点对聚羧酸高性能减水剂进行了多次试验，其具有低掺量、减水性能好、混凝土强度增长快的特点；同时还具有引气功能，可以改善混凝土的收缩性能，在一定程度上也改善了自密实混凝土收缩性较大的不足。

（2）混凝土试配调整

根据计算的初步配合比，进行混凝土试配，试配用量不得少于25L，亦不得大于搅拌机容积的3/4。试拌时首先要确保混凝土工作性能，工作性能满足要求后再成型力学性能、耐久性能试件。

### 4）混凝土模拟浇筑

本施工部位操作空间狭小，结构尺寸相对较大，且钢筋较密，混凝土浇筑一旦失败，几乎没有补救措施。为了进一步确保接合段混凝土浇筑的质量，采用平面尺寸1/4缩尺、厚度为20cm的结构模型进行模拟浇筑（图5-9），浇筑过程中监控混凝土的工作性，并跟踪混凝土的力学性能及耐久性能指标，浇筑完成后，拆除模板、钻取芯样检验混凝土的填充性能及密实程度，同时检查其强度是否满足设计要求。

图 5-9　拱座-拱肋接合面模拟混凝土情况

## 5.2　双层高墩刚架系杆拱架设控制技术

主桥主跨由钢拱肋、铁路梁、公路梁、拱上立柱及刚性吊杆组成，全为钢结构。主桥架设存在钢箱拱、铁路梁、公路梁3层空间交错作业（图5-10），结构受力复杂，精度要求高，操作难度及安全风险比较高。

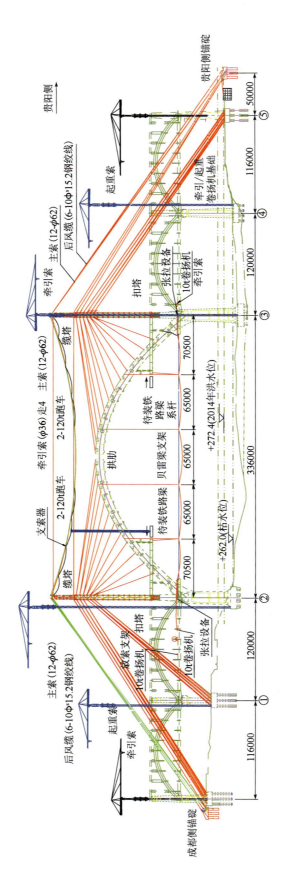

图5-10 跨线多层结构施工示意图（尺寸单位：mm；高程单位：m）

项目组根据主桥施工特点,研制了国内最大的480t无调索横移式缆索吊机,并基于最佳成桥状态的合龙控制方法,研发了高空系杆托架法安装与悬浮张拉及控制技术。

## 5.2.1 缆索吊机永临结合设计技术

为了解决双层高墩刚架系杆拱架设难题,将400t横移式缆索吊机采用永临结合设计和标准化设计,研发拼装式扣缆塔组合结构。缆索吊机采用缆扣塔合一,锚固于主墩墩顶,锚碇结构利用主体承台的结构形式,大大节省了施工投入。扣锚梁与扣塔横向分配梁之间采用简支体系连接,可有效降低扣塔的水平传递路径,优化结构受力。

塔式起重机采用在墩顶设钢管支架扶墙技术,可有效避开缆索吊机主索、后风缆及扣锚索的影响。同时为避免多层施工的相互影响,采用先上后下的顺序施工。

项目研发的永临结合式扣索锚固系统,大规模减小了临时结构规模,提升了扣缆塔的装配化水平和工程质量。节约扣缆塔拼装时间30天,扣缆塔拼装垂直度控制在1‰以内,单根钢管立柱最大内力达10500kN,单侧扣塔根部总反力达84000kN。

### 1)塔架永临结合设计

为减小缆索吊机跨度,降低扣塔拼装高度,提高施工效率,节省材料,将扣缆塔锚固于两岸主墩墩顶,主体结构作为扣缆塔基础,缆索吊机塔架(图5-11)设计为装配式钢塔架,扣塔拼装全部采用栓接和销轴连接,通用性强、周转率高,拼装简便。

扣塔塔架由底分配梁、1节柱脚节段、10节标准节段、6节锚固节段、塔顶铰座、3道横撑和5道斜撑组成。扣缆塔构件由钢结构专业制造厂加工制造,考虑立柱的通用性和经济性,立柱尺寸一致、互换性强;立柱法兰螺栓孔同心同轴;耳板与立柱定位焊接方向及位置一致(布置为每45°一个),所有构件在出厂前进行厂内预拼,以满足现场安装进度及精度。为保证塔架的安装精度,主墩墩顶预埋件采用定位支架进行定位,定位支架由钢板和型钢组成箱体结构,确保预埋板高程和精度误差控制在±2mm内。

图5-11 缆索吊机塔架图

扣塔立柱统一规格,立柱之间采用高强度螺栓连接,连接系与立柱之间采用销轴连接,立柱与连接系拼装成6m吊装单元后整体吊装,竖向节段之间仅连接立柱高强度螺栓,连接系不跨节段安装,大幅降低了高空作业量。

扣塔立柱结构可兼作现浇支架立柱系统使用,提高结构的通用性。

### 2)锚梁永临结合设计

缆索吊机锚碇共4个,均采用钻孔桩基础加钢筋混凝土扩大基础的结构形式,原设计中24根主索分别通过4组锚固梁锚固在上下游锚碇上(图5-12),单组锚固梁采用28根φ32mm预应力精轧螺纹钢筋连接固定,单根精轧螺纹钢筋预拉力约450kN。

为了减少对边拱施工的影响,消除精扎螺纹钢由于预埋不准确导致使用过程中可能出现的断裂情况,将原设计中采用精轧螺纹钢预埋调整为预埋型钢锚固。同时为了降低工程投资,将部分锚固梁安装于0号、1号、5号等已浇筑的承台上。

扣锚梁区采用全部螺栓连接的方式,横向分配梁与立柱之间均采用拼接板连接,纵桥向扣锚梁与横向分配梁之间一侧采用圆孔螺栓固定,另一侧采用长圆孔螺栓固定,以释放主边跨侧的平衡水平力。

图 5-12 锚索锚碇布置图

通过止推式可拆装锚固梁,充分利用主体结构承载能力,设置可拆装式异性梁,与主墩承台之间通过牛腿传递剪力,通过预埋精轧螺纹钢筋传递拉力。该结构可承受水平力 10400kN、竖向力 7200kN,大幅降低了施工临时结构的工程量。

## 5.2.2 斜拉扣挂带载复位技术

考虑到多层吊装体系的影响,研发了三层构件吊装技术,发明了一种公路节段梁临时吊点结构。其中拱脚区空间受限且各层构件间距小,提出了先吊装拱肋,利用已吊装拱肋分别吊挂铁路及公路节段,从而解决拱脚区三层构件吊装难题;对于非拱桥区域构件吊装,研究提出主拱拱肋节段吊装沿拱轴线单主索两点起吊,铁路梁采用拱轴线内侧双主索四点起吊,公路节段梁则采用拱轴线外侧双主索四点起吊方案。

### 1)拱肋扣挂架设

根据施工架设顺序研究及施工过程计算分析结果,制定实施性施工方案。主跨钢箱拱安装步骤如下:

步骤一,如图 5-13 所示。

(1)安装拱肋 GL0、GL1 节段;
(2)移动两组主索,安装牛腿和临时吊杆;
(3)安装公路主梁的梁端段和过渡段 3;
(4)安装拱上立柱,立柱之间系杆暂不安装,安装主梁 A。

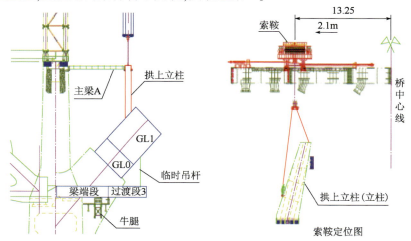

图 5-13 步骤一施工示意图(尺寸单位:m)

步骤二,如图5-14所示。
(1)两组主索同时移动,安装拱肋GL2、GL3节段,并同步张拉扣锚索;
(2)安装横撑HC5与拱肋GL3节段接头;
(3)两组主索同时移动,吊装横撑HC5和斜撑XC5节段;
(4)安装拱上立柱系梁;
(5)安装主梁B,然后吊装铁路主梁TL1、TL2、TL3-1和TL4节段。

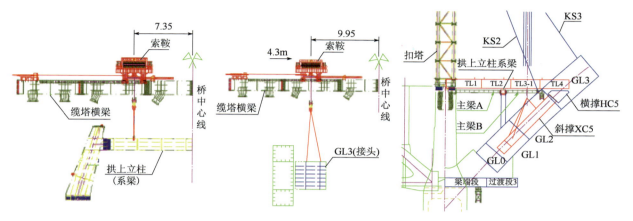

图5-14 步骤二施工示意图(尺寸单位:m)

步骤三,如图5-15所示。
(1)安装拱肋GL4、GL5节段,并同步张拉扣锚索;
(2)安装临时吊杆和刚性吊杆DG9;
(3)吊装铁路主梁TL3-2、TL3-3和TL5节段;
(4)吊装横撑HC4和斜撑XC4。

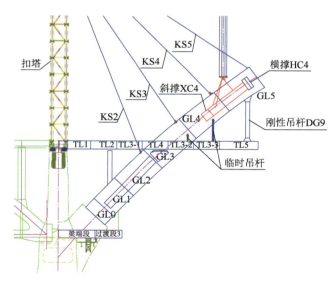

图5-15 步骤三施工示意图

步骤四,如图5-16所示。
(1)安装剩余拱肋GL5~GL13、横撑和斜撑,并同步张拉扣锚索;
(2)安装最外侧4根正式系杆$N_i$-1,然后张拉力至每根5068kN;
(3)安装拱肋合龙段GL14,与合龙段对应横撑HC1滞后安装,先放置在已安装铁路梁面上。逐步拆除扣锚索。

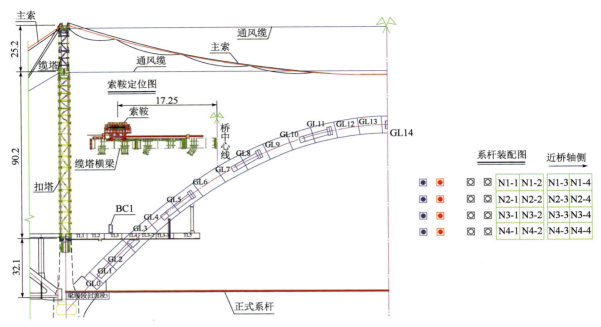

图 5-16 步骤四施工示意图(尺寸单位:m)

步骤五,如图 5-17 所示。

(1)安装铁路梁 TL6 和对应刚性吊杆,合龙段 TL7 放置在已安装梁上;
(2)安装剩余公路梁,剩余 2 个标准段和合龙段滞后安装;
(3)安装上下游各 3 根正式系杆 N$i$-2,每根张拉力至 5068kN。

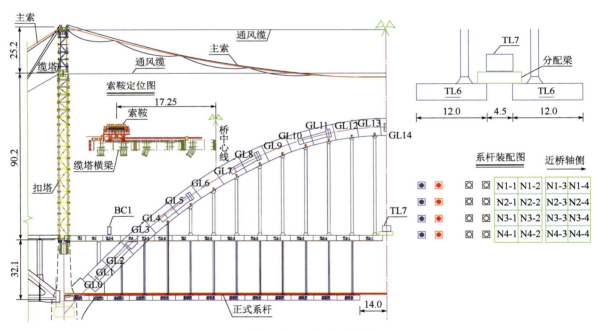

图 5-17 步骤五施工示意图(尺寸单位:m)

步骤六,如图 5-18 所示。

(1)安装铁路梁合龙段 TL7,安装拱肋横撑 HC1;
(2)安装上下游各 3 根正式系杆,每根张拉力至 5068kN;

(3)安装水平连杆;
(4)安装公路梁剩余2个标准段和合龙段;
(5)安装上下游各2根正式系杆,每根张拉力至5068kN;
(6)进行铁路二恒铺装,同步安装、张拉上下游各4根正式系杆,每根张拉力至5068kN;
(7)进行公路二恒铺装,同步安装、张拉上下游各3根正式系杆,每根张拉力至5068kN。

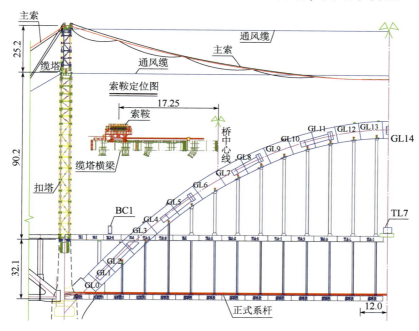

图5-18 步骤六施工示意图(尺寸单位:m)

**2)扣塔偏位及拱肋线形控制**

主跨拱肋采用斜拉扣挂悬臂拼装施工,拱脚采用拱墩固结体系,拱肋刚度大、拱肋线形可调范围小,须结合拱肋预拼线形控制拱肋悬臂拼装线形,保证拱肋合龙顺利;拱肋定位须精确,特别是两岸拱肋对称节段的相对精度;拱肋悬臂拼装过程中扣锚索索力控制须准确,保证拱脚混凝土受力在可控范围,并控制好拱肋各节段线形,避免偏差累积。

计算扣索索力常用方法有零弯矩法、零位移法、优化分析法、合理位移内力法等。本桥按照"扣塔零偏位、前端零位移、一次张拉、内力不变"的原则确定扣锚索索力。所有扣锚索的强度安全系数均符合《公路桥涵施工技术规范》(JTG/T F50—2011)规定,扣锚索最大索力及安全系数见表5-2。整个拱肋架设过程中扣塔最大偏位35.6mm;扣塔杆件最大应力177.3MPa;拱肋最大应力40.9MPa,均在安全范围内。

扣塔最大索力及安全系数　　　　表5-2

| 索编号 | 最大索力(kN) | | | | 安全系数 | | | |
| --- | --- | --- | --- | --- | --- | --- | --- | --- |
| | 成都侧扣索 | 贵阳侧扣索 | 成都侧锚索 | 贵阳侧锚索 | 成都侧扣索 | 贵阳侧扣索 | 成都侧扣锁 | 贵阳侧锚索 |
| 1 | 619 | 619 | 413 | 316 | 2.5 | 2.5 | 3.8 | 3.3 |
| 2 | 823 | 832 | 722 | 549 | 2.5 | 2.5 | 2.9 | 2.8 |
| 3 | 625 | 624 | 656 | 541 | 2.5 | 2.5 | 2.4 | 2.9 |
| 4 | 1816 | 1817 | 2065 | 1062 | 2.6 | 2.6 | 3 | 2.9 |
| 5 | 613 | 612 | 889 | 733 | 2.5 | 2.6 | 2.3 | 2.1 |
| 6 | 632 | 630 | 781 | 663 | 2.5 | 2.5 | 3.3 | 3.1 |

续上表

| 索编号 | 最大索力（kN） | | | | 安全系数 | | | |
|---|---|---|---|---|---|---|---|---|
| | 成都侧扣索 | 贵阳侧扣索 | 成都侧锚索 | 贵阳侧锚索 | 成都侧扣索 | 贵阳侧扣锁 | 成都侧锚索 | 贵阳侧锚索 |
| 7 | 1090 | 1084 | 996 | 1029 | 2.9 | 2.9 | 3.7 | 3.5 |
| 8 | 836 | 834 | 935 | 940 | 2.5 | 2.5 | 2.8 | 2.8 |
| 9 | 887 | 886 | 886 | 846 | 2.3 | 2.4 | 2.9 | 3.1 |
| 10 | 1588 | 1584 | 1552 | 1476 | 2.3 | 2.3 | 3.1 | 3.2 |
| 11 | 1065 | 1063 | 1022 | 1020 | 2.4 | 2.4 | 3.1 | 3.1 |
| 12 | 1254 | 1254 | 1337 | 1339 | 2.5 | 2.5 | 2.7 | 2.7 |

据焊接评定试验，每节段拱肋环缝焊接存在3~5mm的收缩变形，3个节段累积变形将达到12mm，影响横撑、斜撑及刚性吊杆的精确对位。因此在厂内加工制造时，每隔3个节段设置一个调节段，即GL4、GL8、GL12共3个调节段，以确保横撑、斜撑、刚性吊杆的精确对位。

调节段拱肋长度和拼接板尺寸均比设计长20mm，根据前一节段拱肋实测线形进行配切，拼接板只单侧配孔，另一侧在现场进行配钻，以保证拱肋拼装线形。拱肋安装偏差控制范围见表5-3。

拱肋安装偏差控制范围（单位：mm） 表5-3

| 坐标 | 绝对偏差 | 上下游拱肋相对偏差 | 两岸拱肋相对偏差 |
|---|---|---|---|
| 里程 | ±10 | 10 | 10 |
| 轴线 | ±5 | 5 | 5 |
| 高程 | ±5 | 5 | 5 |

### 5.2.3 高空系杆托架法安装及悬浮张拉技术

#### 1）系杆托架法安装

主桥系杆共设4层，每层4组，单侧共16组，单束系杆长度342.5m，系杆直径164mm，单根系杆质量约26t，系杆管道长达17m，系杆穿入管道施工难度大。施工时存在3层交叉作业面，系杆位于铁路梁下、公路梁上。系杆安装时，拱肋扣锚索还未拆除。系杆第一批安装后，系杆中心与铁路梁外缘的距离仅为80cm，使铁路梁、公路梁的吊装和扣锚索拆除安全风险增大，对系杆安装后的保护尤为重要。

系杆安装采用在拱肋多点悬挂系杆临时支撑平台，在下游侧设置人行吊桥作为施工人员上下支撑平台的通道。平台与拱肋采用钢丝绳进行锚固，顶面设置系杆转向滑轮，以保证均匀受力和保护系杆PE保护层。牵引索卷扬机布置在两岸公路梁面上，利用过索平台牵引过索。同时用另一台卷扬机与系杆连接，慢慢放索，防止系杆跨中垂度增大，当系杆末端到达系杆管道附近时，人工将系杆穿入管道内。

系杆托架法安装是指主跨公路钢箱过渡段安装完成后，安装贝雷梁托梁进行系杆安装（图5-19）。贝雷梁托梁通过φ28mm钢丝绳挂在主拱拱肋吊耳上，共设置4组贝雷梁托梁，间距65m。每组贝雷梁托梁设置5根钢丝绳，通过分配梁将托梁锚固于主拱拱肋上。纵桥向每组贝雷梁通过2根连接钢丝绳连接，锚固于已安装公路梁上，防止贝雷梁托梁纵桥向晃动。每组贝雷梁托梁由5片贝雷片组成，贝雷梁间距45cm，通过花窗连接，贝雷片横桥向长度42m。贝雷梁托梁上设置分配梁、过索装置及系杆索支撑支架，临时过索后将系杆索固定于支撑支架上。过索采用卷扬机牵引，卷扬机设置在边跨混凝土梁上。过索完成后，进行系杆索张拉。施工过程中人员通过过江猫道通行，过江猫道设置于托架上，设置于上游侧。贝雷梁托梁如图5-20所示。

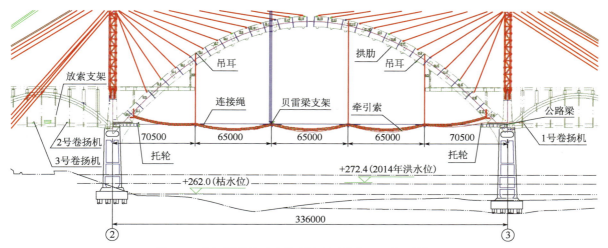

图 5-19 高空系杆托架法安装示图（尺寸单位：mm；高程单位：m）

图 5-20 贝雷梁托梁

系杆托梁法安装关键技术如下：

（1）双层承载高墩钢箱拱系杆位于两侧拱肋拱脚下方，成桥后位于公路桥面，系杆上下游各设 16 根，以公路梁柔性吊杆对称布置，布置间距为（80 + 75 + 75 + 80）cm，竖向间距为 30cm。

（2）系杆两端均为张拉端，主要由支撑筒、锚垫板、螺母、锚板组成，对钢绞线夹片设置压紧装置。同时设置有减振块和密封装置。安装过程中，可单根和整束张拉。

（3）采用在拱肋多点悬挂系杆临时支撑平台安装系杆，在下游侧设置人行吊桥作为施工人员上下支撑平台的通道，安装牵引索后，利用卷扬机牵引系杆索到达另一端，达到系杆安装的目的（图 5-21）。

 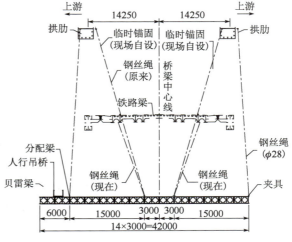

图 5-21 系杆安装临时支撑平台及人行吊桥（尺寸单位：mm）

(4)贝雷梁与拱肋采用钢丝绳进行锚固,4组贝雷梁之间安装连接绳,确保贝雷梁纵桥向稳定。贝雷梁顶面设置系杆转向滑轮,一方面均匀受力,另一方面保护系杆PE层。

(5)牵引索卷扬机布置在两岸公路梁面上,系杆放索盘放置于2号墩,由2号墩往3号墩逐步牵引,并穿过贝雷梁处滑轮。牵引力控制在80kN左右,系杆垂度不能过大,以防损伤PE层。

(6)系杆到达3号墩前,用手拉葫芦和夹具对系杆进行临时锚固,开始剥除PE层,PE层剥除要根据系杆两端计算长度的标记进行,严格控制剥除PE层的长度。PE层剥除后要使用钢片将其理顺,并使用铁丝适当进行捆绑,防止其打搅。然后穿入3号墩系杆管道内,安装锚板和夹片,等待张拉。

(7)将2号墩系杆放索盘内剩余系杆抽出,摆放在公路梁面上(公路梁面需设置托轮),同时用另一台卷扬机与系杆连接,慢慢放索,使系杆跨中垂度增大,当系杆末端到达系杆管道附近时,人工将系杆穿入管道内。穿入前要剥除PE层。系杆安装如图5-22所示。

图5-22 系杆安装施工照片

### 2)"悬浮"法系杆张拉

系杆张拉采用分次悬浮式快速张拉技术,并在张拉前进行了国内首次大吨位斜孔系杆摩阻试验,调整设计张拉力,在拱、梁施工过程中分批加载、分批张拉系杆,调整墩身和主梁线形。悬浮式张拉可有效防止夹片因多次锚固而被损伤。

现场采用4台特制YDCS8000千斤顶在两岸上下游进行对称张拉,初应力为$10\% F_{con}$($F_{con}$为张拉控制力,kN),张拉程序为:$0 \rightarrow 10\% F_{con} \rightarrow 20\% F_{con} \rightarrow 100\% F_{con}$,持荷5min后锚固。由于系杆长度长,伸长量大,如果采用常规张拉设备需多次张拉、多次倒顶、多次锚固。为防止反复张拉使夹片失效,本桥采用"悬浮"张拉施工方案。

在千斤顶上增加一套工具锚及撑脚,在千斤顶与工作锚板间设悬浮限位装置,如图5-23所示。在每次张拉时工作夹片处于放松状态,在完成一个行程回油时后工具锚夹片锁紧钢绞线,多次倒顶,直到张拉至设计吨位。由于限位装置的作用,在张拉过程中,工作夹片不至退出锚孔,在回油倒顶时,工作夹片不会咬住钢绞线,工作夹片始终处于"悬浮"状态,张拉到位后,旋紧限位装置的螺母,压紧工作夹片,随后千斤顶卸压回油,使工作夹片锚固钢绞线(图5-24)。

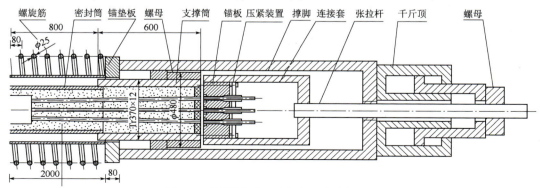

图5-23 悬浮限位装置示意图(尺寸单位:mm)

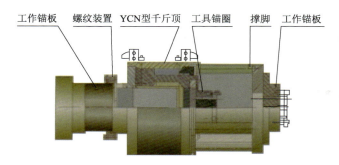 

图 5-24　系杆"悬浮"张拉

利用工作锚板的外螺纹,通过连接套、张拉杆,连接千斤顶,可以实现放张约 600mm(两端),索力降至约 2380kN(成桥索力 5068kN,弹性伸长约 1.13m)。

切除周圈多余钢绞线,用中间 27 根钢绞线,安装 M15-27 工具锚、连接套,安装双层撑脚、千斤顶,通过张拉杆的主、副螺母交替作用完成系杆放张。

利用工作锚板的外螺纹,通过张拉杆的主、副螺母交替作用,最终完成系杆的张拉,确保了工作夹片的正常工作,解决了多次到顶张拉对工作夹片损伤的难题。

### 5.2.4　多次系杆张拉控制技术

#### 1)系杆张拉控制及墩身偏位控制

主墩为高墩结构,在主桥架设过程中对主墩有水平推力,使主墩产生位移和拉应力。根据不同的施工节点,分批次张拉系杆抵消水平推力,使整个架设过程结构安全,变形满足设计要求。

系杆张拉顺序根据主墩受力确定,主墩受力与主桥恒载施工相关,经监控单位全过程实体模型模拟施工阶段计算分析,确定系杆张拉次数、数量和顺序。根据计算,全部拱肋、铁路梁 TL1～TL6 段、公路梁梁端段、过渡段和 18 个标准段安装完成时,此时仅拱肋横撑 HC1、铁路梁合龙段 TL7、公路梁 2 个标准段和合龙段未安装,则作用于主墩的水平力最大,约为 20000kN。上下游外侧各 4 根系杆张拉,张拉力为 4×5068＝20260kN,基本与施工节点产生的水平推力相等。此时,2 号、3 号主墩底部未产生拉应力,最小压应力约为 -0.6MPa。满足墩身受力要求。

系杆索桥面布置如图 5-25 所示。

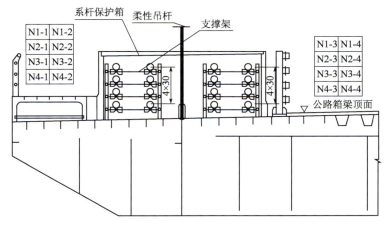

图 5-25　系杆索桥面布置(一侧)(尺寸单位:cm)

每根系杆索由55束直径为15.2mm的钢绞线组成,设计张力为5060kN。桥墩自重状态下拱脚处作用40000kN水平力时墩顶最大水平位移18.0mm,墩底最大拉应力0.3MPa。成桥状态系杆索有应力长度335m,总伸长量1.1m,墩偏位在20.0mm以内时引起的系杆张力偏差在2%以内。在施工过程中需及时分批张拉系杆索,系杆张拉原则为:

(1)桥墩偏位不超过20.0mm;
(2)每根系杆索采用一次张拉法,直接张拉至成桥无应力长度;
(3)按先上层后下层、先外侧后内侧的次序上下游对称、分级进行;
(4)系杆索张拉以张拉力控制为主,伸长量控制为辅;
(5)根据恒载施加完成后的桥梁实际状态,综合分析确定最后2根系杆索张拉力。系杆索张拉次序见表5-4,其中最后2根系杆索N3-4、N4-4张拉力为设计索力的77%。

系杆索张拉次序表　　　　　　　表5-4

| 张拉次序 | 系杆编号 | 张拉批次 | 张拉时机 |
| --- | --- | --- | --- |
| 1 | N1-1 | 1 | 拱肋合龙后 |
| 2 | N2-1 | | |
| 3 | N3-1 | | |
| 4 | N4-1 | | |
| 5 | N1-2 | 2 | 铁路梁合龙后 |
| 6 | N2-2 | | |
| 7 | N3-2 | | |
| 8 | N4-2 | | |
| 9 | N1-3 | 3 | 公路梁合龙后 |
| 10 | N2-3 | | |
| 11 | N3-3 | 4 | 铁路二期恒载加载40%后 |
| 12 | N4-3 | | |
| 13 | N1-4 | 5 | 铁路二期恒载加载100%后 |
| 14 | N2-4 | | |
| 15 | N3-4 | 6 | 公路二期恒载加载后 |
| 16 | N4-4 | | |

整体空间计算模型如图5-26所示,首个施工节点空间计算模型如图5-27所示。系杆张拉工况及张拉束数(单侧)见表5-5。

图5-26　整体空间计算模型

图 5-27 首个施工节点空间计算模型

**系杆张拉工况及张拉束数**(单侧)　　　　　　　　　　　　　　　　　　　表 5-5

| 张拉时机 | 系杆 张拉顺序 | 编号 | 系杆张拉前 主墩里程偏位(mm) | | 系杆张拉后 主墩里程偏位(mm) | |
| --- | --- | --- | --- | --- | --- | --- |
| | | | 2号墩 | 3号墩 | 2号墩 | 3号墩 |
| 拱肋合龙完成 | 1 | N1-1 | −6 | 10.4 | 4.7 | −5.8 |
| | 2 | N2-1 | | | | |
| | 3 | N3-1 | | | | |
| | 4 | N4-1 | | | | |
| 铁路梁施工完成 | 5 | N1-2 | −0.6 | 2.7 | 4.5 | −5.1 |
| | 6 | N2-2 | | | | |
| | 7 | N3-2 | | | | |
| 公路梁施工完成 | 8 | N4-2 | 1.1 | 0.6 | 6 | −7 |
| | 9 | N1-3 | | | | |
| 铁路二期恒载加载施工完成 | 10 | N2-3 | −2.7 | 5 | 8.7 | −10.1 |
| | 11 | N3-3 | | | | |
| | 12 | N3 | | | | |
| | 13 | N1-4 | | | | |
| 公路二期恒载加载施工完成 | 14 | N2-4 | 5.2 | −4.7 | 15.2 | −19.7 |
| | 15 | N3-4 | | | | |
| | 16 | N4-4 | | | | |

注：1. 铁路梁施工完成张拉 3 束，公路梁二期恒载加载施工完成张拉 3 束。
　　2. 主墩偏位方向：正值为向贵阳侧(3 号墩侧)偏，负值为向成都侧(2 号墩侧)偏。

**2）高墩钢箱系杆拱桥拱梁线形控制技术**

主拱为高墩刚架拱体系，拱肋采用悬臂扣挂法施工，扣塔固结于主墩顶，随拱肋的拼装加载，扣塔及主墩会向跨中变位。主拱拱肋线形受墩身变位、扣索张拉力、拱肋加载、系杆张拉、温度变化等影响。经过监控计算，主墩 2 号、3 号墩在拱脚处可承受水平力为 20000kN，位移不大于 ±20mm；施工过程中按照承受 10000kN、位移不大于 ±10mm 控制。为控制拱肋最终状态线形，提出了高墩钢箱系杆拱桥拱梁线形控制技术：墩身事先向外预偏，通过在拱、梁施工过程中分批加载、分批张拉系杆调整墩身和主梁线形，合龙前达到设计要求的线形。

初始拼装前通过后扣索使扣塔和主墩预外偏，随着拱肋、铁路梁、公路梁的合龙，铁路二期恒载、公路二期恒载加载后，每次高墩拱脚水平推力增大后，都需张拉一次系杆来平衡主墩所受的推力，并控制墩顶变位。刚架拱成拱前，拱肋会随主墩扣塔变位，扣塔偏位对拱肋线形影响大，扣锚索张拉后扣塔偏位控制在 1cm 内，拱肋每拼 3 个节段，要测量一次线形，保证与拱肋与设计线形一致，否则需要进行补拉调整，扣锚索张拉主要以拱肋线形测量结果为主，张拉力控制为辅。主要控制要点如下：

（1）拱肋拼装采用缆索吊机吊装，缆索吊机前后钩调整好角度，配合千斤顶、手拉葫芦、冲钉等设备进行对位。确保高强度螺栓孔不错位，而且拱肋线形满足监控指令偏差范围。扣锚索在锚固端设橡胶防震措施，在梁端设多向拉缆止振措施，有效控制锚固处疲劳断丝，确保使用过程中的安全。

（2）金沙江桥采用刚性吊杆连接拱肋和主梁，精确对位要求高，因此拱肋线形控制非常严格，金沙江桥高程控制偏差限值为 ±2cm。

（3）为确保拱肋线形精度，采用每隔 4 个拱肋设置 1 个线形调整口，可以控制高程偏差在 ±1cm 左右。

（4）拱肋拼装过程中，部分节段由于加工原因，个别拼接板孔位错位较大，采取更换拼接板措施。拼装板根据实测孔位偏差进行配孔，每个节段预留了 3~4 块单侧配孔的拼接板备用。

（5）扬州宝桥重件码头船板接货→进入长江中游、上游→经葛洲坝船闸、三峡船闸→进入长江上游上段→进入金沙江，最后到达金沙江桥位。在 3 号墩处准备一艘船舶进行构件存放。运输距离全场共计航程 2497km。

抗风止振技术如图 5-28 所示，船舶代替存放拼装平台如图 5-29 所示。

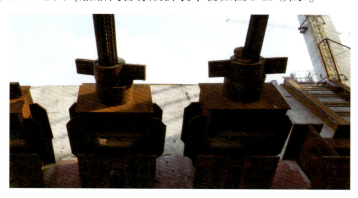

图 5-28　抗风止振技术

图 5-29　船舶代替存放拼装平台

（6）设置调节段，保证线形。为确保刚性吊杆、横撑、斜撑及钢梁节段的精确就位，以及拱肋线形的精度，将 GL4、GL8、GL12 节段设为调节段，根据已拼接拱肋节段的测量结果微量调节 GL4、GL8 和 GL12 节段长度，经联系设计院和相关单位将拱肋调节段拼接顺序调整为：精确定位后，先进行环缝焊接，焊接过程中，根据测量结果将拼接板孔位配钻完成，再进行高强度螺栓施拧。

（7）拼装线形精度控制：拱肋线形测量均在晚上 10:00 后进行，减小测量过程中温度对拱肋线形的影响；由于拱肋悬臂拼装采用扣挂法施工，扣索均锚固于扣塔上，因此扣塔偏位对拱肋线形的影响很大，扣锚索张拉时要对扣塔偏位进行测量，要求控制在 1cm 内，同时也保证了扣塔结构的安全；扣锚索张拉完成后还要对拱肋前 3 个节段线形进行测量，确保拱肋线形与设计一致，否则仍要进行补拉。扣锚索张拉主要以拱肋线形测量结果为主，张拉力控制为辅。

拱肋节段安装如图 5-30 所示,超声波探伤如图 5-31 所示。

图 5-30 拱肋节段安装

图 5-31 超声波探伤

### 5.2.5 系杆孔道摩阻试验

主桥系杆采用 55-$\phi^s$15.2 可更换镀锌高强低松弛预应力钢绞线成品索,钢绞线采用外包高密度聚乙烯护套,标准强度 $F_{pk}=1860\text{MPa}$,弹性模量 $E_p=1.95\times10^5\text{MPa}$。

公路梁面部分系杆为直线布置,通过导轮支承构造放置在公路桥面边主梁顶面上,并设置混凝土系杆箱保护系杆。系杆在拱脚处穿过混凝土拱座内的预埋钢管,锚固在拱座外侧。系杆布置如图 5-32 所示。

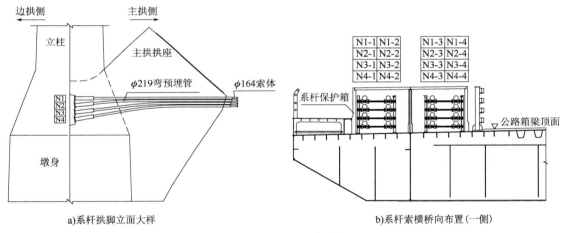

图 5-32 系杆布置图(尺寸单位:mm)

系杆张拉时,由于系杆与孔道壁接触并沿孔道滑动而产生摩擦阻力,摩阻损失可分为孔道偏差影响和摩阻影响。理论上,直线孔道无摩擦损失,但孔道在施工时并非理想顺直,加之系杆因自重下垂,系杆与孔道壁实际上有接触,当有相对滑动时就会产生摩擦力,此项摩阻损失称为孔道偏差影响;对于曲线孔道,系杆受力后,系杆对曲线孔道内壁的径向压力也将产生的摩阻力,该项摩阻损失即为摩阻影响。

对于系杆拱桥,系杆起到平衡拱肋水平推力的作用,是全桥结构安全的生命线,其有效系杆张力是主墩及拱肋结构安全的重要保证。曲线孔道的孔道摩阻造成的索力损失是影响系杆有效张力的关键因素,因而须进行孔道摩阻测试以保证跨中系杆有效张力符合设计要求。

#### 1)试验准备

(1)系杆索的选择

选择 N1-2、N2-2、N3-2 三种不同竖弯系杆进行摩阻试验,测试系杆与孔道壁的摩擦系数 $\mu$ 和系杆孔道偏差系数 $k$。试验系杆立面布置如图 5-33 ~ 图 5-35 所示。

图 5-33 N1-2 立面布置图（尺寸单位：cm）

图 5-34 N2-2 立面布置图（尺寸单位：cm）

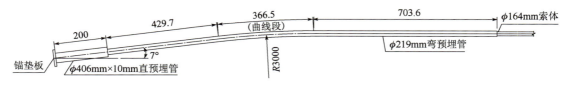

图 5-35 N3-2 立面布置图（尺寸单位：cm）

（2）试验方法

通过系杆孔道摩阻试验，测试系杆主动张拉端与被动端索力值，分析测试数据并根据规范规定的公式，计算系杆与孔道壁的摩擦系数 $\mu$ 和系杆孔道偏差系数 $k$。

试验所用的张拉设备与实际系杆张拉施工使用的张拉设备相同，采用 YCW1200 型千斤顶及其配套油泵、油表。

试验须在系杆两端均安装压力传感器和张拉千斤顶。在试验开始时，首先进行两端对称张拉，将系杆张拉至初应力状态，即 $20\%F$（$F$ 为系杆摩阻试验张拉控制荷载，$F=5000\mathrm{kN}$，小于设计成桥系杆张力为 5068kN）。

然后将一端封闭作为被动端，以另一端作为主动端进行张拉加载，分级加载至张拉控制荷载 $0.8F$，张拉荷载分级为：$0\to$ 初应力 $(0.2F)\to 0.4F\to 0.6F\to 0.8F$。每级荷载到位后，同时读取两端传感器读数，并测量主动端钢绞线伸长量和夹片的外露量。

最后根据两端传感器测试数据，进行计算分析，得 $\mu$、$k$ 值。

孔道摩阻试验张拉装置及测试仪器设备布置如图 5-36、图 5-37 所示。

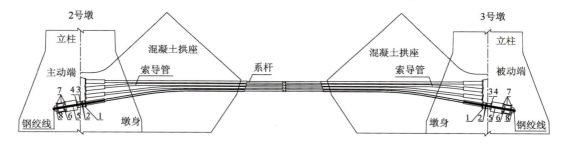

图 5-36 孔道摩阻试验张拉机具及测试设备布置示意图
1-工作锚；2-工作锚限位板与压力传感器垫环；3-压力传感器；4-压力传感器垫环；5-千斤顶；6-工具锚1；7-千斤顶撑脚；8-工具锚2

（3）分析方法

① 直接分析法

若试验采用的系杆索有直线索，先进行直线索孔道摩阻力测试。被动端的张拉力 $F_B$ 与主动端张拉力 $F_Z$ 关系为 $F_B=F_Z\mathrm{e}^{-(\mu\theta+kx)}$，对于直线系杆，根据试验数据，按 $\theta=0$ 计算求得 $k$ 值，再进行与直线束孔道同样工艺及施工条件的曲线束孔道的摩阻试验，并以所求 $k$ 值代入公式求得 $\mu$ 值。

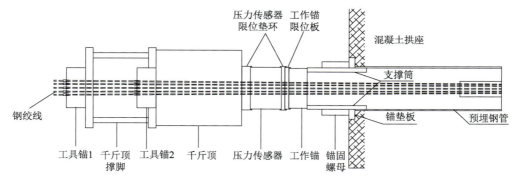

图 5-37　压力传感器布置示意图

系杆 N1-2 为直系杆，索导管曲线 $\theta=0$，先进行系杆 N1-2 摩阻试验，得出 $k$ 值；再进行曲线束 N2-2、N3-2 试验，结合 N1-2 试验得出 $k$ 值，得出 $\mu$ 值。

对于系杆 N1-2，$k$ 值确定方法为：

$\theta=0$，则被动端张拉力 $F_B$ 与主动端张拉力 $F_Z$ 关系为 $F_B=F_Z e^{-(\mu\theta+kx)}=F_Z e^{-kx}$。

令：$c=\ln(F_B/F_Z)$，则 $c=-kx$。

根据试验实测张拉端与固定端系杆张拉力数据，进行线性回归分析，确定 $c$ 值，则系杆孔道偏差系数为：$k=-c/x$。

对于系杆 N2-2、N3-2，$\mu$ 值确定方法为：

由 $c=-(\mu\theta+kx)$，可得：$\mu=(-c-kx)/\theta$。

根据试验实测主动端与被动端系杆张拉力数据，进行线性回归分析，得出 $c$ 值，代入直线束系杆 N1-2 试验得出 $k$ 值，确定 $\mu$ 值。

②最小二乘法

若试验采用的系杆索均有弯起角度，可采用最小二乘法来进行分析。由被动端的张拉力 $F_B$ 与主动端张拉力 $F_Z$ 关系为 $F_B=F_Z e^{-(\mu\theta+kx)}$，令 $c=\ln(F_B/F_Z)$，则：$\mu\theta+kx=c$。

由于试验存在误差，故假设测试误差为 $\Delta$，则：$\mu\theta+kx-c=\Delta$。

若有 $n$ 束预应力钢束，则：$\mu\theta_i+kx_i-c_i=\Delta_i$。

利用最小二乘原理，全部预应力钢筋测试误差的平方和为：$F=\sum\Delta_i^2=\sum(\mu\theta_i+kx_i-c_i)^2$。

欲使试验误差最小，应使：$\dfrac{\mathrm{d}F}{\mathrm{d}\mu}=0$，$\dfrac{\mathrm{d}F}{\mathrm{d}k}=0$。

整理可得：

$$\begin{cases}\mu\sum\theta_i^2+k\sum x_i\theta_i=\sum c_i\theta_i\\ \mu\sum x_i\theta_i+k\sum x_i^2=\sum c_i x_i\end{cases}$$

由上式可解得参数 $\mu$ 和 $k$，由于参数 $\mu$ 和 $k$ 的耦联，必须有 2 束以上的预应力钢束才能计算出参数 $\mu$ 和 $k$ 值。

**2）试验过程**

试验设备进场后，对试验用油表、千斤顶、传感器进行校验，达到规范要求后方用于试验。

2017 年 11 月 9 日—14 日对下游系杆 N1-2、N2-2、N3-2 进行了孔道摩阻测试，试验以传感器数据为准，用千斤顶张拉力进行校核。试验过程，根据荷载分级及千斤顶张拉行程，进行多组数据测试。

系杆摩阻测试具体测试步骤如下：

（1）按照图 5-36、图 5-37 安装好系杆、锚具、测试设备和张拉设备，要求装置对中。

（2）进行张拉及测试设备、机具检查，调试，测试压力传感器初始值。

（3）两端同时进行张拉，张拉至控制荷载的 20%，同时确保千斤顶油缸伸长量大于 5cm，使系杆两端钢绞线均匀锚固于工具锚 2 上；检查设备对中情况。

(4)两端压力传感器测试仪读数稳定后,记录试验初始值,封闭3号墩作为被动端,2号墩作为主动端。

(5)主动端千斤顶进油张拉。以油压表压力从0到控制张拉油压的80%,按预先确定张拉力分级,逐级增压张拉,每级荷载到位时均读取记录两端读数(压力传感器应变数和油压表压力)。

(6)当千斤顶张拉到控制张拉力的80%,持压5分钟,记录两端油压读数和主动端钢绞线伸长量。

(7)张拉端千斤顶回油到0,记录压力,试验结束。

### 3)试验结果分析

(1)试验数据

系杆N1-2、N2-2、N3-2孔道摩阻试验实测数据记录见表5-6~表5-8,对应的线性回归分析如图5-38~图5-40所示。

系杆N1-2孔道摩阻试验数据记录　　　　　表5-6

系杆编号:N1-2　　　　　　　　　$F_B/F_Z$:0.9817
孔道全长:30.208m　　　　　　　孔道总角度:0

| 序号 | 主动端$F_Z$实际值(kN) | 被动端$F_B$实际值(kN) | 差值($F_Z-F_B$)(kN) |
|---|---|---|---|
| 1 | 2315 | 2315 | 0 |
| 2 | 2646 | 2620 | 26 |
| 3 | 2665 | 2605 | 60 |
| 4 | 2943 | 2892 | 51 |
| 5 | 2987 | 2954 | 33 |
| 6 | 3203 | 3165 | 38 |
| 7 | 3683 | 3631 | 52 |
| 8 | 3819 | 3778 | 41 |

系杆N2-2孔道摩阻试验数据记录　　　　　表5-7

系杆编号:N2-2　　　　　　　　　$F_B/F_Z$:0.9390
孔道全长:30.086m　　　　　　　孔道总角度:0.2094rad

| 序号 | 主动端$F_Z$实际值(kN) | 被动端$F_B$实际值(kN) | 差值($F_Z-F_B$)(kN) |
|---|---|---|---|
| 1 | 979 | 979 | 0 |
| 2 | 1167 | 1100 | 67 |
| 3 | 1179 | 1093 | 86 |
| 4 | 1494 | 1428 | 66 |
| 5 | 1497 | 1405 | 92 |
| 6 | 1894 | 1757 | 137 |
| 7 | 1970 | 1809 | 161 |
| 8 | 2224 | 2074 | 150 |
| 9 | 2306 | 2153 | 153 |
| 10 | 2511 | 2390 | 121 |
| 11 | 2573 | 2403 | 170 |
| 12 | 2880 | 2686 | 194 |
| 13 | 2952 | 2771 | 181 |

续上表

| 序号 | 主动端 $F_Z$ 实际值（kN） | 被动端 $F_B$ 实际值（kN） | 差值（$F_Z - F_B$）（kN） |
|---|---|---|---|
| 14 | 3143 | 2968 | 175 |
| 15 | 3182 | 2993 | 189 |
| 16 | 3478 | 3273 | 205 |
| 17 | 3793 | 3575 | 218 |
| 18 | 3795 | 3583 | 212 |

系杆 N3-2 孔道摩阻试验数据记录　　　　　　　　　　　　　　表 5-8

系杆编号：N3-2　　　　　　　　　　　　$F_B/F_Z$：0.9314
孔道全长：29.984　　　　　　　　　　　　孔道总角度：0.2442rad

| 序号 | 主动端 $F_Z$ 实际值（kN） | 被动端 $F_B$ 实际值（kN） | 差值（$F_Z - F_B$）（kN） |
|---|---|---|---|
| 1 | 1002 | 1002 | 0 |
| 2 | 1095 | 1075 | 20 |
| 3 | 1228 | 1124 | 104 |
| 4 | 1307 | 1169 | 138 |
| 5 | 1643 | 1494 | 149 |
| 6 | 1954 | 1783 | 171 |
| 7 | 2141 | 1956 | 185 |
| 8 | 2356 | 2168 | 188 |
| 9 | 2482 | 2298 | 184 |
| 10 | 2602 | 2420 | 182 |
| 11 | 2905 | 2721 | 184 |
| 12 | 3012 | 2822 | 190 |
| 13 | 3088 | 2901 | 187 |
| 14 | 3401 | 3170 | 231 |
| 15 | 3550 | 3312 | 238 |

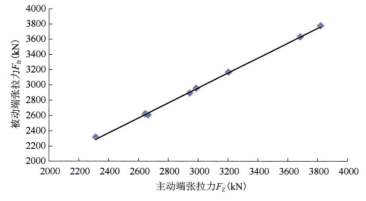

图 5-38　系杆 N1-2 孔道回归分析结果

（2）试验结论

系杆索孔道偏差系数 $k = 0.0006$，系杆与孔道壁的摩擦系数 $\mu$ 取 N2-2、N3-2 试验结果均值：$\mu = 0.2158$。

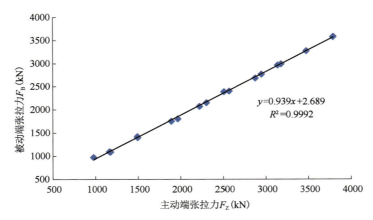

图 5-39　系杆 N2-2 孔道回归分析结果

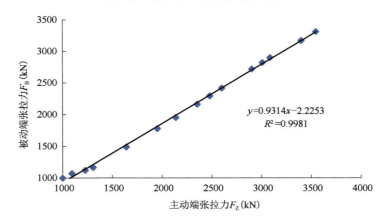

图 5-40　系杆 N3-2 孔道回归分析结果

根据实测 $\mu$、$k$ 值，两端对称张拉系杆张拉力摩阻损失计算结果见表 5-9。

系杆张拉力损失计算结果　　　　　　　　　　　　　　表 5-9

| 系杆编号 | 孔道曲线夹角 $\theta$(rad) | $\mu$ | $k$ | 张拉端至计算截面孔道长度 $x$(m) | 张拉力损失 $\Delta F$(%) |
|---|---|---|---|---|---|
| N-1 | 0 | 0.2158 | 0.0006 | 15.104 | 0.90 |
| N-2 | 0.1047 | 0.2158 | 0.0006 | 15.043 | 3.11 |
| N-3 | 0.1221 | 0.2158 | 0.0006 | 14.992 | 3.47 |
| N-4 | 0.1744 | 0.2158 | 0.0006 | 14.968 | 4.56 |

注：1. 表中 $x$ 值以拱座跨中侧系杆出索导管口位置为计算截面进行计算。
　　2. 为防止出现系杆张拉力不足的情况，系杆张拉时应加强对伸长量的校核，以张拉力与伸长量进行双控，来保证系杆张拉力满足设计要求。

## 5.2.6　合龙技术

根据金沙江公铁两用大桥主拱特点，发明了一种拱肋合龙段带载横移合龙技术，主拱合龙段沿径向布置，在纵桥向呈现上大下小的扇形形状，因此拱肋合龙段采用横向桥拱肋外起吊后带载横移至拱轴线后下放安装。

合龙时两岸拱肋高程偏差上游为 4.0mm、下游为 3.0mm，实现拱肋高精度合龙。

### 1）双层复杂体系合龙技术

本桥两侧主墩墩高约 90m，双层公铁两用拱桥水平推力大，项目研发了公铁合建拱桥分级多次张拉合龙技术,通过铁路刚性系杆和公路面柔性系杆分阶段多次张拉,实现主拱、铁路梁和公路梁的精确合龙。在施工过程中需及时分批张拉系杆索,系杆张拉原则为:①桥墩偏位不超过20.0mm;②每根系杆索采用一次张拉法,直接张拉至成桥无应力长度;③按先上层后下层、先外侧后内侧的次序上下游对称、分级进行;④系杆索张拉以张拉力控制为主,伸长量控制为辅;⑤最后2根系杆索张拉力根据恒载施加完成后的桥梁实际状态综合分析确定。系杆分五次张拉到位:拱肋、铁路梁、公路梁合龙前各张拉一次,铁路二期恒载、公路二期恒载施加完成后各张拉一次。

主桥先后进行拱肋、铁路梁、公路梁、铁路梁与拱肋的刚性水平连杆4次合龙。拱肋合龙是关键,拱肋设计制造体系温度为20℃,合龙温度为(17±5)℃。拱肋合龙采用配切合龙方案,配切长度根据温度、施加调整力的敏感性分析结果与实测合龙口长度监控计算确定。

合龙段GL14的分段按径向划分,上大下小,轴向长度为6000mm,上宽为6385mm,下宽为5620mm,内高为9m,内宽为3m,质量为68.4t。

(1)合龙原则

合龙段由于上口大下口小,采用从拱肋内侧起吊,再带载横移的方式进行吊装。采用上下游同时合龙方式,配切合龙,合龙施工遵循"先锁定后栓焊"的原则,先锁定一端再锁定另一端,上下游拱肋同步锁定,栓焊采用先环缝焊接后栓接的方式。

(2)合龙前进行温度和调整措施的理论分析

GL13节段拼装完成后,进行至少48h的温度影响观测,绘制GL13节段前端的高程、长度、转角变化与温度的关系曲线。根据合龙口实测温度-位移关系曲线,确定合龙段在合龙温度下的长度,再对合龙段进行配切。合龙前观测选择在晚上9:00至早上5:00间,观测频率为每2h一次,其余时间观测频率可为每4h一次,为加强测量精度,测量采用全站仪、水准仪和钢尺测量结合的方式(测量设备做好校核)。

(3)合龙技术要求

合龙段配切长度还要将主桥2号、3号墩身偏位(目前实测2cm)及扣塔偏位情况综合考虑到合龙因素中,确保系杆张拉完成后(拱肋先合龙),拱肋线形符合设计要求。

为保证拱肋顺利合龙,需从合龙的前一个调节口开始严格控制悬拼拱肋的每一节段高程、线形、扭转偏差,将偏差控制在10mm以内,合龙段吊装前要对GL13节段的前端高程、线形、扭转进行精确调整,确保绝对偏差和相对偏差均在10mm以内(图5-41)。

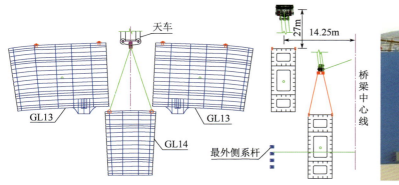
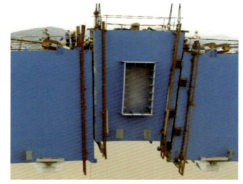

图5-41 拱肋合龙示意图

合龙段配切完成后,将合龙段提升至拱顶30cm。观测合龙口的长度,等待合适温度,慢慢下放合龙段。先锁定成都岸合龙口,确保顶板、底板、腹板对齐,并调整焊缝宽度为16mm,即可焊接马板固定,开始焊接顶板、底板、腹板各80cm环焊缝,焊接工作3~5h内完成。单侧锁定完成。同时贵阳岸合龙口利用千斤顶、手拉葫芦等设备进行对位,安装临时锁定牛腿的φ40mm精轧螺纹钢筋,超垫牛腿中间缝隙,温度达到(17.9±5)℃时,开始张拉φ40mm精轧螺纹钢筋对拉GL14与GL13节段,精确调整合龙口焊缝宽度,确保为16mm,合龙锁定完成,即可开始环缝焊接和高强度螺栓孔配钻。

公路梁合龙段采用实测长度按目标线形控制配切合龙技术;铁路梁采用加长吊杆拼接板,一端调整套钻技术,监控状态分析控制高程。合龙采用预配切和微调合龙口技术。铁路梁水平连杆采用吊杆于预留孔中央的两端配切套钻技术,结合状态分析调整拱的最佳设计结构内力,实现铁路梁的二次合龙(图5-42)。

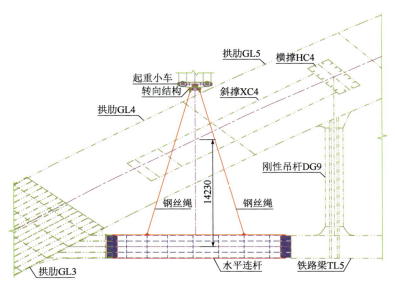

图5-42 水平连杆合龙示意图(尺寸单位:mm)

**2)合龙方案计算**

基于合龙后张拉系杆的原则,按配切合龙方案,考虑合龙口配切长度及成桥后线形,提出三种主拱合龙方案,方案具体描述如下:

方案一:成桥状态拱肋跨中竖向变形0mm;

方案二:成桥状态拱肋跨中竖向变形−46mm;

方案三:成桥状态拱肋跨中竖向变形−92mm。

分别按照方案一、方案二、方案三合龙,计算至成桥,将计算结果与一次成桥状态计算结果进行对比分析。从拱肋内力(轴力、弯矩、应力)、拱肋应力(上缘、下缘)、刚性吊杆内力、支座反力以及施工线形等方面进行对比分析,图5-43、图5-44所示为拱肋及铁路梁线形在不同合龙方案下的对比结果。

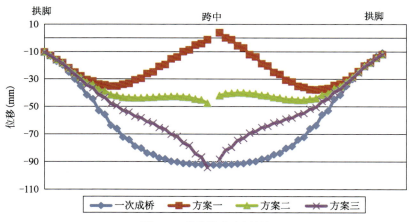

图5-43 拱肋线形对比结果

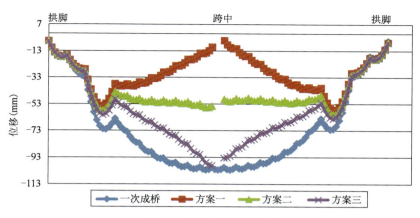

图 5-44 铁路梁线形对比结果

计算结果表明：三种方案拱肋及铁路梁线形差异较大，结构受力差别较小，其中方案三拱肋跨中线形最接近一次成桥。因此本桥按照方案三进行合龙。

### 3）合龙前分析

（1）合龙前主拱结构线形、应力状态

①主拱拱肋线形偏差：纵向最大偏差 52mm，高程偏差在 ±20mm 范围内，轴线偏差在 ±15mm 以内；
②主拱监测断面应力与计算基本一致，绝对值为 3～23MPa，拱肋受力安全；
③扣索、锚索索力张拉控制在 5% 以内；
④扣塔偏位控制在 2cm 以内；
⑤扣塔底部监测断面应力与计算基本一致，绝对值在 57～98MPa 范围内，扣塔受力安全；
⑥2 号墩墩偏位 7mm（向边跨侧偏），3 号墩偏位 10mm（向边跨侧偏），与计算基本一致。

根据监测数据分析：拱肋节段安装线形测量结果、拱肋应力监测结果均满足设计要求。主体结构线形偏差可控，主体结构和临时结构受力安全。

（2）合龙口敏感性分析

①合龙口升温对合龙口状态影响计算结果，见表 5-10。

结构整体升温对合龙口状态影响计算结果（单位：mm） 表 5-10

| 计算内容 | 2 号墩侧 | | | 3 号墩侧 | | | 合龙口间距变化 | 备注 |
| --- | --- | --- | --- | --- | --- | --- | --- | --- |
| | $\Delta X$ | $\Delta Y$ | $\Delta Z$ | $\Delta X$ | $\Delta Y$ | $\Delta Z$ | | |
| 结构整体升温 5℃（系统温度 25℃） | 17 | 1 | -11 | -18 | 1 | -14 | -35 | 推荐合龙温度 |
| 结构整体升温 10℃（系统温度 30℃） | 34 | 1 | -22 | -36 | 1 | -27 | -70 | — |
| 结构整体升温 20℃（系统温度 40℃） | 67 | 2 | -44 | -73 | 2 | -55 | -140 | — |

注：1. $\Delta X$ 为里程方向位移变化，正值，里程增大；$\Delta Y$ 为轴线方向，正值，向上游侧变位；$\Delta Z$ 为高程变化，正值，高程增大。
2. 合龙口间距为负值，间距减小，正值，间距增大。

②KS13 索力调整对合龙状态影响计算结果，见表 5-11。

KS13 索力调整对合龙口状态影响计算结果（单位：mm）　　　表 5-11

| 计算内容 | 2 号墩侧 | | | 3 号墩侧 | | | 合龙口间距变化 |
|---|---|---|---|---|---|---|---|
| | ΔX | ΔY | ΔZ | ΔX | ΔY | ΔZ | |
| KS13 索力减小 100kN | 5 | 0 | −14 | −5 | 0 | −14 | −11 |
| KS13 索力增加 100kN | −5 | 0 | 14 | 5 | 0 | 14 | 11 |
| KS13 索力增加 200kN | −11 | 0 | 29 | 11 | 0 | 28 | 21 |

③合龙口加载对合龙口状态影响计算结果，见表 5-12。

合龙口两侧加载对合龙口状态影响计算结果（单位：mm）　　　表 5-12

| 计算内容 | 加载方向 | 2 号墩侧 | | | 3 号墩侧 | | | 合龙口间距变化 | 合龙口轴线互差 | 合龙口高程互差 |
|---|---|---|---|---|---|---|---|---|---|---|
| | | ΔX | ΔY | ΔZ | ΔX | ΔY | ΔZ | | | |
| 单侧拱肋里程方向加载 100kN | 沿里程方向对拉 | 2 | −1 | −5 | −3 | −1 | −6 | −5 | 0 | 0 |
| | 沿里程方向对顶 | −3 | 3 | 6 | 3 | 3 | 6 | 6 | 0 | 0 |
| 单侧拱肋轴线方向加载 100kN | 合龙口两侧同向加载 | 2 | −13 | −3 | −2 | −13 | −3 | −4 | 0 | 0 |
| | 合龙口两侧异向加载 | 2 | −13 | −3 | 2 | 13 | 3 | 0 | 25 | 6 |
| 单侧拱肋高程方向加载 100kN | 合龙口两侧同向加载 | 6 | −3 | −15 | −6 | −3 | −16 | −12 | 0 | −1 |
| | 合龙口两侧异向加载 | 6 | −3 | −15 | 6 | 3 | 16 | 0 | 6 | 31 |

④合龙段临时构件受整体升温 10℃合龙段内力计算结果，见表 5-13、表 5-14。

单侧拱肋合龙，结构整体升温 10℃合龙段内力计算结果　　　表 5-13

| 位置 | 单元号 | 轴力（kN） | 剪力 $F_x$（kN） | 剪力 $F_y$（kN） | 弯矩（kN·m） |
|---|---|---|---|---|---|
| 上游拱肋合龙段 | 308 | 1591 | 61 | 3 | −12658 |
| | 309 | 1590 | −74 | 3 | −12841 |

上下拱肋游合龙，结构整体升温 10℃合龙段内力计算结果　　　表 5-14

| 位置 | 单元号 | 轴力（kN） | 剪力 $F_x$（kN） | 剪力 $F_y$（kN） | 弯矩（kN·m） |
|---|---|---|---|---|---|
| 上游拱肋合龙段 | 308 | 1079 | 43 | 0 | −11678 |
| | 309 | 1079 | −48 | 0 | −11809 |
| 下游拱肋合龙段 | 308 | 1079 | 43 | 0 | −11678 |
| | 309 | 1079 | −48 | 0 | −11809 |

注：本次计算结果是计算出 10℃作用下，临时措施受力单项值，临时措施设计单位可以根据上述结果线性内插。

拱肋合龙段 GL14 节在工厂制造时较设计长度两端各加长 50mm。运抵现场后，需根据合龙口实测并进行温度修正（图 5-45）后的尺寸进行合龙段切割下料，切割下料时温度宜选择在（17.9±5）℃范围内。温度作用下合龙口敏感性分析见表 5-15。

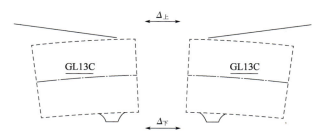

图 5-45 合龙口温度修正示意图

温度作用下合龙口敏感性分析    表 5-15

| 温度荷载 | 系统降温 20℃ | 系统升温 20℃ | 拱肋顶、底梯度温度 10℃，扣锚索升温 20℃ |
|---|---|---|---|
| 拱顶变化（mm） | 117 | -115 | -232 |
| 拱底变化（mm） | 109 | -108 | -190 |

为了使合龙段 GL14 顺利安装，合龙前应通过扣锚索将两岸拱肋相对偏差调整一致，使 GL13 节段高程、线形、扭转偏差控制在 10mm 以内，三个方向的坐标相对误差在控制范围（表 5-16）。拱肋 GL13 节段拼装完成后，进行 48h 的温度影响连续观测，合龙观测提前做好准备，测量人员及设备备齐，提前布设好测点，晚上 9:00 至早上 5:00，观测频率为每 2h 一次，其余时间观测频率可每 4h 一次。绘制 GL13 节段前端的高程、长度、转角变化与温度（即"温度-位移"）的关系曲线，分析观测结果，计算出合龙温度（17.9℃±5℃）时的合龙构件配切长度。合龙观测时同步对主桥 2 号、3 号墩身及扣塔偏位情况进行测量，综合考虑偏位情况对合龙口长度的影响。

合龙口宽度误差控制范围（单位：mm）    表 5-16

| 序号 | 方位 | 与绝对坐标比较 | 与上下游拱肋比较 | 与两侧拱肋比较 |
|---|---|---|---|---|
| 1 | 纵桥向 | ±50 | 50 | 50 |
| 2 | 横桥向 | ±10 | 20 | 20 |
| 3 | 竖向 | ±10 | 10 | 10 |

**4）合龙段长度确定**

拱肋悬臂拼装采用扣挂法施工，扣索均锚固于扣塔上，因此扣塔偏位对拱肋线形的影响较大，扣锚索张拉时需对扣塔偏位进行测量（图 5-46），要求控制在 10mm 内，同时也保证了扣塔结构的安全。扣锚索张拉完成后还需对拱肋前 3 个节段线形进行测量，确保拱肋线形与松钩前测量结果一致。扣锚索张拉以拱肋线形测量结果为主，张拉力控制为辅。

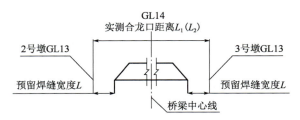

图 5-46 合龙口间距量测示意图

根据 GL13 节段前端 48h 连续观测的温度-位移关系，结合 2 号、3 号墩及扣塔偏位情况，计算出合龙温度（17.9℃±5℃）时的合龙段长度（表 5-17）。

**拱肋合龙口距离联测结果**（单位：m）　　　　　表5-17

| 测量工况 | | 第一次 | 第二次 | 第三次 | 第四次 |
|---|---|---|---|---|---|
| 测量时间 | | 2017年6月22日<br>[23:30—0:00] | 2017年6月23日<br>[2:30—2:50] | 2017年6月23日<br>[4:20—4:45] | 2017年6月23日<br>[6:30—7:08] |
| 实测钢梁温度 | | 24.5~24.6℃ | 23.6~24.0℃ | 23.3~23.6℃ | 22.2~22.4℃ |
| 上游拱肋 | 顶板L1 | 6.288 | 6.293 | | 6.295 |
| | 底板L2 | 5.534 | 5.537 | | 5.538 |
| 下游拱肋 | 顶板L1 | 6.298 | 6.3 | | 6.302 |
| | 底板L2 | 5.535 | 5.537 | | 5.54 |
| 测量工况 | | 第五次 | 第六次 | 第七次 | 第八次 |
| 测量时间 | | 2017年6月23日<br>[17:15—18:00] | 2017年6月23日<br>[23:28—0:00] | 2017年6月24日<br>[1:30—2:00] | 2017年6月24日<br>[17:30—18:00] |
| 实测钢梁温度 | | 33.8~35.0℃ | 27.4~28.1℃ | 25.3~25.6℃ | 21.0~21.2℃ |
| 上游拱肋 | 顶板L1 | 6.244 | 6.276 | | 6.29 |
| | 底板L2 | 5.494 | 5.523 | | 5.529 |
| 下游拱肋 | 顶板L1 | 6.254 | 6.282 | | 6.294 |
| | 底板L2 | 5.5 | 5.524 | | 5.535 |

合龙段拱肋切割尺寸见表5-18。

**合龙段拱肋切割尺寸**（单位：m）　　　　　表5-18

| 位置 | 编号 | 上游拱肋 | 下游拱肋 |
|---|---|---|---|
| 顶板 | L1-2 | 3.146 | 3.15 |
| | L1-3 | 3.146 | 3.15 |
| 底板 | L2-2 | 2.768 | 2.7685 |
| | L2-3 | 2.768 | 2.7685 |

**5）合龙段的切割与组装**

（1）合龙段切割

合龙段长度确定后，利用钢尺在GL14节段上做好切割标识点，并将标识点连成直线对其切割，并打好坡口，切割时温度宜选择在17.9℃±5℃温度范围内，减小温度对GL14节段长度的影响。

（2）拱肋合龙段吊装与定位

合龙段GL14采用单组索单天车吊装，由于合龙段上大下小，无法垂直提升，因此GL14节段先从拱肋内侧提升，直至超过拱顶30cm，再采用带载横移的方式，提升至距离桥中心线9.35m，鞍座横移距离为4.9m。单组索横移工况见表5-19。

**单组索横移工况**　　　　　表5-19

| 工况 | 主索索力(t) | 主索垂度(m) | 横向力(t) | 鞍座竖向力(t) |
|---|---|---|---|---|
| 空载横移(7.35m) | 38.5 | 16.1 | 56.5 | 359.1 |
| GL14节段横移(9.35m) | 5.3 | 21.6 | 73.1 | 488.8 |

拱肋合龙段由主索至拱顶净空间为32m，满足吊高要求。拱肋带载横移时，鞍座横移千斤顶（100t）满足受力要求。GL14节段现场吊装图如图5-47所示。

图 5-47　GL14 节段现场吊装图

（3）拱肋合龙段对位锁定

合龙段配切完成后，提前吊装至超过拱顶 30cm，选择低温时段（合龙段能进入合龙口时），缓缓下放合龙段 GL14，通过千斤顶及手拉葫芦调整，使 GL14 与贵阳侧 GL13G 节段精确对位，利用马板固定后，直接进行环口焊接锁定。焊接工作在 3~5h 内完成。

贵阳侧合龙口马板固定后，再进行成都侧合龙口对位，并在同一低温时段内，将 GL14 与 GL13C 节段的所有临时连接件之间用钢板抄垫（图 5-48），以确保温度上升时 GL14 与 GL13C 节段间的压力完全由临时连接件传递，避免焊缝的坡口对顶变形。同时在临时连接件之间穿 $\phi$40mm 精轧螺纹钢筋，拧上螺母。若此时温度正好是合龙温度，则可直接进行定位调整，若不是，则螺母只略拧紧，当气温达到合龙的目标温度（17.9℃±5℃）时通过手拉葫芦对拉拱顶、腹板、拱底合龙口两侧的耳座，并利用缆索吊机共同调整 GL14 与 GL13C 节段间的竖向及横桥向相对位置精确定位（图 5-49），通过张拉 $\phi$40mm 精轧螺纹钢筋对拉 GL14 与 GL13C 节段，精确调整合龙口焊缝宽度（图 5-50）。焊缝宽度调整到设计值 16mm 时拧紧 $\phi$40mm 精轧螺纹钢筋螺母，完成拱肋合龙段的纵桥向锁定，在合龙口两侧腹板顶端设置马板，用以传递拱肋剪力。完成后缆索吊机即可松钩。

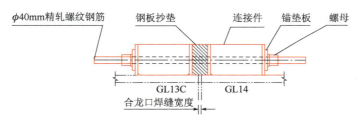

图 5-48　GL13C 与 GL14 节段连接示意图

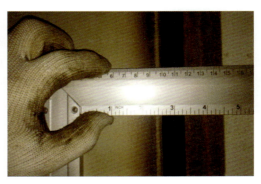

图 5-49　调整相对位置　　　　图 5-50　调整焊缝宽度

## 5.3 吊杆架设技术

拱肋、铁路梁面与刚性吊杆进行刚性连接，拱肋线形控制精度要求高，刚性吊杆安装难度大，铁路梁面控制标准高。公路梁柔性吊杆穿过刚性吊杆与拱肋连接，施工难度大。主梁的线形主要通过铁路梁刚性吊杆和公路梁柔性吊杆的安装精度控制。

### 5.3.1 大尺寸刚性吊杆安装技术

**1）方案研究**

（1）方案一

刚性吊杆运输到桥位后，驳船采用卧拼的方式，将刚性吊杆上下两节利用缆索吊机在驳船上对接拼装，后吊装至对应拱肋处进行安装。

（2）方案二

后吊装至对应拱肋处进行安装。

（3）方案比选

结合现场条件及施工总体安排，如采用卧拼对接刚性吊杆需在驳船上进行，需采用辅助吊装设备上船或利用起重船辅助上船；且刚性吊杆拼接后长度达到50m左右时，需要刚度较大的辅助吊架，以保证刚性吊杆的起吊安全。同时吊杆自身线形控制难度加大，需要的设备多、投入大，吊装风险高。

经综合分析，研究采用高空立拼对接刚性吊杆方式，在铁路梁侧面安装开口式拼装平台，利用缆索吊机对刚性吊杆进行高空竖直对接拼装，只需要缆索吊机即可完成起吊拼装，分短节段船上竖转，高空悬臂对接，操作简单，对刚性吊杆线形质量可控。同时高空安装存在一定的安全风险，必须做好严格的安全防护措施。

**2）刚性吊杆安装实施方案**

将2号、3号主索移动至距桥轴中心线17.55m处，对应刚性吊杆起吊位置，采用单主索单天车起吊刚性吊杆节段DG8-DG1下节段，牵引索将下节段放置预拼平台处，先固定到预拼平台上，然后松勾、再次起吊刚性吊杆下节段在平台处对位拼接（图5-51）。根据刚性吊杆重量的不同增加吊耳，其中30t以下的用两个吊耳，30t以上的用4个吊耳，吊耳和刚性吊杆采用螺栓连接。

图5-51 刚性吊杆预拼现场

**3）刚性吊杆施工技术**

刚性吊杆最大总长度51m，分为两节，单节最大长度约27m，单件最大质量约24t，采用先将两节预拼成整体后，再进行吊装对位，两节预拼时采用竖拼的方法。

在铁路梁TL3桥面两侧搭设拼装平台，平台悬挑出拱肋外侧4m。预拼时先把第一节刚性吊杆吊装固定于平台上，使第一节刚性吊杆上端拼接板高于平台即可，再把第二节刚性吊杆吊装至第一节顶部，使用手拉葫芦、冲钉进行对孔，再与第一节刚性吊杆高强度螺栓施拧，施拧完成后直接将两节整体起吊，进行刚性吊杆的安装（图5-52）。

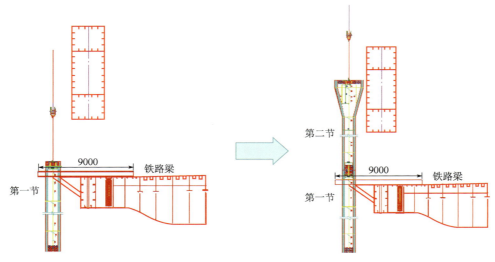

图 5-52　刚性吊杆两节预拼(尺寸单位:mm)

刚性吊杆与拱肋、铁路梁均为高强度螺栓连接。铁路梁高程规范要求≤10mm,为使铁路梁线形满足规范要求,经与设计沟通,将刚性吊杆下端与铁路梁连接拼接板均为单侧配孔,刚性吊杆长度、拼接板长度制作时比设计增大20mm,现场进行配切。

刚性吊杆位于拱肋正下方,缆索吊机无法从拱肋正下方起吊。吊装时从拱肋外侧起吊,再通过吊挂在拱肋下方的钢丝绳将刚性吊杆横移至拱肋正下方,最后通过张拉钢绞线提升对位。

(1)刚性吊杆安装

缆索吊机将预拼好的刚性吊杆整体牵引至对应刚性吊杆安装位置,将准备好的钢绞线穿到刚性吊杆吊耳上(刚性吊杆端为锚固端),一端穿到拱肋吊耳上,用锚具和夹片将拱肋端的钢绞线夹紧,安装吊挂钢丝绳,将吊挂钢丝绳另一端固定于刚性吊杆结构中心上。将吊挂钢丝绳固定后,缆索吊机慢慢松勾,吊点钢丝绳受力,将起吊挂钩钢丝绳拆除(图 5-53)。

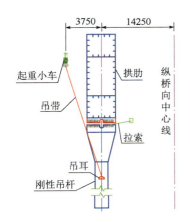

图 5-53　刚性吊杆安装对位图(尺寸单位:mm)

(2)刚性吊杆提升

将油泵和60t油顶吊至拱肋上,人工下放油顶至张拉平台并安装好油顶,然后提升钢绞线(DG1~DG3每个锚板穿4根钢绞线,DG4~DG6每个锚板穿3根钢绞线,DG7~DG8每个锚板穿2根钢绞线),如图 5-54 所示,刚性吊杆采用连续千斤顶提升到位,刚性吊杆上口和拱肋用拼接板和工作栓、冲钉进行临时连接。

图 5-54 刚性吊杆提升图

(3) 刚性吊杆与铁路梁连接

新架设铁路梁段提升到位后,末端与已架设铁路梁端拼接板采用冲钉和工作栓临时连接,前端与刚性吊杆下口采用临时拼接板连接,待铁路梁高程调整到位后,测量刚性吊杆下口连接板孔位数据现场配孔(图 5-55),连接板安装完成后,缆索吊机方可松钩。循环施工直至所有刚性吊杆安装完成。

图 5-55 刚性吊杆连接板配孔图

### 5.3.2 内穿式柔性吊杆安装技术

公路梁安装时同步进行柔性吊杆的安装,柔性吊杆从刚性吊杆内穿过。吊杆上端为张拉端,采用冷铸锚,锚固于拱肋锚箱;下端为固定端,通过销轴与公路梁上吊耳连接。

#### 1) 柔性吊杆总体安装技术

公路梁柔性吊杆穿过刚性吊杆,由于张拉端及索体全部在钢拱肋及刚性吊杆箱体内,操作空间狭小,起吊设备无法使用,经共同研究,采用自制辅助结构配合牵引卷扬机的张拉技术进行柔性吊杆安装。

在钢拱肋内布置卷扬机,混凝土转向滑轮将牵引索穿过刚性吊杆,在刚性吊杆下口处与柔性吊杆连接,将柔性吊杆从下到上牵引就位。

#### 2）柔性吊杆安装前期准备

(1) 在拱顶布置 2 台 5t 卷扬机（上、下游各 1 台），采用 φ20mm 钢丝绳作为导绳，沿着拱肋最下层放至拱肋锚箱的位置，在此处设置转向滑轮，将钢丝绳从刚性吊杆内放下，穿过铁路梁面，下放至离江面约 30m 的位置。

(2) 将柔性吊杆吊到运输船，并装在放索盘上。

(3) 准备好 4 台 200t 千斤顶，对油顶、游表进行校核，按照校核的曲线参数计算出张拉压力表读数。

#### 3）柔性吊杆吊装

(1) 将柔性吊杆运输船至起吊位置铁路梁下，将钢丝绳下放至运输船，与柔性吊杆张拉端连接；连接牢固后，启动 5t 卷扬机将柔性吊杆沿着刚性吊杆内缓慢提升，提升至拱肋锚箱的位置；采用手拉葫芦将吊杆提升露出拱肋锚箱顶面，旋紧锚杯螺母，将柔性吊杆张拉端与拱肋锚箱临时固定（图 5-56）。

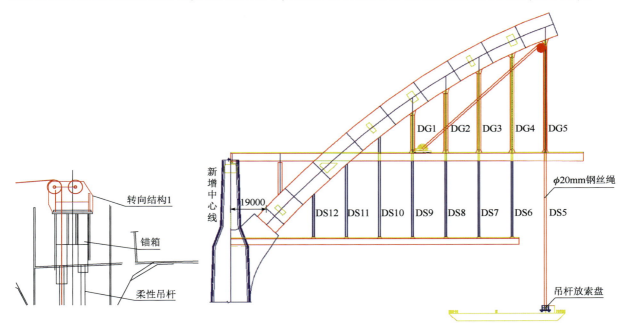

图 5-56　柔性吊杆安装示意图（尺寸单位：mm）

(2) 起吊相应公路梁节段，将固定端叉耳与公路梁上的接头连接，穿好销轴固定，放松公路梁前端缆索吊机钢丝绳，让柔性吊杆受力，调整公路梁里程和偏距，使柔性吊杆竖直，保证其与刚性吊杆和铁路梁导管不发生摩擦。

(3) 将公路梁与上一节段固定，在吊杆张拉端安装 200t 千斤顶，上下游 4 台顶同步张拉收紧，调整公路梁高程，调整到位后旋紧张拉端螺母，完成刚性吊杆的安装。

# 成贵高铁金沙江公铁两用桥
## 建造关键技术

KEY TECHNOLOGY FOR
THE CONSTRUCTION
OF JINSHA RIVER HIGHWAY AND RAILWAY BRIDGE
ON CHENGDU-GUIYANG HIGH-SPEED RAILWAY

成贵高铁金沙江公铁两用桥
建造关键技术

06

第 6 章

# 大跨双层公铁两用钢箱拱桥边拱施工关键技术

# 成贵高铁金沙江公铁两用桥
## 建造关键技术

KEY TECHNOLOGY FOR
THE CONSTRUCTION
OF JINSHA RIVER HIGHWAY AND RAILWAY BRIDGE
ON CHENGDU-GUIYANG HIGH-SPEED RAILWAY

大桥主桥为五连拱,其中边拱跨径(116+120)m,均采用混凝土结构,拱轴线为悬链线,吊杆采用高强度钢丝,吊杆间距12m。上层桥面为四线客运专线,下层为六车道城市快速主干道,两侧均设置人行道。

4个边拱结构形式相同,为混凝土简支系杆提篮拱,由公路主梁、拱肋及横撑、吊杆、拱上立柱和铁路主梁组成。单个边拱单幅质量:公路主梁12076t,拱肋7141t,横撑1997t,拱上立柱8546t,铁路主梁6323t,总质量为36083t。其中作用于公路主梁现浇支架上总质量为21214t。边拱上部结构布置如图6-1所示。混凝土简支系杆拱上部结构均采用C50混凝土。

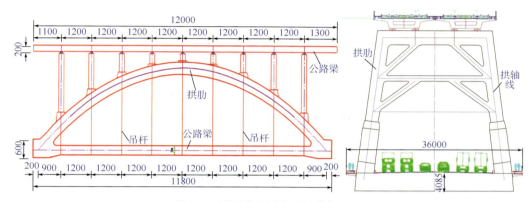

图6-1 边拱结构布置图(尺寸单位:mm)

金沙江公铁两用桥混凝土边拱施工,采用大跨径、复杂的支架结构,支架钢管采用装配式可适用于不同的结构形式,方便安装、拆除,支架安装的精度更容易控制,安装过程中减少了空中焊接工作量,减少了高空作业的风险。在现场施工条件受限的情况下,吊杆安装张拉成功地解决了张拉空间小、机械设备少的问题,高效、高质量地完成施工,为后续铁路梁的施工节约了工期。采用整体落架方法变高空作业为陆地作业,降低了施工风险,有效缩短了施工工期。调整铁路主梁施工顺序,保证施工质量的同时也节约了工期。

## 6.1 多层复杂支架设计技术

主桥边拱公路桥面、混凝土拱及铁路桥面采用多层复杂支架法施工,针对边拱复杂、多层的结构体系,通过对复杂体系工序的分解,利用有限元软件对各个工况下的支架作用荷载进行计算,明确公路梁支架、拱肋支架、拱上立柱支架及铁路梁支架在各施工工况下的应力、变形等,以及多层支架相互交错、叠加的结构受力,合理布置支架的结构形式,确保满足主体结构受力要求。

支架结构采用装配式支架,施工方法采用加工厂加工标准节段、现场安装,安装管桩采用螺栓连接、连接系采用销接,因此大大减少了现场的焊接量及高空作业的时间。由于是加工厂加工标准节段,施工质量易于控制,安装速度快,施工工期短。

### 6.1.1 拱肋支架结构

主拱拱肋现浇支架采用底模+垫梁+抄垫+分配梁+卸载垫块+钢管支架,如图6-2所示。其中,底模主要采用18mm厚竹胶板+10cm×10cm方木。垫梁采用I20b工字钢,分配梁采用HN500×200型钢。

拱肋现浇支架主梁采用型钢,以直代曲。

钢管纵桥向间距6m,在横桥向布置两根,间距3m,全部支撑在公路主梁的边主梁和中横梁之上。采用标准φ600mm钢管立柱,钢管立柱之间采用法兰盘连接,钢管与连接系之间采用销轴连接,以利于后期倒用。

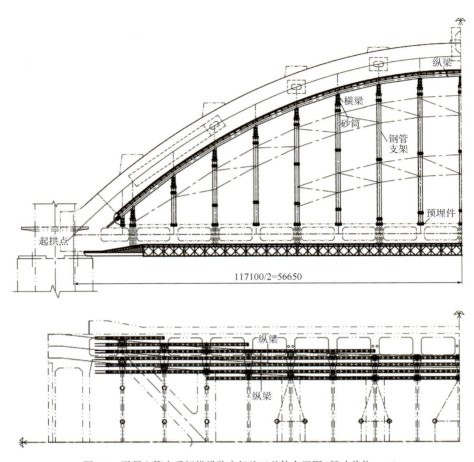

图 6-2 混凝土简支系杆拱拱肋支架施工总体布置图(尺寸单位:mm)

横撑 A 为 K 撑,采用在公路主梁中横梁之上设置支点,上铺分配梁,在分配梁上搭设钢管支架。

采用钢管支架施工横撑 B、C,横桥向设置两根钢管。横撑 B 现浇支架主梁采用贝雷梁,利用吊篮方式进行施工,横撑 B 未设置预应力。成拱后,把横撑下的吊篮移动到 3 号立柱横梁的下方,进行立柱横梁施工。

横撑 C 与横撑 B 施工方式相同,采用吊篮形式。成拱以后,再把横撑 C 下的吊篮安装到 4 号立柱横梁的下方,进行立柱施工。

### 6.1.2 公路梁支架结构

公路主梁采用支架现浇法施工,支架采用底模+垫梁+贝雷梁+分配梁+砂筒+钢管支架+钻孔桩(打入桩)。边主梁、中横梁、端横梁的底模采用 18mm 厚竹胶板+10cm×10cm 方木制成,顶板下方采用 18mm 厚竹胶板+5cm×5cm 方木+碗扣式支架支撑组合。垫梁采用 I10(其他位置)和 I20b(中横梁之下)工字钢制成。贝雷梁采用单层布置,顺桥向布置 62 片,间距根据荷载调整。分配梁采用钢箱梁,并分为 4 节,以利于吊装,最大吊装质量约 3.7t。

钢管支架纵桥向按组设置,每两根为一组,间距为 9m。组与组的间距为 17m 和 18m。钢管采用标准钢管立柱,主要分为顶节(1m)、连接系节(3m)、标准节(6m/9m)和底节(<3m)。钢管立柱之间采用法兰盘连接,钢管与连接系之间采用销轴连接,以利于后期倒用。底节与预埋件之间先不焊接,待连接系节和连接系安装完成后,再进行焊接和加劲板的安装,以保证安装精度。钻孔桩根据受力和地质条件确定桩径和桩长。纵桥向、横桥向布置如图 6-3 所示。

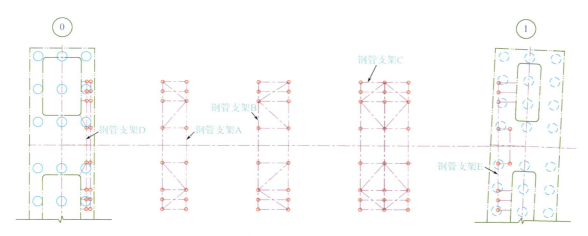

图 6-3　公路梁支架布置示意图

**1）公路主梁现浇支架计算**

公路主梁现浇支架主要承受公路主梁自重和拱肋、横撑自重两部分荷载。浇筑公路主梁时，支架受力较小，不控制支架的强度和地基承载力，主要控制支架的变形，以利于设置预拱度。当浇筑拱肋和横撑时，需张拉公路主梁的全部横桥向预应力和部分（约50%）纵桥向预应力，公路主梁将具有较大的刚度。此时，支架荷载会重新分布。

建立公路主梁整体模型，将公路主梁离散为边主梁、中横梁、端横梁三部分，全部按梁单元建模。纵横向预应力按设计文件布置建立，加载方式按照混凝土简支系杆拱施工步骤进行。在墩顶设置支座，钢管支架按节点弹性连接模拟。

拱肋及横撑加载如图 6-4 所示。

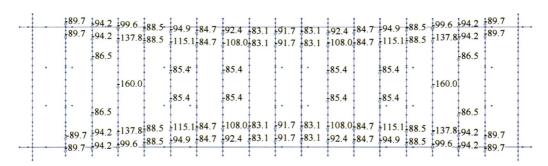

图 6-4　拱肋及横撑加载示意图（单位：kN）

当公路主梁中横梁、端横梁和部分纵向预应力张拉之后，公路主梁将具有较大的刚度，其比贝雷梁的刚度大。拱肋及横撑自重及支架的重力将主要通过公路主梁传递，贝雷梁起辅助作用，荷载主要通过钢管之上有限长度的贝雷梁传递。公路主梁现浇支架的拱肋、横撑计算时，将在主梁浇筑的计算基础之上，把增加的荷载直接加载到钢管对应的位置。

支架安装结束后应进行预压，以检验结构的承载能力和稳定性，消除其非弹性变形，观测结构弹性变形及基础沉降情况。预压结束后进行模板安装，底模应依据检算变形量并结合预压数据，预留适当的沉落量和施工预拱度，确保梁体线形符合设计要求。预拱度的最高值设在跨中，并以梁的两端支点为零按设计线形进行分配。

**2）混凝土简支系杆拱 0 号至 1 号公路主梁现浇支架结构**（主跨 116m）

0 号至 1 号墩范围地质条件为：上部为填土，厚度约 1.5m；下部为卵石土和弱风化砂岩，厚度约 12m，基本承载力均为 1000kPa，侧摩阻为 300kPa；最下部为微风化砂岩，基本承载力为 3000kPa。

下部采用钢管立柱及 $\phi 1.25\mathrm{m}$ 钻孔桩,受内昆铁路、高压线和翠柏大道防护影响,钢管之间最大间距为 21m;边主梁范围内,主梁高度变化,无法设置贝雷梁,因此,设置倾斜钢管,如图 6-5、图 6-6 所示。贝雷梁在横桥向共设置 62 片,边主梁下间距为 225mm 和 450mm,顶板下间距为 900mm 和 1350mm。钢管在横向布置 6 根,采用 $\phi 800\mathrm{mm} \times 12\mathrm{mm}$ 钢管,边主梁下单根最大受力约 4270kN,顶板下单根最大受力约 2600kN。

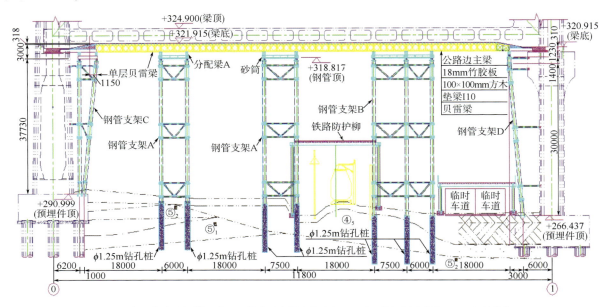

图 6-5 混凝土简支系杆拱 0 号至 1 号公路主梁现浇支架立面布置图(尺寸单位:mm;高程单位:m)

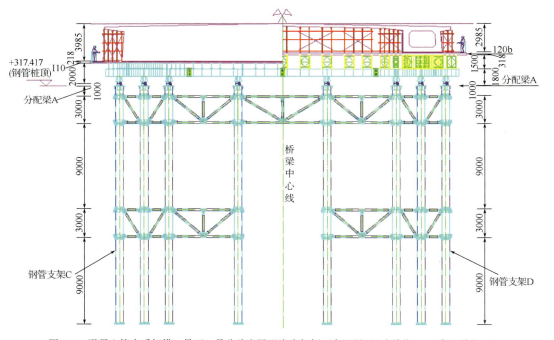

图 6-6 混凝土简支系杆拱 0 号至 1 号公路主梁现浇支架侧面布置图(尺寸单位:mm;高程单位:m)

### 3)混凝土简支系杆拱 1 号至 2 号公路主梁现浇支架结构(主跨 120m)

1 号至 2 号墩范围内地质条件:最上部为填土,下部为细圆砾土、卵石土和弱风化砂岩,厚度在 17~27m 之间;最下部为微风化砂岩。受天然气管道和最大跨度 21m 的影响,左侧设置两列钢管。桩基距离天然气管道的距离约为 6m,如图 6-7 所示。

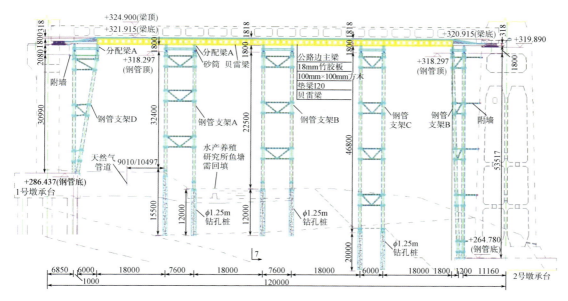

图6-7 混凝土简支系杆拱1号至2号公路主梁现浇支架立面布置图(尺寸单位:mm;高程单位:m)

### 4)混凝土简支系杆拱3号至4号公路主梁现浇支架结构(主跨120m)

3号至4号墩范围内地质条件:枯水位时,水深约12m。上部为细砂层,厚度14m;基本承载力100kPa,侧摩阻30kPa;下部为微风化砂岩,基本承载力3000kPa,单轴极限抗压强度35MPa。

3号至4号墩公路主梁现浇支架(图6-8),边主梁下横桥向采用两根 $\phi1200mm \times 14mm$ 钢管,单根最大受力约6680kN,顶板下在横桥向采用2根 $\phi800mm \times 12mm$ 钢管,单根最大受力约3600kN,不包括下部桩基自重。下部设置 $\phi1600mm \times 16mm$ 的钢护筒,基础采用 $\phi1.25m$ 的钻孔桩,钻孔桩入岩深度为3.0m,顶部至河床面,以避免后期水下破拆。基础施工采用先插打钢护筒,每4根钢护筒顶设置钻孔平台,进行 $\phi1.25m$ 钻孔桩施工(图6-9)。

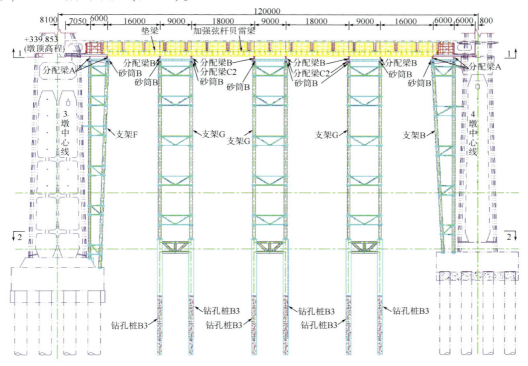

图6-8 混凝土简支系杆拱3号至4号公路主梁现浇支架立面布置图(尺寸单位:mm;高程单位:m)

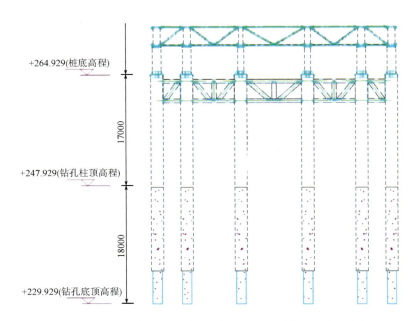

图6-9 3号至4号公路主梁现浇支架下部基础(尺寸单位:mm;高程单位:m)

**5）混凝土简支系杆拱4号至5号公路主梁现浇支架结构**（主跨116m）

4号至5号墩范围内地质条件：上部为种植土，厚度3～5m；往下是卵石土和细圆砾土，厚度为8～15m，基本承载力400kPa，侧摩阻100kPa；细砂层，厚度约12m；下部为微风化砂岩（图6-10）。

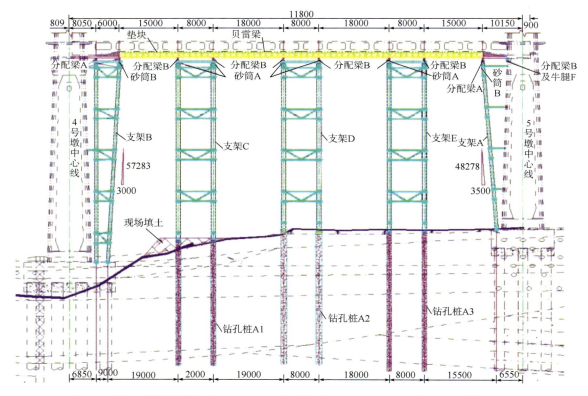

图6-10 混凝土简支系杆拱4号至5号公路主梁现浇支架立面布置图(尺寸单位:mm;高程单位:m)

4号至5号公路主梁现浇支架（图6-11），边主梁下横桥向采用2根φ1200mm×14mm钢管，单根最大受力约6680kN，顶板下在横桥向采用2根φ800mm×12mm钢管，单根最大受力约3600kN，不包括下部桩基自重。下部基础采用 $\phi$1.5m 和 $\phi$1.25m 的钻孔桩。

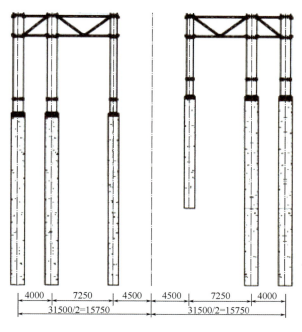

图 6-11　4 号至 5 号公路主梁现浇支架桩基础(尺寸单位:mm)

## 6.2　大体积混凝土拱现浇施工关键技术

边拱拱肋为三维倾斜空间结构,拱肋采用单箱单室结构,宽 3.5m,高 4m。拱肋、横撑均为空箱结构,钢筋密集,施工空间狭小,索导管锚头处钢筋密集,对混凝土性能及振捣要求高。为了保证边拱大体积混凝土施工过程中支架结构的受力均衡,对称四处拱肋同时进行浇筑。同时为了减小混凝土的应力,根据拱肋的结构特点,拱肋混凝土采取二次浇筑,即拱肋中间顶部位置预留一个合龙段。

### 6.2.1　施工重难点

(1)混凝土数量大(拱肋混凝土数量 3030m³),施工周期长(约 40h)。
(2)钢筋密集,拱肋、横撑均为空箱结构,施工空间狭小,施工难度大,尤其是索导管锚头振捣困难,对混凝土性能及振捣要求高。
(3)索导管定位要求高,测量控制精度要求高。
(4)施工场地较狭窄,对总平面布局、文明施工、现场管理、环境保护水平等均要求高。
(5)拱肋为提篮拱,横桥向坡度为 7%,纵向坡度很大,收面要求高,施工作业面大。

### 6.2.2　总体施工方案及流程

拱肋(图 6-12、图 6-13)、横撑采用两次浇筑施工,在拱顶 6m 范围内预留合龙段(5 号立柱、横撑);第一次浇筑从拱座空心段至拱顶位置,拱肋与横撑一次性浇筑,单跨浇筑长度为 107m,浇筑混凝土 3030m³;第二次浇筑为拱顶 6m 范围内的立柱、横撑,浇筑混凝土 380m³;混凝土由自建拌和站供应,配置混凝土运输车 6 辆运料,现场采用 2 台地泵、配合 2 台布料机(图 6-14)进行浇筑;拱肋顶面控制难度大,密集布置控制点控制拱顶高程。拱肋顶部采用覆盖土工布,洒水润湿养护。

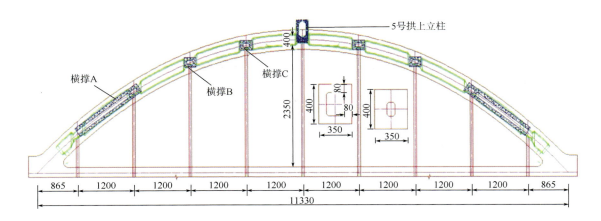

图6-12 混凝土简支系杆拱拱肋设计图(尺寸单位:mm)

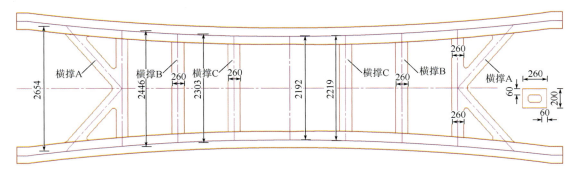

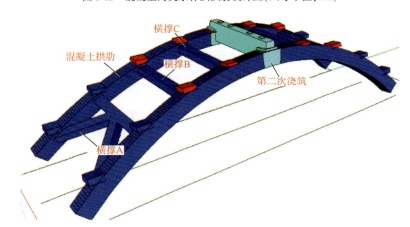

图6-13 简支拱肋结构图

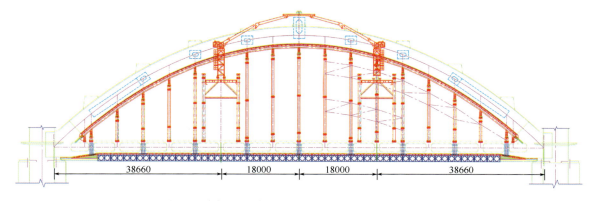

图6-14 主桥116m拱肋浇筑布料机布置图(尺寸单位:mm)

混凝土简支系杆拱拱肋采用支架现浇法施工，分5个节段对称施工，每段施工完成后，施工相应的横撑。拱肋施工顺序：支架搭设→支架预压→拱底模板安装→拱肋钢筋绑扎→拱侧模板安装→顶模板分段对称安装→分段隐蔽对称验收→分段混凝土对称浇筑→拱肋横撑滞后拱肋节段浇筑→合龙→分段顶模板、侧模板拆除→公路主梁剩余预应力钢束张拉→公路主梁吊杆安装及张拉。

### 6.2.3 控制重点

#### 1）支架预压

支架搭设完在其上铺设方木，在方木顶层铺设竹胶板，完成底模安装后，采用沙袋（或土袋）预压，预压重量按现浇箱梁自重的1.1倍（纵桥向自重36.2kN/m）计算。

（1）堆载

支架预压时考虑到堆载的物品与施工过程中实际情况存在一定的误差，取1.1的安全系数。选用编织袋装沙作预压材料，沙袋的堆积重量按梁体自重的1.1倍计算。

（2）布设监测点

在堆载区设置系统测量点，在梁端、1/4跨、1/2跨、3/4跨处纵向布点，每个断面的底板边线、底板中线处各布设一个监测点。

（3）监测方法

预压加载按最大施工荷载的60%、100%、110%分三次加载，每级加载完毕1h后进行支架的变形观测，加载完毕后宜每6h测量一次变形值。预压卸载时间以支架地基沉降变形稳定为原则确定，最后两次沉落量观测平均值之差不大于2mm时，即可终止预压卸载。

（4）预压注意事项

预压分层堆码直至整孔支架预压重量满足要求，不能小范围集中堆码，以免产生不均匀沉降。不应集中堆放，防止局部超载发生。

（5）支架弹塑性压缩值计算

支架塑性变形 $\Delta L_{塑}$ = 预压前高程 − 预压后高程 − 弹性回弹值

支架弹性变形 $\Delta L_{弹}$ = 卸载后底模高程 − 卸载前底模高程

其中，塑性变形包括接缝压缩值及方木塑性压缩值，该值在预压完后认为已消除，调整底模高程时不再予以考虑。

#### 2）大体积混凝土供应

混凝土的生产能力、运输能力、输送能力等计算如下：

（1）按搅拌机生产能力

搅拌机工作时，进料需2min，每盘混凝土拌和时间需2min，（每盘混凝土体积是2m³）车辆就位及装料需2min，其他预留机动时间1min，则每车混凝土（10m³）拌和所用的时间为 $2+2\times5+2+1=15$ min，则拌和机的混凝土生产能力为 $60/15\times10=40$ m³/h，本次简支拱公路梁混凝土体积为3030m³。则生产拱肋混凝土需要的时间：$H_1=3030\text{m}^3/(40\text{m}^3/\text{h})/2(\text{拌和机数量})=37.9$ h。

（2）按每车混凝土灌注时间

每辆车就位时间2min；每辆车灌注时间为20min（每小时灌注10m³）；因安排3辆运输车同时灌注，考虑3辆运输车可能存在不同步灌注，每次混凝土灌注时间取25min；由上可得每批（3辆车）混凝土灌注时间为 $2+25=27$ min，所以混凝土灌注速度为 $(10\text{m}^3/\text{h}\times3\text{辆车})\times(60/27)=66.6\text{m}^3/\text{h}$，则 $H_2=3030\text{m}^3/(66.6\text{m}^3/\text{h})=45.5$ h。现场采用两台输送泵需要 45.5h/2台 = 22.7h。

（3）按每辆运输能力

5号拌和站：①根据调查，混凝土运输车满载时行驶速度为30km/h，空载时行驶速度为50km/h；

②混凝土运距 1.0km;③运输车等待混凝土的时间 5min。则混凝土运输车在拌和站与施工现场往返时间为 $(1/30 + 1/50) \times 60 + 5 + 25 = 33.2$min;据计算得出的运输时间,按运距考虑每辆运输能力为 $60/33.2 \times 10 = 18.1$m³/h。5 号拌和站按 6 辆车配置,则每小时供应混凝土为 $V_1 = 19.8$m³ $\times 6 = 108.6$m,则浇筑完整个拱肋需要的时间是 $H_3 = 3030$m³$/108.6$m³ $= 27.9$h。

布料机布置 2 台,分别布置在大小里程的 B 撑和 C 撑之间。地泵布置两台,1 台设置在 1 号墩上游侧,泵管从 1 号墩上游侧塔式起重机至公路梁梁面,引至大里程侧布料机;另一台地泵设置在 0 ~ 1 号墩中间(上游侧)塔式起重机处,从该塔式起重机至公路梁梁面,引至小里程侧布料机。

综上可分析得出,控制混凝土灌注的主要因素在于搅拌生产能力,现场混凝土的实际灌注速度每小时约 80m³。因此搅拌站混凝土的供应满足现场施工要求。

### 3)混凝土现场浇筑控制

浇筑前再次检查模板内箱是否有杂物。检查模板,复查高程,确保拱肋顶面高程符合设计要求,保证拱肋的线性圆顺。检查钢筋,保证保护层符合要求。检查预埋件,确保埋设牢固。

混凝土浇筑采用水平分层从拱肋拱脚向拱顶、两侧两端向跨中相对对称进行浇筑,水平分层厚度约为 40cm;拱肋空箱采用开洞浇筑混凝土和振捣混凝土,保证混凝土密实。

采用 B30 振动棒和 B50 振动棒配合使用混凝土振捣。钢筋密集、钢筋之间空隙小的部位混凝土不易流动,采用 B30 振动棒振捣;钢筋数量少的部位,采用 B50 振动棒插捣。

混凝土振捣时,振动棒应插入下一层一定深度(一般为 5 ~ 10cm);振动棒要快插慢抽,移动间距不大于振动棒作用半径的 1.5 倍(B50 振动棒,一般为 45 ~ 60cm;B30 振动棒,一般为 25 ~ 45cm);振捣时插点均匀、成行或交错式移动,以免漏振;每一次振动时间为 20 ~ 30s,以免欠振或过振,振动完毕后,边振动边徐徐拔出振动棒。混凝土应振捣密实,混凝土密实的标志为:混凝土不再下沉、不再冒气泡、表面开始泛浆。

混凝土振捣时,振动棒不得碰撞模板,不得别住钢筋进行振捣。

混凝土浇筑采用 2 台布料机,1 台布料机负责一端(大里程端和小里程端),两端对称浇筑,最大不平衡重不能超过 2 车(1 车 10m³)。浇筑时上下游对称浇筑,上游浇筑 1 车后,浇筑下游,下游可浇筑 2 车,然后浇筑上游(2 车),依次浇筑。

### 4)混凝土质量控制措施

(1)混凝土到现场对坍落度、含气量、和易性和扩展度进行检查,坍落度为 180 ~ 200mm,并根据现场实际情况进行调整,初凝时间控制在 8 ~ 12h。

(2)对以下重点振捣部位进行监控:①拱肋拱脚处、钢筋密集区;②索导管锚固区、内空箱倒角处;③拱肋顶板盖板处;④横撑与拱肋连接处。

(3)振捣注意事项:①钢筋密集区采用 B30mm 振动棒;②振动棒不能直接碰及模板、接地装置、拉杆及监控元件;③分层覆盖不得超过初凝时间;④对索导管区域必须直接下料,不得采用赶浆;⑤混凝土浇筑过程安排模板工全程检查模板,发现模板变形、拉杆松动,立即进行修正,防止爆模。

(4)混凝土养护方案:①混凝土养护采用拱肋顶面覆盖土工布浇洒温水养护方案;②温度监控测量:分别在拱肋拱座处布置 4 个测温点,通过感应线与外部仪器连接,监测混凝土的温度及内部应力;③养护期间,及时做好测温记录。

(5)拱肋支架沉降观测:为确保浇筑过程安全,在拱肋拱脚、1/4 跨、跨中、3/4 跨、拱脚处(上下游)设置支架沉降观测点,观测支架的变形情况。浇筑过程中随时对各布点进行观察,每天早上 8:00、中午 12:00、晚上 6:00 各测量一次,发现异常情况立即汇报技术总负责人。

## 6.3 大体积混凝土梁现浇施工关键技术

混凝土简支系杆拱公路主梁采用纵横梁结构体系，梁高 2.985～3.985m，梁宽36m。两端设置端横梁，中横梁共17道，间距6m。公路主梁为 π 形断面，边主梁为箱形截面，在梁端与拱肋相连，桥面板厚28cm。纵横向均设置预应力（图6-15）。铁路桥面采用分离式双幅单箱单室结构，单幅宽12.2m，高2.0m。

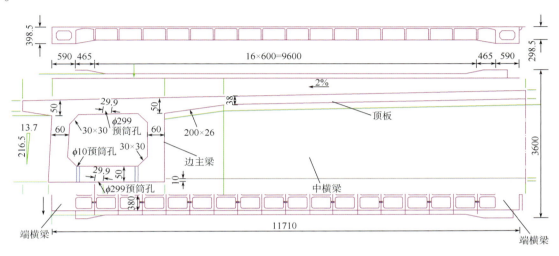

图 6-15　混凝土简支系杆拱公路主梁结构示意图（尺寸单位：cm）

通过合理组织机械、劳动力及材料，控制浇筑分层厚度，合理布料等，确保体量大的混凝土浇筑质量。其中，公路梁大面积大体积浇筑施工，采用布料机对称一次浇筑技术，梁面采用尺寸为5m×5m的定位网格控制高程。铁路梁施工分3个节段施工，从跨中段开始施工，跨中段张拉压浆完成后，两个边跨段同时施工。施工时均采用左右幅对称施工。减少了施工次数，节约了施工时间。

### 6.3.1　施工重难点

（1）混凝土数量大（公路梁混凝土量为4557$m^3$），施工周期长（约96h）。
（2）钢筋密集，波纹管纵横交错，施工难度大，振捣困难，对混凝土性能及振捣要求高。
（3）工程预埋件多，测量控制精度要求高。
（4）施工场地较狭窄，对总平面布局、文明施工、现场管理、环境保护水平等均要求高。
（5）梁体采用双向横坡，收面要求高，施工作业面大（梁面宽34m，长118.5m）。

### 6.3.2　总体施工方案及流程

120m跨公路梁采用一次浇筑施工，浇筑高度为3.985m，混凝土浇筑量为4557$m^3$；混凝土采用自建拌和站供应，混凝土运输车配置6辆，现场采用2台地面混凝土输送泵（又称"地泵"）、1台高空混凝土输送泵（又称"天泵"）进行浇筑（图6-16）；公路梁施工作业面积大，收面难度大，密集布置高程控制点控制梁面高程。公路梁顶部采用覆盖土工布，洒水保持润湿进行养护。

混凝土浇筑采用从两端向跨中分层推进浇筑（图6-17），水平分层厚度为40～50cm，端横梁从两端向中间进行浇筑；主下料点设置12个（必须设置串筒：拱座、端横梁隔板处），辅助下料点72个（可以不用设置串筒：索导管、中横梁区域）。

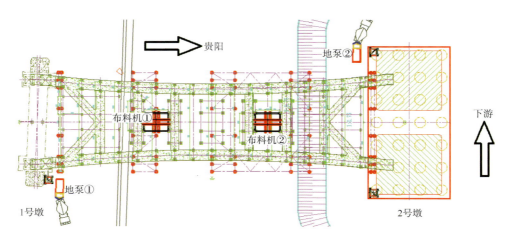

图 6-16　主桥 120m 拱肋浇筑布料机平面布置图

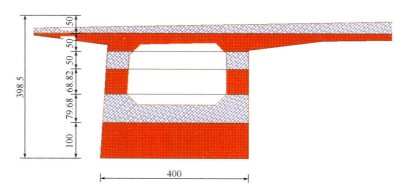

图 6-17　简支拱公路梁分层图(尺寸单位：mm)

(1)分两层浇筑完成端横梁实心段加厚部位,从拱脚向中间浇筑完成。
(2)分两层从端横梁中间→拱脚→边主梁(跨中)浇筑完成公路梁底板。
(3)分两层从端横梁中间→拱脚→边主梁(跨中)浇筑完成腹板。
(4)分两层从端横梁中间→拱脚→边主梁(跨中)浇筑完成公路梁顶板。
(5)分层浇筑完成拱座区域,浇筑顶板时,先浇筑拱座部位,然后浇筑拱座其他部位的公路梁面。

## 6.4　有限空间张拉施工关键技术

金沙江公铁两用桥为下承式结构,简支边拱跨度 117.1m,下层是公路桥面。拱肋桥面在梁端与拱肋固结,跨中设有 9 组吊杆与拱肋相连,每组吊杆顺桥向间距为 12m,吊杆采用 PES7-151 规格截面,其为低应力防腐的镀锌高强度钢丝,标准强度为 1670MPa,弹性模量为 $2.0 \times 10^5$ MPa;单个简支拱共设有 18 组,每组 2 束,均设置在对应的拱上立柱下方。边拱柔性吊杆在拱肋内箱进行张拉,吊杆最小的张拉空间只有 1.3m。简支拱立面布置如图 6-18 所示。

由于拱肋空箱内部空间非常有限,现场设计了专用张拉顶座,用卷扬机把吊杆安装在对应的位置,采用将张拉杆、普通千斤顶与顶座套在一起,放置在待安装吊杆旁边,然后用导链将整个系统移动至吊杆正上方,解决了在非常有限的空间内吊杆张拉问题,从而使吊杆能够按照设计的要求顺利完成。

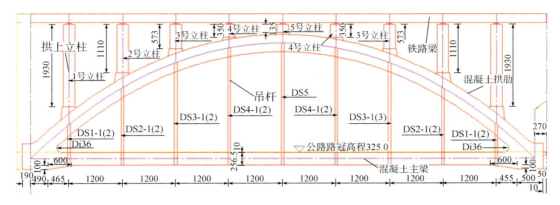

图 6-18 简支拱立面布置图(尺寸单位:mm)

## 6.4.1 张拉垫座设计

简支边拱吊杆张拉因吊杆张拉的空间仅 1.3m,施工空间非常狭窄,常规的张拉方式无法实施。

针对特殊施工条件,为顺利解决吊杆张拉问题,施工过程中研究制作了辅助顶座装置(图 6-19),有效地解决了简支边拱吊杆张拉的难题。辅助顶座装置由上垫板、下垫板、立柱、加劲板焊接组成,其中上垫板采用 5cm 厚的 Q235 钢板,下垫板采用 4cm 厚的 Q235 钢板,并开 U 形槽口,4 根竖向立柱采用 $\phi$70mm 的 45 号钢棒;在 4 根立柱之间采用 2cm 厚的 Q235 钢板进行连接。上、下垫板与钢棒之间采用开孔围焊结构,4 根立柱之间钢板采用普通焊接。顶座高度 45cm。

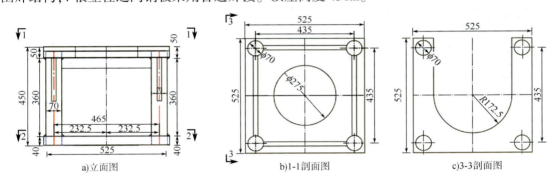

图 6-19 辅助顶座装置(尺寸单位:mm)

## 6.4.2 吊杆安装

### 1）准备工作

(1) 索导管检查

及时拆除公路梁索导管附近的底模系统,安装施工通道、操作平台及防护栏杆,将索导管管内垃圾、锚垫板混凝土及时清理干净。

支架拆除完成后,对索导管底口、公路梁顶口进行检查,采用拉线检查拱肋、公路梁的索导管是否同心、偏差值是否满足要求;检查索导管内径、变形情况;实测吊杆处的张拉空间,确保张拉空间满足要求。

(2) 吊杆的检查验收

复核吊索管对应的编号、对应的长度,全面检查索头大小、螺纹头质量等。

(3)吊杆长度修正

核实现场吊索管上下锚垫板的实测长度和已制作的吊索长度,计算锚杆的螺纹头是否满足设计要求。

(4)千斤顶、油泵

校核千斤顶,按照校核的曲线参数计算张拉油表读数。备用易损的油管、铜垫等,油泵使用前应进行调试。

### 2)安装吊杆

卷扬机布置在1号与2号吊索之间,一侧布置一台卷扬机,钢丝绳通过进入洞及转向滑轮到达拱肋索导管口的位置,利用拱肋预埋孔,在每个索导管正上方布置一个导向轮,用卷扬机进行起吊(图6-20)。

(1)取下吊杆的球铰垫板、球铰螺母,固定端螺母,并存放好,利用自加工的锚杯工装安装起吊点(图6-21)。

图6-20 吊杆安装牵引

图6-21 锚杯工装安装

(2)用卷扬机进行起吊,锚杯与索导管之间的间隙较小,张拉端即将进入索导管时,需要人工配合对位进入(图6-22)。

(3)张拉端进入索导管锚垫板后,及时安装球铰垫板、球铰螺母,控制好锚杯外露量(图6-23)。

图6-22 吊杆通过人工牵引至索导管

图6-23 锚杯

(4)采用塔式起重机将锚固端进行吊装,起吊至公路梁索导管上口附近,需人工配合将锚固段装入索导管内(图6-24)。

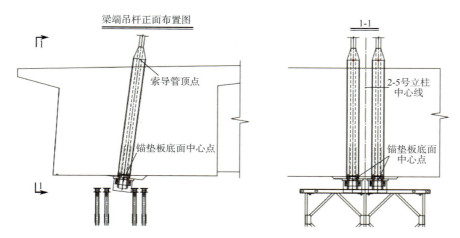

图 6-24 锚固端吊杆安装

(5)锚固端进入索导管锚垫板后,及时安装固定端螺母,并将螺母拧紧,保证最少露出 2 个螺扣。

### 3)吊杆张拉

根据张拉顺序及张拉吨位,上下游对称、均衡地张拉拱肋吊杆,由跨中向边跨进行对称张拉。

(1)顶架、千斤顶、张拉杆套共同通过拱肋预留的孔洞放进去,利用浇筑拱肋预留孔,安装临时固定支架。采用手拉葫芦配合将顶架安装完成。

(2)安装张拉顶架,安装时缺口朝向外侧,将张拉顶架安装平稳,对中安装(图 6-25)。

(3)将张拉杆安装至千斤顶内,一起安装至顶架上面,采用手拉葫芦及人工配合对中吊杆,将张拉杆旋入至吊杆锚杯内,旋紧,将张拉杆的螺母旋紧,检查是否密贴。

(4)按照监控指令的吨位分级张拉(图 6-26),每张拉完一级拧紧球铰螺母,检查支撑架和锚垫板四周的混凝土,然后再进行下一级张拉,循环到最终拉完。做好张拉伸长量的测量,确保 4 个点、8 根吊杆均衡张拉。

图 6-25 吊杆张拉端设备安装

图 6-26 吊杆分级张拉

(5)8 根吊杆张拉至设计吨位后,复核监控单位的伸长量,并持荷 2min,及时拧紧球铰螺母,然后回油回顶,技术人员复核索力。

(6)拆除张拉杆、千斤顶,张拉下一处的吊杆。

(7)所有吊杆张拉完成后(图 6-27),测量拱肋、公路梁线形,将数据上报至监控单位。

图 6-27　吊杆安装张拉完成

(8)组织技术人员检查所有吊杆的球铰垫板、球铰螺母是否密贴；将张拉数据上报监控单位，监控单位复核无误后，安装端盖、防护罩。

#### 4）张拉技术要点

(1)确定每根吊索的编号和长度，避免装错吊杆。
(2)安装时保护丝头和吊杆外面的防护，以免被公路梁面的钢筋破坏。
(3)8个千斤顶需同步张拉，每拉完一级均需检查垫板四周的混凝土和支撑架，及时拧紧球铰螺母。
(4)锚固端的球铰螺母安装方向应符合设计要求。
(5)安装时应核实张拉端张拉锚杯的外露长度。
(6)注意观察支撑架的朝向，防止装反。
(7)锚垫板上的混凝土清理干净，支撑架要密贴锚垫板，禁止抄垫个别角。
(8)张拉杆的丝头需全部旋进锚杯中。
(9)张拉之前应测量梁面高程。
(10)每次使用之前检查张拉杆及支撑架。
(11)对比每根吊杆张拉的设计长度和现场实测长度。

简支边拱系杆安装以卷扬机为主，塔式起重机为辅。减少了塔式起重机使用时间，拆除拱肋支架更迅速，缩短了工期。研制了新型张拉支撑架，该支撑架结构满足张拉吊杆要求，解决了在狭小空间内吊杆的张拉问题，结构简单、受力明确，减少了特殊设备投入，具有较好的经济效益和社会效益。

## 6.5　复杂支架整体落架施工关键技术

混凝土简支系杆拱拱肋采用支架现浇法施工，拱肋节段对称施工，先施工相应的横撑，最后再进行拱肋合龙段浇筑。拱肋合龙之后，待合龙段强度达到100%，再进行拱肋支架的拆除。

### 6.5.1　方案比选

简支拱拱肋支架结构复杂，包含拱肋支架、拱肋横撑A支架（大小里程各需1座支架，共2座）、拱肋横撑B支架（大小里程各需1座支架，共2座）、拱肋横撑C支架（大小里程各需1座支架，共2座），设计高度高（拱肋支架最高达23m）。支架的拆除可采取单根支架落架方式，也可以采取分段形成单元结构、整体落架的方式进行支架拆除。

单根支架落架：由于支架结构复杂，单根落架施工较烦琐，需割除的连接系较多，增加了高空作业，需要搭设作业平台；单根支架落架，不能保证支架结构的整体性，稳定性差，安全风险高；单根落架机械使用率低，资源浪费。

整体支架落架：切割口设置在公路梁面 50cm 处，减少了高空作业，无须搭设作业平台；直接在公路梁面进行落架，作业面积大；分段形成单元结构保证了支架结构的整体性，稳定性能好；切割时只需切割一次，节约了工期。

根据以上单根支架落架和整体落架的比较，结合现场实际施工情况，为了保证两侧拱肋结构受力安全，保证拱肋的施工线形，根据监控要求，拱肋支架落架要求对称、均衡落架，采用分段形成单元结构，整体落架施工方式，以及多点同时落架技术，汽车起重机、塔式起重机配合起吊的方法拆除拱肋支架。

### 6.5.2 研究方案实施

落架顺序：对称拆除拱肋横撑 C 支架→对称拆除拱肋横撑 B 支架→对称拆除拱肋横撑 A 支架→从跨中向拱脚对称进行拆除拱肋支架立柱→从上往下拆除底模板、分配梁及钢管桩。边拱拱肋支架结构如图 6-28 所示。

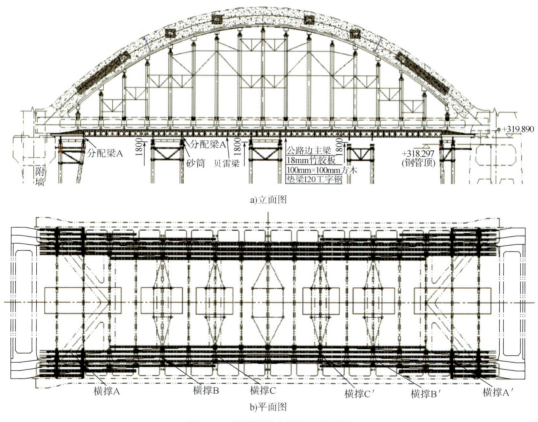

图 6-28 边拱拱肋支架结构示意图

### 6.5.3 落架原则及顺序

#### 1）拱肋支架落架原则

（1）1号—2号墩跨简支拱拱肋合龙段、拱肋横撑混凝土强度达到设计强度的 100% 后，开始拱肋临时支架落架工作。

（2）拱肋钢管支架与公路梁桥面横梁对应，将 1 号墩向 2 号墩依次编号为 1~9，如图 6-29 所示。

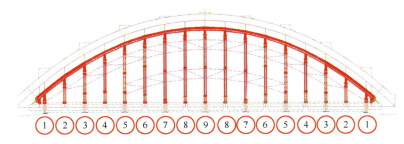

图 6-29　拱肋支架分组编号示意图

(3) 卸架前布置拱肋及横撑 A、B、C 沉降观测点位,卸架后进行测量。布置点位为:拱肋 1/4 跨、1/2 跨、跨中,横撑 A、B、C 分别在 1/4 跨和跨中。

#### 2) 拱肋支架落架顺序

(1) 拱肋横撑支架落架顺序:横撑 C→横撑 C′→横撑 B→横撑 B′→横撑 A→横撑 A′。

(2) 拱肋支架落架,从跨中向拱脚对称进行,具体顺序为:支架 9、8、10→支架 7、6(先 7 后 6)→支架 5、4(先 5 后 4)→支架 3、2(先 3 后 2)→支架 1。

### 6.5.4　工艺流程

混凝土简支边拱拱肋支架拆除施工流程为:

(1) 施工步骤一(拱肋横撑 C 拆除)

临时固定上部结构支架→钢管立柱落架→拆除横撑 C 底模板及方木→垫梁拆除(I20)→拆除横桥向分配梁(HN500)→拆除纵桥向分配梁(2HN500)→切除 1.0m 桩头,保留钢管立柱及连接系,利用其搭设 4 号拱上立柱支架。

(2) 施工步骤二(拱肋横撑 B 拆除)

临时固定上部结构支架→钢管立柱落架→拆除横撑 B 底模板及方木→拆除垫梁(I20)→拆除横桥向分配梁(HN500)→拆除纵桥向分配梁(2HN500)→切除 1.0m 桩头,保留钢管立柱及连接系,利用其搭设 3 号拱上立柱支架。

(3) 施工步骤三(拱肋横撑 A 支架拆除)

钢管立柱落架→拆除横撑 A 底模板及方木→拆除纵梁梁(I36)→拆除横梁(2HN588)→拆除连接系→拆除钢管立柱($\phi$600mm×8mm)→拆除底分配梁(2HN588)。

(4) 施工步骤四(拱肋支架拆除)

拱肋支架落架,从跨中向拱脚对称进行,共计 17 个施工步骤,且每个施工步骤中均包括:临时固定上部结构支架→钢管立柱落架→拆除拱肋底模板及方木→拆除横桥向分配梁(I32)→拆除纵梁(2HN500)→拆除横梁(2HN500)→拆除钢管立柱($\phi$600mm×8mm)。

### 6.5.5　支架拆除

#### 1) 拱肋横撑 B、C 支架拆除

(1) 施工配合机械设备

6015 型塔式起重机(1 号—2 号墩跨跨中塔式起重机)、25t 汽车起重机(1 台)、平板车(1 台)、电焊机(4 台)及氧气乙炔(4 套)等。

(2) 主要施工方法

整体落架,在横撑 B、C 顶部对应支架横梁位置各布置一组扁担梁,设计吊点,通过 10t 手拉葫芦(或钢丝绳)锚固支架横梁与锚固梁,待钢管立柱割除完毕进行整体下放,下放完成后进行临时固结(图 6-30)。

(3)具体步骤如下

①施工步骤一:钢管立柱落架。

在距离钢管立柱底部0.5m位置切割钢管立柱。采用氧气、乙炔对钢管立柱切割,切割高度控制在10cm以内,完成切割后钢管立柱限位装置安装,每组钢管立柱切割高度必须保持一致(图6-31)。待钢管立柱整体下降至预定高度时,临时固结钢管立柱,保证其结构稳定性。

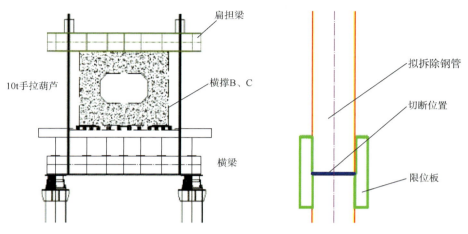

图6-30 横撑B、C支架拆除立面布置图　　图6-31 钢管切断处进行限位图示

②施工步骤二:拆除底模和垫梁。

依次人工抽出竹胶板、方木,集中在外侧,并采用钢丝绳捆绑好之后,采用塔式起重机调离至地面;在拆除I20分配梁时,一端采用塔式起重机进伸钩,另一端用导链配合将I20工字钢向外拉出,拉出至塔式起重机吊装范围后,再伸钩用塔式起重机将I20工字钢调离至地面。

③施工步骤三:拆除横桥向分配梁(HN500)。

采用手拉葫芦依次将横桥向分配梁平移至横撑B、C外侧,采用塔式起重机将其吊离至地面。

④施工步骤四:拆除纵桥向分配梁(2HN500)。

在拆除纵桥向分配梁时,一端采用塔式起重机进行伸钩,另一端用导链配合将分配梁进行临时挂钩,利用塔式起重机回转将分配梁平移出钢管立柱顶部,然后下放手拉葫芦将分配梁竖转至塔式起重机吊装位置,采用塔式起重机将其吊离至地面。

⑤施工步骤五:拆除钢管立柱。

直接采用割刀割除距离钢管立柱顶1.0m的桩头,利用塔式起重机拆除割除后的桩头,并保留钢管立柱,利用其分别搭设3号、4号拱上立柱支架。

**2)拱肋横撑A支架拆除**

(1)施工配合机械设备

7035型塔式起重机(2号墩侧)、6015型塔式起重机(1号墩侧)25t汽车起重机(1台)、平板车(1台)、电焊机(4台)及氧气乙炔(4套)等。

(2)主要施工方法

考虑进行整体落架,且每个K撑考虑分上下游对称进行落架(各2排)。横撑A支架立面布置如图6-32所示。

(3)具体步骤

施工步骤一:钢管立柱落架。

在距离钢管立柱底部0.5m位置采用氧割对钢管立柱切割,切割高度控制在20cm,切割前在钢管立柱上设置上下反力座,每根管桩布置2个螺旋顶进行同步落架,待钢管立柱整体下降至预定高度时,将钢管立柱进行临时固结,保证其结构稳定性,钢管落架装置如图6-33所示。

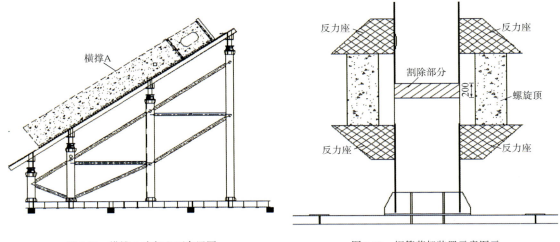

图6-32 横撑A支架立面布置图　　　　图6-33 钢管落架装置示意图示

施工步骤二：拆除底模。

依次采用人工抽出竹胶板、方木，集中堆效在模板外侧，并采用钢丝绳捆绑好之后，采用塔式起重机调离至地面。

施工步骤三：拆除纵桥向分配梁（I36）。

依次从横撑A跨中向两边拆除，采用手拉葫芦依次将纵桥向分配梁平移至横撑A跨中位置，利用1号—2号墩跨中6015型塔式起重机及1号墩（或2号墩）旁塔式起重机配合将工36分配梁拆除。具体为：1号—2号墩跨中塔式起重机固定上端，1号墩（或2号墩）旁塔式起重机固定下端，配合纵向偏移并竖转，将其拆除吊离至地面。

施工步骤四：拆除横桥向分配梁（2HN588）。

拆除横梁连接螺栓，并割除与钢管立柱焊接的焊缝。

利用1号—2号墩跨中6015型塔式起重机及1号墩（或2号墩）旁塔式起重机配合将分配梁拆除。

施工步骤五：拆除钢管立柱及连接系。

直接采用割刀割除钢管立柱的临时固定装置，并依次拆除每个钢管立柱及连接系，割除临时固定前必须采用塔式起重机伸钩固定，连接系割除后，调离钢管立柱至地面。

### 3）拱肋支架拆除

（1）施工配合机械设备

7035型塔式起重机（2号墩侧）、6015型塔式起重机（1号—2号墩跨中）、6015型塔式起重机（1号墩侧）25t汽车起重机（1台）、平板车（2台）、电焊机（4台）及氧气乙炔（4套）等。

（2）主要施工方法

拱肋支架落架，从跨中向拱脚对称进行，具体次序如下：支架9、8、10→支架7、6（先7后6）→支架5、4（先5后4）→支架3、2（先3后2）→支架1。拱肋支架钢管主柱编号如图6-34所示。

（3）每个工序施工步骤流程

割除拆除部位纵向分配梁连接板→钢管立柱切割部位焊接反力座并安装螺旋顶（拱肋钢管立柱底部）→对拆除部位钢管桩顶上部结构进行临时固定→切割钢管桩（10cm）→同步下放→临时固结→拆除底模（方木、竹胶板）→拆除I32分配梁→纵梁偏移拆除→拆除横梁→下一道施工工序（对称拆除）。

（4）主要施工方法

考虑每个工序进行整体落架，即在对应拱肋支架横梁位置通过10t手拉葫芦（或钢丝绳）将支架横梁与拱肋进行临时固定，待钢管立柱割除完毕进行整体下放，下放完成后进行临时固结。拱肋支架如图6-35所示。

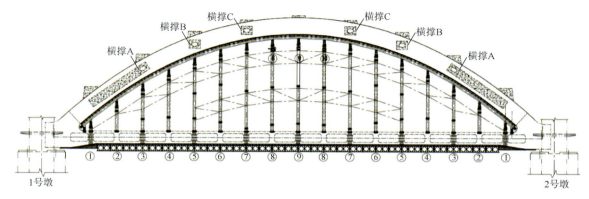

图 6-34　拱肋支架钢管立柱编号示意图

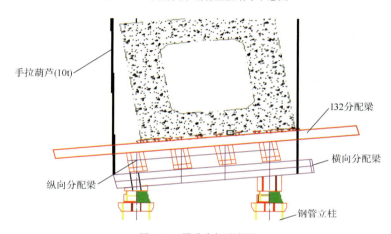

图 6-35　拱肋支架示意图

(5) 施工步骤

步骤一：钢管立柱落架。

在距离公路梁梁面位置(即钢管立柱底部)50cm 处切割钢管立柱，采用氧气、乙炔对钢管立柱切割，切割高度控制在 10cm 以内，并做好切割后钢管立柱限位装置，每组钢管立柱切割高度必须保持一致，在每根钢管立柱大小里程侧设置 2 台 10t 螺旋顶，进行整体同步下放(图 6-36)。待钢管立柱整体下降至预定高度时，将钢管立柱进行临时固结，保证其结构稳定性。

步骤二：拆除底模和垫梁。

依次采用人工抽出竹胶板、方木，集中放在模板外侧，并采用钢丝绳捆绑好后，采用塔式起重机调离至地面。在拆除 I32 工字钢分配梁时，一端采用塔式起重机进伸钩，另一端用导链配合将 I32 工字钢向外拉出，拉出至塔式起重机吊装范围后，再伸钩用塔式起重机将 I32 工字钢调离至地面。

步骤三：拆除纵桥向分配梁(2HN500 型钢)。

采用手拉葫芦依次将纵桥向分配梁平移至拱肋横向分配梁两边缘处位置，利用 1 号—2 号墩跨中 6015 型塔式起重机及 1 号墩(或 2 号墩)旁塔式起重机配合将分配梁拆除。

步骤四：拆除横桥向分配梁(2HN500 型钢)。

①割除与钢管立柱焊接焊缝。

②利用 1 号—2 号墩跨中 6015 型塔式起重机及 1 号墩(或 2 号墩)旁塔式起重机配合将分配梁拆除。

步骤五：拆除钢管立柱及连接系。

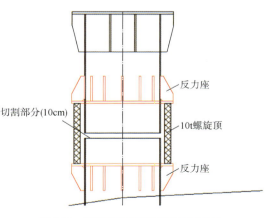

图 6-36　钢管支架落架装置布置示意图

直接采用割刀割除钢管立柱临时固定装置,并依次拆除每个钢管立柱及连接系,割除临时固定装置前必须采用塔式起重机伸钩固定,连接系割除后,调离钢管立柱至地面。

### 6.5.6　整体落架施工技术要点

(1)对每根管桩焊接反力座、限位板,焊接完毕后将5t螺旋顶安装水平、顶紧、锁死,确保千斤顶下落过程中的安全。

(2)在距离公路梁梁面位置(即钢管立柱底部)50cm处切除钢管立柱,切割时每根管桩切割高度均为10cm,同一工况下拆除的钢管需要同时切割卸架(外侧优先内侧)(图6-37)。

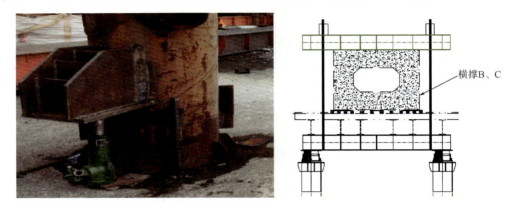

图6-37　钢管桩环切和支架临时锚固

(3)同一工况下的管桩环切完毕后,开始落架。落架时根据指挥人员的指令,同时打开螺旋顶锁死装置,缓慢旋转,使管桩缓慢下落。下落过程中,各处的技术人员同时测量、同时报数,落架高差不得超过2cm,待钢管立柱整体下降至预定高度时,将钢管立柱进行临时焊接、固定,保证其稳定性。

(4)支架拆除时,按照从上到下的顺序进行拆除。先解除钢管间的顶层连接系、平联和下层钢管柱之间的标准连接系,同时焊接安全操作平台,先使用履带起重机对钢管桩顶部进行伸钩拉紧,再解除底部约束,最后安全吊离。

成贵高铁金沙江公铁两用桥
建造关键技术

07

第 **7** 章

# 公路超高性能混凝土组合桥面施工技术

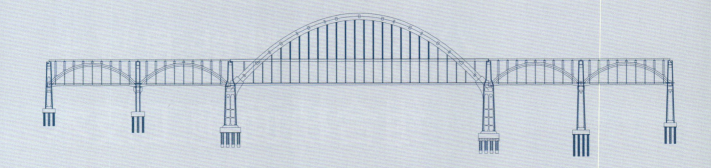

# 成贵高铁金沙江公铁两用桥
## 建造关键技术

KEY TECHNOLOGY FOR
THE CONSTRUCTION
OF JINSHA RIVER HIGHWAY AND RAILWAY BRIDGE
ON CHENGDU-GUIYANG HIGH-SPEED RAILWAY

钢板的疲劳开裂、铺装层的破坏是制约正交异性钢桥面板应用的突出难题,同时这两个方面还相互影响,钢板的疲劳开裂会进一步降低桥面的局部刚度,从而加剧铺装层的破坏,铺装层的破坏也会增加桥面板构造细节的应力水平,并加剧钢板的疲劳开裂。超高性能混凝土组合桥面铺装体系是近年来发展起来的一种新型钢桥面板刚性铺装技术,具有强度储备高、疲劳性能优异等特点,已在国内外多座桥梁上应用,并取得了良好的效果,宜宾金沙江公铁两用大桥公路桥面通过方案比选,采用超高性能混凝土组合桥面铺装体系。

## 7.1 方案比选

### 7.1.1 工程背景

成贵高铁金沙江公铁两用桥的主桥采用拱墩固结、拱梁分离的双层刚架系杆拱桥,跨度336m,其中铁路在上层,公路下层,采用有砟轨道结构。拱轴线为抛物线,矢跨比为1/3.36。拱肋采用钢箱结构,横向为两片平行布置,拱肋中心线间距28.5m。两片拱肋间用箱形钢横撑连接。主拱的立面布置及横断面如图7-1所示。

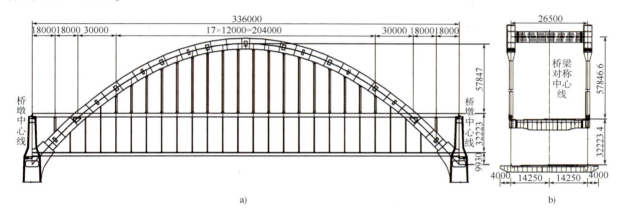

图7-1 主拱立面布置及横断面示意图(尺寸单位:mm)

主桥为双层桥面,上层铁路桥面从两片拱肋中间穿过,通行四线高速铁路列车,采用箱形边主梁、纵横梁体系的正交异性整体钢桥面板。铁路桥面布置在拱肋中部,拱肋下主梁中心处桥面宽28.5m,在靠近拱肋处变为23.5m。边主梁高3.0m、宽1.4m,边主梁分段制造,在施工现场时用高强度螺栓连接。标准段长度12m,顶板厚20mm,底板厚16mm,腹板厚16mm。桥面顶板横向设置2%的横坡。桥面板厚16mm,用T肋和板式肋条加劲。T肋间距500mm、高200mm,板肋高160mm、厚12mm,纵横梁铁路桥面对应每条线路下方设置两道纵梁,纵梁腹板高1450mm、厚12mm,底板宽400mm、厚24mm。在各吊杆处设置一道横梁,横梁为倒T形截面,跨中处横梁高为4000mm,连接边主梁处的横梁高3m。横梁腹板厚20mm,横梁底板宽1100mm、厚50mm。横梁与边主梁上的横梁接头用高强度螺栓连接。每3m设置一道横肋,腹板高750mm、厚12mm,底板宽200mm、厚16mm。铁路桥面标准横断面如图7-2所示。

公路桥面布置在下层,采用工字形边主梁形式的正交异性钢桥面。主梁中心处桥面宽28.5m,在桥墩拱座处宽度变为22.3m。主梁外侧布置4m宽的挑臂,桥面全宽36.5m。公路桥面通过吊索连接在拱肋上。边主梁高2.356m,底板宽800mm。桥面顶板横向设置2%的横坡。桥面板厚16mm,用闭口肋及板肋加劲。闭口肋间距600mm,肋厚8mm,上开口宽为300mm,底宽180mm,高260mm。桥面为多横梁体系,每隔3m设置一道横梁,横梁为倒T形式,横梁跨中高2641mm、厚16mm,吊点及支座处横梁底板宽720mm,普通横梁底板宽600mm,底板厚均为28mm。公路桥面标准横断面如图7-3所示。

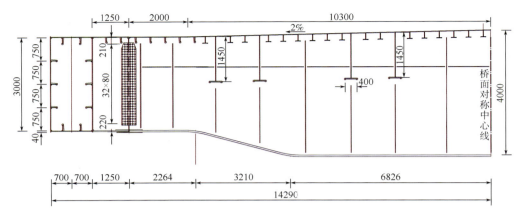

图 7-2 铁路桥面标准横断面示意图(尺寸单位:mm)

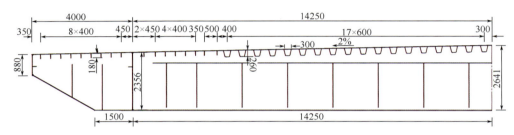

图 7-3 公路桥面标准横断面示意图(尺寸单位:mm)

刚性吊杆将铁路桥面与拱肋连接,吊杆间距12m。吊杆采用八边箱形断面,高1.4m、宽1.4m,杆板厚16~32mm,在拱顶宽度变为3m与拱肋连接,刚性吊杆截面如图7-4所示。柔性吊杆将公路桥面与拱肋连接,纵向间距12m,采用双吊索体系,如图7-5所示。中间吊索采用PES7-55镀镁高强钢丝,最边上吊杆采用PES7-109低松弛镀锌高强钢丝,外包双层高密度聚乙烯(PE)护套,配套锚具采用带有纠偏装置的冷铸镦头锚,并进行镀锌防腐处理,所有拉索出厂前均应做超张拉检验,吊杆两端锚管采用材质为Q345B无缝钢管,钢管尺寸、外形、重量及允许偏差均应符合《无缝钢管尺寸、外形、重量及允许偏差》(GB/T 17935—2008)的要求,高强度钢丝的标准强度 $f_{pk}$ =1670MPa。

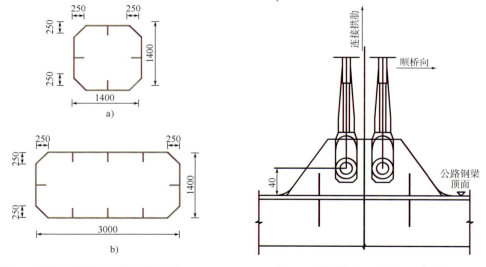

图 7-4 刚性吊杆截面示意图(尺寸单位:mm)　　图7-5 柔性吊杆布置示意图(尺寸单位:cm)

系杆主要起到承担拱肋水平推力的作用,本桥采用可换型镀锌钢绞线系杆索。钢绞线采用钢绞线外包聚乙烯(PE)护套,其标准强度为1860MPa,弹性模量为$1.95\times10^5$MPa,钢绞线应同时满足《填充环氧涂层七线预应力钢绞线的标准规范》(ASTM A882/A882M-02a)和《预应力混凝土用环氧树脂涂层钢绞线》(ISO 14655—1999)标准的要求。系杆放置在公路桥面边的主梁顶面上,沿柔性吊杆对称放置,系杆箱中间留空间供检修使用。在拱脚处穿过钢拱肋竖弯锚固在拱座外侧。系杆规格为 55-φ$^s$15.2,全桥共用 32 根。横向布置为四层,单侧共 4 排。系杆锚固如图 7-6 所示。

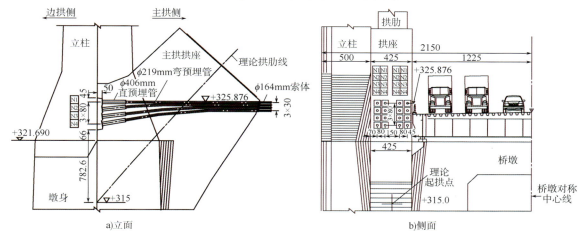

图 7-6 系杆锚固示意图(尺寸单位:cm;高程单位:m)

原公路钢桥面铺装采用双层铺装结构,35mm 改性沥青混凝土 SMA10(上层) + 35mm 改性沥青浇筑式混凝土(下层),总厚度 70mm。原铺装设计方案如图 7-7 所示。

图 7-7 原铺装设计方案

## 7.1.2 方案对比

将超高性能混凝土组合桥面铺装体系与钢桥面沥青铺装结构进行比较,其特点如下:

(1)双层沥青玛琋脂碎石混合料(SMA)体系

双层改性沥青 SMA 体系优点如下:

①大粒径集料互相嵌锁组成高稳定性和高抗变形能力的结构骨架;由细集料、沥青和稳定添加剂组成的沥青砂胶将"骨架"胶结在一起,使混合料具有较好的柔性和耐久性,同时改性剂的加入也改善了沥青混凝土的稳定性。

②SMA 施工简易,无需特种专用设备,与铺装碾压一般沥青混合料没有差异,施工质量易保证。

③施工及养护时间相对较短,后期维护方便。

④工程造价相对较低。

双层改性沥青 SMA 体系缺点如下:

①由于钢桥的特殊使用条件,SMA 耐高温稳定性及抗疲劳能力需经受严酷考验,沥青混合料的质量控制稍有不慎就容易出现车辙、推移等多重病害。

②在重载交通条件下,铺装层容易发生推移开裂和壅包等严重病害,目前国内多在中、小交通荷载的城区钢桥上使用双层 SMA 铺装方案。

③桥面铺装层后期维修频率和费用相对较高。

（2）环氧沥青混凝土体系

环氧沥青混凝土体系优点如下：

①环氧沥青混凝土是一种双组分、发生不可逆的固化反应后强度很高的材料，作为钢桥面铺装材料，能够彻底解决钢桥面铺装车辙病害。

②环氧沥青混凝土材料性能优异，实验室所得高、低温试验参数和抗疲劳开裂数据均较好。

③空隙率小于3%，属于比较密实的沥青混凝土，封水效果较好。

④如果能够确保在极其严格和规范的条件下完成施工和养护，环氧沥青混凝土体系方案将有较长的使用寿命。南京长江二桥钢桥面铺装由美国专家全程、全方位管控，2001年通车后至2007年基本无病害。

环氧沥青混凝土体系缺点如下：

①环氧沥青混凝土对混合料温度和施工时间的要求非常苛刻。

②环氧沥青混凝土对环境条件要求严格。

③环氧沥青混凝土的不可逆反应，导致早期病害较为普遍。

④环氧沥青混凝土病害修复困难。

⑤需要大量环氧施工专用设备。

⑥养护时间过长。

⑦使用稳定性欠佳。

（3）浇筑式沥青混凝土体系

浇筑式沥青混凝土体系优点如下：

①施工温度高，对环境条件的要求低，质量易保证。

②空隙率极小，无需碾压便能达到其最终强度，不会出现因压实不足而表现出的缺陷病害。

③不透水，也不吸水，对含氯离子的溶液及经常性潮气作用之类的气候影响因素几乎不敏感。因而不会出现水损害问题。

④呈黏弹性，对冲击及颠簸不敏感。

⑤结合料在气候因素影响下几乎不会老化，具有较好的耐久性（使用寿命20年以上）。

⑥沥青含量较高，具有较好的抗开裂能力。

浇筑式沥青混凝土体系缺点如下：

①浇筑式沥青混凝土的高温稳定性受改性沥青性能的影响较大，改性沥青过柔则将导致浇筑式沥青混凝土高温稳定性不足。另外，沥青用量也不能过高，否则也将降低混凝土的高温稳定性。

②浇筑式沥青混凝土的生产和施工需要具备丰富的施工经验，生产出来的混合料对施工和易性与路用性能之间的平衡要求极为严格，稍有疏忽，则难以解决重载交通的问题。

③工程造价相对较高。

（4）树脂沥青组合（ERS）体系

ERS体系优点如下：

①树脂沥青胶结料（EBCL）环氧黏结碎石层可有效解决桥面铺装界面的防水问题和剪切滑移问题，而且施工简便。

②RA05冷拌树脂沥青混合料整体化层耐高温、耐水损、耐疲劳，以RA05做平台SMA层易施工且不滑动。

③EBCL + RA05 + SMA构成了组合的防水铺装结构，防水防腐可靠，EBCL和RA05均是耐水损的材料，铺装层受水损坏的危险大幅降低。

④ERS铺装对施工环境条件的要求不高，不需要特殊的施工机具、苛刻的工艺要求。

ERS体系缺点如下：

①EBCL胶料通常为胺类固化剂，其固化产物不耐高温。虽然EBCL与SMA之间有RA05结构层，

但当进行 SMA 施工时,EBCL 表面必然会升温,这可能会导致环氧树脂内部结构的破坏以及石料黏结界面的剥离。

②EBCL 及 RA05 都属于常温拌和材料,而二者的固化均需要一定温度条件。在低温条件下,二者的固化周期将十分缓慢,桥面施工需要适当的养护期。因此,ERS 铺装技术不宜在冬季寒冷天气施工。

③ERS 的配套技术还不够完善,如 ERS 的检验评定方法需要进一步论证、ERS 的修补养护技术不完善等。

(5)组合桥面铺装体系

优点:可同时解决钢桥面铺装体系短期病害问题和正交异性钢桥面板疲劳开裂问题,耐久性好,强度高,对施工环境要求不高,全寿命周期经济性强,磨耗层维修方便。

缺点:相对于传统柔性铺装体系而言,新建桥梁案例偏少。

依据目前市场建筑材料价格行情,取沥青混凝土造价为 1600 元/m²。此外,根据现阶段超高性能混凝土组合铺装体系的市场价格和实桥施工经验,4.5cm 厚超高性能混凝土层的单价为 1700 元/m²。需要说明的是,在对两类铺装方案进行经济性能分析时,根据钢桥面沥青铺装调研结论,沥青混凝土的使用寿命为 10 年,而超高性能混凝土使用寿命为 50 年,同时上述价格均为建安综合单价,即包含施工费等费用。以桥梁设计年限 100 年计,两类铺装方案的经济效益分析见表 7-1。

**公路桥面铺装方案全寿命静态成本对比分析** 表 7-1

| 铺装方案 | 材料 | 单位面积成本(元/m²) | 铺装面积(m²) | 首次成本投入(万元) | 使用期内翻修次数 | 运营期内维修费用(万元) | 铺装总费用(万元) |
|---|---|---|---|---|---|---|---|
| 原铺装方案 | 沥青混凝土 | 1600 | 8240 | 1318.4 | 9 | 11865.6 | 13184 |
| 超高性能混凝土组合铺装体系方案 | UHPC | 1700 | 8240 | 1400.8 | 1 | 1812.8 | 4993.6 |
| | SMA10 | 216 | | 178 | 9 | 1602 | |
| 全寿命周期静态成本节约 | | | | | | | 8190.4 |

注:UHPC 运营期维修费用计入拆除成本 500 元/m²。

计算数据表明,尽管超高性能混凝土组合铺装体系方案首次成本投入相对较大,约为原铺装方案的 1.2 倍,但是由于超高性能混凝土层良好的力学性能、耐久性能和疲劳性能,运营期内的维护费仅为原铺装方案的 28.8%,超高性能混凝土组合铺装体系方案全寿命周期静态成本可节省达 8190.4 万元。

### 7.1.3 方案确定及材料使用要求

针对宜宾金沙江公铁两用桥的实际情况,采用的铺装体系由上至下分别为 4.0cmSMA10 + 防水黏结层 + 4.5cm 超高性能混凝土 + 环氧富锌漆(80μm)。所涉及的材料主要有沥青混凝土、超高性能混凝土、普通钢筋、ML15 剪力钉和防水黏结层。具体材料要求如下:

(1)超高性能混凝土

超高性能混凝土是一种新型水泥基复合材料,加水拌和后在标准养护条件下(20℃ ± 2℃、90% 湿度以上)应达到表 7-2 的技术指标要求。

**超高性能混凝土性能指标** 表 7-2

| 指标 | 技术要求 | 检验标准 |
|---|---|---|
| 初始扩展度 | ≥500mm | GB/T 50080—2016 |
| 初始坍落度 | ≥220mm | GB/T 50080—2016 |
| 28d 抗弯拉强度 | ≥20MPa | GB/T 31387—2015 |
| 28d 立方体抗压强度 | ≥100MPa | GB/T 31387—2015 |
| 28d 弹性模量 | ≥38.5MPa | GB/T 31387—2015 |
| 56d 氯离子扩散系数 | ≤0.5 | GB/T 50082—2016 |
| 抗冻等级 | ≥F500 | GB/T 50082—2016 |
| 抗渗等级 | ≥P40 | GB/T 50082—2016 |

注:氯离子扩散系数试验采用相同配方、不加钢纤维材料成形的试件。

(2)普通钢筋

超高强混凝土内部的钢筋网采用HRB400钢筋,且符合《钢筋混凝土用钢 第2部分:热轧带肋钢筋》(GB/T 1499.2—2018)标准要求。在超高性能混凝土铺装中采用100mm×100mm网格布置,在横隔板和纵隔板处钢筋间距加密至50mm。上层钢筋保护层厚度为10mm。

(3)ML15剪力钉

钢桥面焊接所用ML15剪力钉直径为19mm,满足《冷镦和冷挤压用钢》(GB/T 6478—2015)和《电弧螺柱焊用圆柱头焊钉》(GB/T 10433—2002)要求。

(4)防水黏结层

下层涂改性环氧胶黏剂,用量1.2~1.5L/m²,在环氧胶黏剂未凝胶前,满撒布3~5mm单级配细集料,用量6~8kg/m²,撒布率大于90%,环氧胶固化后,清扫表面多余集料,集料黏结在环氧胶上,具有抗剪、黏结的作用,厚度5mm。

上层喷涂道桥用聚合物改性沥青防水涂料,用量0.6~1.0L/m²,用量不宜覆盖集料粗糙度,确保表面粗糙,主要起到防水和黏结的作用。

## 7.2 公路超高性能混凝土组合桥面设计

金沙江公铁两用桥公路钢桥面采用超高性能混凝土组合钢桥面铺装体系,桥面铺装范围纵向为336m主拱公路钢桥面,横向为公路护栏内侧行车道区域,宽为23.5m。采用的铺装结构自下至上依次为45mmUHPC层+纤维增强桥面黏结防水层+40mmSMA10沥青混凝土。UHPC性能指标:抗压强度≥100MPa,抗折强度≥25MPa,弹性模量≥40GPa。UHPC层与钢桥面板之间采用剪力钉连接,剪力钉材质为ML15AL,规格为φ19mm×30mm,纵、横向布置间距为300mm×300mm。UHPC内部设有钢筋网,由φ10mm的HRB400钢筋构成。钢筋间距为50mm×50mm,净保护层厚度为15mm。

桥面铺装结构如图7-8和图7-9所示。

图7-8 桥面铺装布置示意图(尺寸单位:mm)

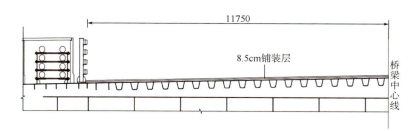

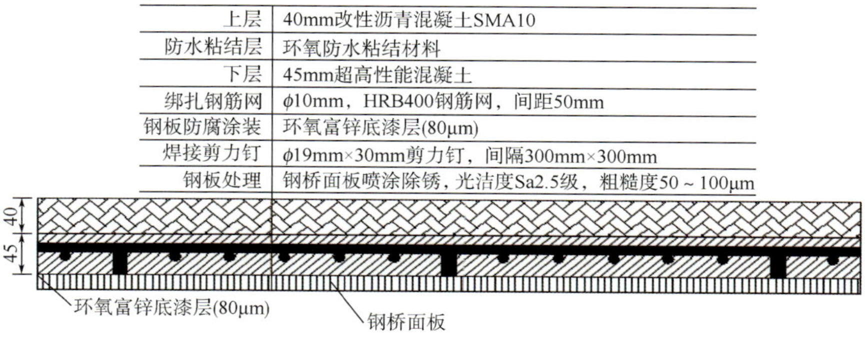

图7-9 金沙江公铁两用桥公路钢桥面铺装结构示意图(尺寸单位:mm)

## 7.3 公路超高性能混凝土组合桥面施工

### 7.3.1 施工材料准备

为保证公路钢桥面铺装施工的顺利进行,确保施工过程中的各项工作准备到位,相关部门要提前做好相关材料的购进计划,确保现场施工的顺利进行。

主要施工材料见表7-3,辅助施工材料见表7-4。

主要施工材料　　　　　　　　　　　　　　　　　表7-3

| 工艺名称 | 相关材料 | 规格 | 单位 | 数量 |
|---|---|---|---|---|
| 桥面铺装 | HRB400钢筋 | HRB400,$\phi$10mm | t | 194.72 |
|  | 剪力钉 | ML15AL,$\phi$19mm | 套 | 87972 |
|  | 环氧富锌底漆 |  | $m^2$ | 7890.53 |
|  | 超高性能混凝土 | 100MPa级 | $m^3$ | 355.07 |
|  | 防水黏结层 |  | $m^2$ | 7890.53 |
|  | 改性沥青混凝土 |  | $m^3$ | 315.62 |

辅助施工材料配备　　　　　　　　　　　　　　　表7-4

| 工艺名称 | 相关材料 | 规格 | 单位 | 数量 | 备注 |
|---|---|---|---|---|---|
| 桥面铺装 | 硬质泡沫板 | 宽45mm,厚16mm | m | 900 | 施工缝立模 |
|  | 泡沫胶 |  | 瓶 | 220 | 施工缝立模 |
|  | 铁锹 |  | 把 | 10 |  |
|  | 铁耙 |  | 把 | 10 |  |
|  | 搓板 |  | 个 | 15 |  |
|  | 铁毡 |  | 个 | 2 |  |
|  | 保湿养生膜 | 宽1.2m | m | 9000 | 混凝土保湿养护 |
|  | 土工布 |  | $m^2$ | 8300 |  |
|  | 绳子 |  | m | 200 |  |
|  | 彩条布 |  | $m^2$ | 4000 |  |

### 7.3.2 主要施工工艺流程

钢板喷砂除锈→防腐涂装→剪力钉焊接→钢筋网绑扎→模板安装→浇筑超高性能混凝土→超高性能混凝土养护→防水黏结层施工。

**1)桥面抛丸清理**

施工前在桥面划线标记施工区域,用抛丸机将钢桥面板的油漆、浮锈等清理干净。抛丸磨料采用钢丸、钢质棱角砂,其比例通过试验确定。磨料必须保持干燥、清洁,不含如油脂、盐分等影响抛丸质量的有害物质。

抛丸机每次清理范围为80cm,作业时应顺桥向从一侧向另一侧依次进行抛丸作业,作业时第二道抛丸宽度必须与第一道抛丸的宽度重叠10cm,避免2道之间存在间隙。边角位置的桥面板表面使用电动打磨机进行表面清理。

抛丸作业应在干燥的气候下进行。抛丸除锈次数2~3遍,以抛丸后钢梁表面露出金属光泽且清洁度达到Sa2.5级,表面粗糙度达到Rz50~100μm为合格标准。具体作业环境要求见表7-5。

抛丸作业环境要求　　　　　　　　　　　　　表7-5

| 项目名称 | 技术要求 |
| --- | --- |
| 环境温度 | 0~40℃ |
| 空气相对湿度 | ≤85% |
| 钢板表面温度 | ≥空气露点温度+3℃ |
| 空气露点 | 实测 |

桥面清理达到要求后应立即进行桥面防锈底漆的喷涂,防止除锈后清理干净的桥面长时间不涂底漆造成粗糙面与空气接触后表面产生氧化返锈反应。

经过3遍抛丸后,粗糙度及光洁度达到Sa2.5级,表面粗糙度达到Rz50~100μm,如图7-10~图7-12所示。

图7-10　桥面喷砂除锈

图7-11　桥面喷砂后效果

图7-12　粗糙度测试

### 2）防腐涂装

（1）材料检验

桥面底涂采用环氧富锌底漆,底漆质量应满足规范《公路桥梁钢结构防腐涂装技术条件》(JT/T 722—2023)的各项要求,材料到场后随即取样送检,检测合格才能投入使用。

（2）喷涂环境要求

桥面抛丸合格后在施工区域两端设置警戒线,非施工人员不得进入已清理干净的施工区域,施工人员必须穿布鞋套进入施工区域。涂装前用吸尘器、吹风机将桥面残留铁砂及灰尘彻底清理干净。

涂装施工环境温度不得低于0℃,相对湿度80%以下。构件表面结露不得涂装,金属表面温度高于露点3℃以上方可施工,涂装后4h内应保护免受雨淋。不允许在相对湿度80%以上,雨、雪、雾或风沙天气下进行防锈底漆施工。

（3）油漆调配

油漆调配应由专职调配人员负责,配漆前应准备好需用的动力搅拌器、衡器、料桶等工具。打开涂料桶后首先检查桶内油漆外观质量,确认油漆质量无问题后用可调速手提式机械搅拌器将桶内油漆涂料充分搅拌均匀(开始慢速,逐步增加到约300r/min)。整套配漆时,将B组分桶内溶液平稳倒入A组分桶中,然后充分搅拌均匀;零星配漆时,根据配合比计算准确称取A组分的量,再称取B组分的量,把A、B两组分混合后再充分搅拌均匀(至少3min),使其充分反应。

拌好后的涂料应在规定的时间内用完。如果是长时间涂装作业需要大量配制涂料时,不能采取一次配制的方式进行涂装,而要多次配制和涂装,每配制好一桶,摊铺涂装一桶,直至涂完规定施工范围。

（4）喷涂施工

①喷涂:桥面使用高压无气喷涂机喷涂,喷嘴口径、喷嘴压力、喷涂距离等技术参数按涂料说明书要求选用。喷出的漆流应尽量与喷涂表面垂直,喷涂速度以一次达到漆膜厚度要求为宜,两枪之间有一定的重叠。桥面上喷涂应从一边向另一边依次喷涂。使用相应规格细筛网滤去涂料中可能混入或产生的固体颗粒、漆皮和其他杂质,以免堵塞喷嘴及影响漆膜的性能及外观。为保证涂装干膜厚度,喷涂过程中应用湿膜卡连续检测油漆湿膜厚度。

②滚涂:边角底漆采用滚涂,即用短滚筒蘸取搅拌好的油漆对边角区域进行涂装。滚筒蘸取漆料不能过多以防滴落和流挂。

底漆涂装采取顺桥向连续施工。油漆喷涂应连续进行,中断施工超过1h后再继续施工时应与已完成的底涂搭接不小于10cm,桥面板喷漆和喷漆后效果如图7-13和图7-14所示。

图7-13　桥面板喷漆

图7-14　喷漆后效果

（5）涂装过程防护

涂装完成后,在自然环境中养护,涂层干燥前不允许任何人员在上面行走或进行其他作业,养护期间避免水淋,养护时间不少于12h。

### 3)剪力钉焊接

根据设计图纸要求进行剪力钉位置放样。节段除锈完成后利用墨线在钢桥面上画出剪力钉的位置,保证定位标志清晰可见和准确。剪力钉标准间距为300mm。当剪力钉的设计位置与钢主梁拼接焊缝位置冲突时,应将剪力钉偏离焊缝边界20~30mm,不得将剪力钉直接焊接在拼接焊缝的顶面。采用螺柱焊机在钢面板上焊接剪力钉,焊接时,按剪力钉焊机操作的技术要求控制好焊接电流和时间等各项技术指标。焊接要求达到钢结构焊接质量的标准,保证焊接面饱满、焊透和牢靠连接。剪力钉焊接后,用锤子横向敲击剪力钉,剪力钉不出现脱落、歪斜等现象。如不满足上述要求,则需重新焊接。焊接之后,通过打磨和高压风机清除陶瓷护罩、焊渣、飞溅物和毛刺等杂物,并重新彻底清洁桥面。

剪力钉焊接结果检测见表7-6。

剪力钉焊接结果检测   表7-6

| 序号 | 检测项目 | | 单位 | 标准要求 | 检测结果 | | | 单项判定 |
|---|---|---|---|---|---|---|---|---|
| | | | | | 1号 | 2号 | 3号 | |
| 1 | 拉伸 | 实测直径 | mm | — | 14.8 | 15.0 | 14.8 | — |
| | | 屈服强度 $\sigma_{P0.2}$ | N/mm² | ≥320 | 462 | 425 | 402 | 合格 |
| | | 抗拉强度 $\sigma_b$ | N/mm² | ≥400 | 650 | 638 | 622 | 合格 |
| | | 伸长率 $\delta_5$ | % | ≥14 | 19.0 | 17.5 | 18.0 | 合格 |
| 2 | 接头试验 | 拉力静载 | N | 当拉力载荷达到119280N时,不得断裂;继续增大载荷直至拉断,断裂不应发生在焊缝和热影响区内 | 133020 | 143560 | 138050 | 合格 |
| | | 断裂部位 | — | | 均裂在焊钉部位 | | | 合格 |
| 3 | | 弯曲 | — | 手锤打击焊钉试件头部,使其弯曲30°,试验后在试件焊缝和热影响区不应产生肉眼可见的裂纹 | 符合 | 符合 | 符合 | 合格 |

剪力钉焊接效果如图7-15和图7-16所示。

图7-15 剪力钉焊接

图7-16 剪力钉焊接后

### 4)安装钢筋网

(1)放置钢筋

①将长度为400~500mm的垫层钢筋沿纵向每隔2m平放一根在桥面上,横向不能留间隙,确保每根纵向钢筋底下均能有垫层钢筋,垫层钢筋横向放置。垫层钢筋直径为10mm。

②根据设计文件规定的钢筋网间距及剪力钉间距,在已完成清洁工作的工作面上摆上钢筋,如剪力钉间距为300mm,钢筋网间距为50mm,则每相邻的两个剪力钉之间摆放6根钢筋。先摆放纵向钢筋,再摆放横向钢筋。纵向钢筋摆放在垫层钢筋上,横向钢筋摆放在纵向钢筋上。

（2）绑扎钢筋

①沿纵向每隔5m选择一根横向钢筋作为纵向定位钢筋,然后将纵向钢筋依次与纵向定位钢筋进行绑扎,且将钢筋间距控制在50mm±5mm以内。沿横向每隔5m选择一根纵向钢筋作为横向定位钢筋,并将横向钢筋依次与横向定位钢筋进行绑扎,且将钢筋间距控制在50mm±5mm以内。

②将剩下交叉点进行绑扎,绑扎间距为150mm,如钢筋网间距为50mm,则每隔两个交叉点绑扎一个,绑扎点采用梅花形分布。

③所有的绑扎扎丝头朝下,切勿直接将扎丝头朝上竖立。

④钢筋接头采用30d的长度进行绑扎,且不论纵向接头还是横向接头,均不可将接头分布在同一条直线上,应间隔分布。

⑤对完成绑扎的钢筋网进行垫层加密,将长度为30~40mm的垫层钢筋头,按照300~400mm的间距进行加密补垫以保证钢筋网的刚度,补垫时采用撬棍先将钢筋网略微翘起,然后将垫层钢筋头放置在绑扎点下方。

⑥完成全部工作后采用钢直尺及水平尺等工具对钢筋网安装尺寸进行抽查检验,对不符合规定的地方进行重新绑扎安装。

⑦用彩条绳或具有明显标志的绳物将已安装完钢筋网的区域围起来,在进行混凝土浇筑施工之前禁止人员进入,绑扎钢筋过程如图7-17~图7-20所示。

图7-17 垫层钢筋

图7-18 摆放纵向钢筋

图7-19 绑扎横向钢筋

图7-20 成型钢筋网

5）模板安装

超高性能混凝土铺摊高度为45mm,半幅宽度为11.75m,边侧模板采用边宽45mm的角钢,中央侧模板采用45mm高硬质泡沫板,振动梁中间不再加设模板,对振动梁进行改造处理,保证混凝土整体摊铺的厚度,如图7-21和图7-22所示。

图 7-21 硬质泡沫板立模

图 7-22 模板安装后

### 6) 现浇超高性能混凝土

超高性能混凝土配合比见表 7-7。

超高性能混凝土配合比  表 7-7

| 组分 | 水泥 | 核心料 | 石英砂 | 钢纤维 | 拌和水 |
|---|---|---|---|---|---|
| $1m^3$ 用量（kg） | 850 | 300 | 900 | 250 | 220 |

其中水泥为 P·O 42.5 水泥，核心料为产品，石英砂 0.16~1.25mm，拌和水为河水或自来水。现浇超高性能混凝土工序分为混凝土的拌和、运输与摊铺，其中混凝土的拌和又有干拌和湿拌两种。

(1) 干拌

超高性能混凝土的核心料由多种组分组成，所有组分按照配比预先在干料加工厂内拌和均匀，然后用水泥搅拌运输车运输至拌和站，打入粉料罐内。核心料与水泥一样，自动计量，计量精度最大误差不超过 ±1%。

超高性能混凝土生产时，先投入水泥、核心料、石英砂和钢纤维，在拌和站内干拌 2~3min，然后再加入拌和水进行湿拌。

(2) 湿拌

湿拌采用项目部现场拌和站，拌和站额定拌和容量为 $2m^3$，实际拌和容量为 $1m^3$。将除水外的组分预先拌和 2~3min 后加水，加水后湿拌 2~3min，此时超高性能混凝土开始流化，待超高性能混凝土流化后继续拌和 2min，最后成型出料。1 座拌和站每盘拌和 $1m^3$ 混凝土，每小时拌和约 6 次，1 座拌和站实际混凝土产量约为 $6m^3/h$。

(3) 运输

采用混凝土搅拌运输车运输超高性能混凝土，直接运至钢桥面后，通过天泵泵送至施工区域，现场配合人工布料。摊铺前对超高性能混凝土的坍落度、扩展度进行测试，同时制作的标准养护和同条件养护的抗压、抗折试块已经成形。

(4) 摊铺

超高性能混凝土层浇筑摊铺施工分左右幅进行，每个半幅 11.75m 采用 1 台 11m 宽的振动梁进行摊铺施工，主桥的 336m 分 8 次进行，施工时将设置纵横向施工缝。施工顺序原则：由近到远，先下游后上游。分区域施工具体顺序依次为 1、2、3、4、5、6、7、8，具体施工顺序如图 7-23 所示。

混凝土天泵均匀布料，布料后采用人工扒料的方式进行扒平，安排专人指挥布料和扒料。扒料后料高度略高于模板高度，然后用振动梁进行振捣铺平，对于边角处及施工过程中未施工完成的地方，采用人工补料收面平整，人工收面在工作平台上进行。为便于覆盖养生薄膜，需配备两个工作平台，如图 7-24~图 7-26 所示。

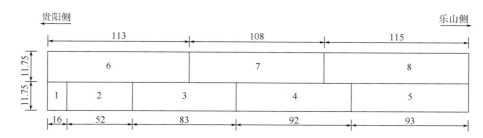

图 7-23 实际摊铺施工顺序(尺寸单位:m)

图 7-24 布料及振捣

图 7-25 振捣收面

图 7-26 覆盖养生薄膜和土工布

摊铺过程中安排专人检查摊铺厚度,发现有厚度偏低的地方进行指挥补料。混凝土从布料到摊铺完成应控制在5min内,如因现场不可控因素导致5min内无法摊铺完成,可用高压水枪,以喷洒水雾的方式往混凝土上喷水,以保持混凝土表面湿润但无明水为标准,不可多喷。

(5)接缝处施工

施工中的横缝采用方波型,施工缝处模板采用泡沫板。施工缝处混凝土采用人工布料,人工振捣,人工收面。施工完毕后24h去除掉泡沫板,对接缝处断面混凝土形貌进行检查,如发现有不粗糙的断面采用人工凿毛的方法进行处理,并将残渣清理干净,如图7-27所示。

(6)养护

混凝土摊铺完成后,作业人员应立即用养生薄膜覆盖进行保湿养护,并由专人负责对养护情况进行检查,保证养护质量,覆盖养生薄膜在两个工作平台上完成,且在摊铺完成后2min内完成薄膜覆盖。覆盖养生薄膜以后,再在养生薄膜上覆盖潮湿土工布,防止养生薄膜被风吹起。养护过程中,保持土工布始终处于湿润状态。混凝土覆膜养护时间为3d,如图7-28和图7-29所示。

图 7-27 拆接缝模板

图 7-28 覆盖土工布并洒水

图 7-29 撤除土工布及养生薄膜

### 7.3.3 施工应用情况

**1）施工效果评价**

超高性能混凝土桥面铺装于 2018 年 7 月 20 日完成,合计约 8000m²。

(1) 通过试验室和现场测试,剪力钉焊接质量可靠,满足规范要求。

(2) 超高性能混凝土铺装层未出现裂缝、露筋的情况,能够满足施工要求,摊铺效果好。

(3) 经过施工验证,超高性能混凝土铺装层与桥面钢板的结合效果较好。

(4) 超高性能混凝土铺装层在水化硬化过程中具有较好的抗裂能力,只要保证覆膜质量,实现混凝土表面的全覆盖,可做到"零裂缝"。

(5) 环氧防水黏结层黏结性能良好,满足力学性能要求。

**2）现场适时调整**

(1) 原方案施工顺序为由远到近,先下游后上游,这样可以减少混凝土运输车辆行车振动对已浇筑区域的养护质量影响。但现场存在交叉作业,无法实现由远到近,故改为由近到远施工,并且控制混凝土搅拌运输车的数量和在桥面运行速度。

(2) 原垫层钢筋设置间距为 2m,交错布置,局部加密成 0.3~0.5m。但在实际设置过程发现钢筋网变形过大,因此将垫层钢筋间距调整成 1.2m,交错布置,局部钢筋(即滑靴位置)加密至 0.6m。改进后,钢筋网变形较小,满足施工要求。

(3) 振动梁滑靴设计厚度 1cm,但在实际操作中,发现超高性能混凝土厚度仅有 4cm,达不到设计厚度,故将滑靴厚度改为 1.5cm,试验验证超高性能混凝土厚度为 4.5cm,满足设计要求。

(4) 超高性能混凝土层边模板原方案为硬质泡沫板,但边缘位置不容易固定,与施工单位沟通,将边模板改为边宽4.5cm的角钢,设置时进行点焊,养护完成后割除角钢。验证后效果较好。

(5)振动梁是由1m和2m节段拼装而成,故振动梁长度为11m,而半幅宽度为11.75m,除去方波宽度0.3m,还有0.45m宽的区域无法振捣。原施工方案拟定在振动梁一侧焊接20cm角钢,将振动梁加长,但在施工过程中发现,振动梁和模板间隙过小,在前进时极易将模板撞坏,故将焊接加长部分割掉,在边缘无法振捣区域采用小型平板振动器振捣,人工收面。

(6)原施工方案中,拟将振动梁的牵引钢丝绳前端固定在剪力钉上,以实现前进。但在实际施工过程中,发现钢筋网间距太密,无法将固定钩挂在剪力钉上,而挂在横向钢筋上又极易将钢筋网拉变形。后与施工单位沟通,将剪力钉附近的横向钢筋加强,具体操作为将横向钢筋焊接一段加强钢筋,然后将横向钢筋与附近剪力钉点焊,将固定钩钩在该横向钢筋上。通过现场测试,效果较好。

成贵高铁金沙江公铁两用桥
## 建造关键技术

KEY TECHNOLOGY FOR
THE CONSTRUCTION
OF JINSHA RIVER HIGHWAY AND RAILWAY BRIDGE
ON CHENGDU-GUIYANG HIGH-SPEED RAILWAY

成贵高铁金沙江公铁两用桥
建造关键技术

08

第 8 章

# 钢梁、钢拱加工制造关键技术

# 成贵高铁金沙江公铁两用桥
## 建造关键技术

### KEY TECHNOLOGY FOR
### THE CONSTRUCTION
OF JINSHA RIVER HIGHWAY AND RAILWAY BRIDGE
ON CHENGDU-GUIYANG HIGH-SPEED RAILWAY

主桥铁路桥面采用箱形边主梁、纵横梁体系的正交异性整体钢桥面板,拱下铁路桥面通过刚性吊杆与拱肋通过高强度螺栓连接,拱上铁路桥面通过立柱支撑在拱肋上。公路桥面采用工字形边主梁形式的正交异性钢桥面,公路桥面通过吊索连接在拱肋上。主桥钢结构部分主要由钢拱肋、铁路桥面、公路桥面、吊杆、拱脚立柱等部分组成,主桥构造及横断面如图 8-1 所示。

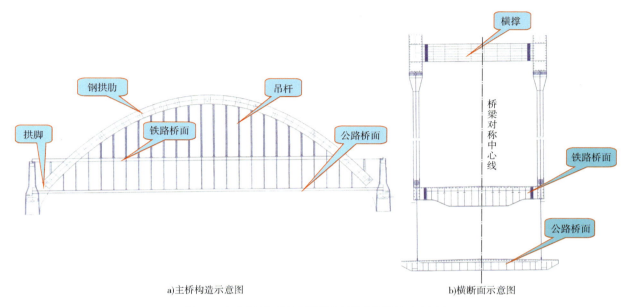

a)主桥构造示意图　　　　　　　　b)横断面示意图

图 8-1　宜宾金沙江公铁两用桥主桥构造及横断面示意图

主拱肋横向布置两片平行拱肋,拱肋中心线间距 28.5m,钢拱肋采用单箱三室箱形等截面构造,中间箱室高 4.2m,上下箱室高度均为 2.4m,钢拱肋内高 9.0m,内宽 3.0m,钢拱肋顶底板厚度 28 ~ 50mm,腹板厚度 24 ~ 40mm,中间纵隔板厚度 24 ~ 40mm。钢拱肋采用板式加劲肋,横向设置横隔板,横隔板沿拱轴线径向设置。

拱肋在工厂分段制造,运输至工地现场连接。拱肋节段制造采用直线加圆弧段代替抛物线型。拱肋节段采用栓焊结合的连接形式,中间纵隔板及加劲肋采用高强度螺栓拼接的方式,顶底板、腹板均为焊接连接。

根据结构特点,依照设计单根拱肋分为 29 个节段,全桥共分为 58 个节段,节段质量统计见表 8-1。

钢拱肋节段质量统计表　　　　　　　　表 8-1

| 节段名称 | GL0 | GL1 | GL2 | GL3 | GL4 | GL5 | GL6 | GL7 |
|---|---|---|---|---|---|---|---|---|
| 数量 | 4 | 4 | 4 | 4 | 4 | 4 | 4 | 4 |
| 单重(t) | 145 | 166 | 177 | 194 | 168 | 154 | 140 | 137 |
| 节段名称 | GL8 | GL9 | GL10 | GL11 | GL12 | GL13 | GL14 | |
| 数量 | 4 | 4 | 4 | 4 | 4 | 4 | 2 | |
| 单重(t) | 132 | 128 | 125 | 120 | 117.9 | 117.0 | 60.6 | |

铁路桥面板采用箱形边主梁、纵横梁体系组成的正交异性整体钢桥面板。加工制造以梁段为单元,标准梁段长度为 12m,全桥共划分 31 个制造梁段,标准梁段 16 个,特殊梁段 15 个,节段质量统计见表 8-2。

铁路主梁节段质量统计表　　　　　　　　　　　表 8-2

| 名称 | TL1 | TL2 | TL3 | TL4 |
|---|---|---|---|---|
| 数量 | 2 | 2 | 6 | 2 |
| 平面尺寸(m×m) | 11.1×24.98 | 9.0×24.98 | 9.0×24.98 | 9.0×24.98 |
| 单重(kg) | 208316.6 | 153898.5 | 151573.6 | 157167.1 |
| 名称 | TL5 | TL6 | TL7 | 水平连杆 |
| 数量 | 2 | 16 | 1 | 4 |
| 平面尺寸(m×m) | 13.5×29.98 | 12.0×29.98 | 4.5×29.98 | 13.5×3.0 |
| 单重(kg) | 315674.2 | 192415.7 | 49503.2 | 33688.5 |

公路桥面布置在下层，采用工字形边主梁形式的正交异形板钢桥面。公路钢梁的加工制造以梁段为单元，标准梁段长度为 12m，全桥共划分 29 个制造梁段，标准梁段 20 个，特殊梁段 9 个，节段质量统计见表 8-3。

公路主梁节段质量统计表　　　　　　　　　　　表 8-3

| 名称 | 标准段 | 合龙段 | 过渡段 1 | 过渡段 2 | 过渡段 3 | 端部 |
|---|---|---|---|---|---|---|
| 数量 | 20 | 1 | 2 | 2 | 2 | 2 |
| 平面尺寸(m×m) | 12×36.5 | 4×36.5 | 12×36.5 | 11.5×36.5 | 9.5×36.5 | 12.85×36.5 |
| 质重(kg) | 173034.8 | 49828.3 | 180454.9 | 188700.6 | 123596.6 | 146617.7 |

## 8.1 拱肋线形控制研究与优化

本桥钢梁结构形式复杂，节段类型多，节段的制造与加工线形的控制关系到现场是否能顺利拼装以及成桥线形是否满足设计要求，为此本项目在钢梁制造加工前对全桥整体线形进行计算机放样，并在 CAD 模型空间中按放样图 1：1 绘制节段图形。所有拱肋、铁路桥面、公路桥面节段均在加工制造场内进行预拼，当发现尺寸有误时，即可在预拼装场地进行尺寸修正和调整，降低高空作业难度，加快安装进度，确保桥位架设顺利进行。

针对金沙江公铁两用桥结构特点，拱肋每次预拼装 4 个节段，单根拱肋预拼装 7 次，全桥共进行 14 次预拼装。拱肋预拼装采用平面辗转法，在专用预拼装胎架上进行，各节段处于无应力状态。

铁路公路桥面在场内进行全长度预拼装，每次预拼装长度 4~5 个节间，并且保留 1 个节间参加下一次试拼装。试拼装在专用胎架上进行，桥面系试拼装采用实桥立体试拼装。

公路桥面在场内进行全长度试拼装，每次试拼装长度 4~5 个节间，并且保留 1 个节间参加下一次试拼装。试拼装在专用胎架上进行，桥面系试拼装采用实桥立体试拼装。

### 8.1.1 预拼装作业

(1) 钢拱肋、铁路桥面、公路桥面节段旁弯、拱度(线形)的调整。
(2) 钢拱肋、铁路桥面、公路桥面节段长度控制。
(3) 组装钢拱肋、铁路桥面、公路桥面架设临时连接(定位匹配件)。
(4) 接口焊缝间隙及相邻接口对接缝错边量的调整。
(5) 桥位安装架设用基准线的布设。
(6) 钢拱肋、铁路桥面、公路桥面制造线形的控制。
(7) 钢拱肋刚性吊杆接头的控制。

### 8.1.2 预拼装的工艺流程

(1)严格按胎架基准线摆好端部第一个节段或复位梁段,用水准仪测量钢拱肋、铁路桥面、公路桥面节段拱度测点高程,用千斤顶调整使其满足平位摆放要求。以胎架基准线为准用全站仪(或激光经纬仪)使节段中心线在允许偏差范围内。

(2)以摆放好的节段为准依次微调、移位其余节段,控制测点高程,使各节段按基线就位,以胎架基准线为准用全站仪(或激光经纬仪)使各节段中心线在允许偏差范围内。

(3)待钢拱肋、铁路桥面、公路桥面节段全部就位后,以指定的位置检查拱度、长度及横向工地焊缝间隙等。拱度测量以腹板单元纵基线处的各节段两端横隔板位置高程为准;节段长度以腹板单元横基线间距为准;预拼总长度以两端节段腹板单元横基线间距为准;以胎架基准线为准修正直线度,控制旁弯在允许的偏差内。

(4)待各项点检查合格后,按线组焊节段间定位匹配件。

(5)钢拱肋节段、铁路桥面系、公路桥面系预拼装解体时,对节段进行编号并标识,采用运梁平车运至涂装厂房进行除锈、涂装,拱肋预拼装工艺流程如图 8-2 所示。

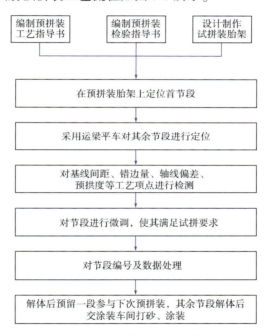

图 8-2 拱肋预拼装工艺流程

### 8.1.3 预拼装的工艺要点

(1)预拼装是钢拱肋、铁路桥面、公路桥面制作中验证节段精度和实现精匹配的关键工序,预拼装的精度直接反映节段的制作质量,同时也影响桥位的安装质量。为此,在预拼装前要编制工艺指导书、检验细则、设计胎架,为预拼装工作提供充分的技术支持。

(2)预拼装工艺指导书的编制要以试拼作业合理可行、简捷经济为原则,拼装的检测要做到全面科学,操作性强,预拼装的胎架设计除满足支点要求外,同时要考虑基础的稳固、支架的刚度、基准的选择及胎架承重后的弹性变形对试拼装精度的影响,为了避免支架承重对基准的影响,检测基准必须单独设在支架外的稳固基础上。

(3)预拼装节段按安装顺序摆放,预控几何精度,摆放后再精密调整。

(4)在第一个节间节段试装就位后,全面检测空间及平面几何精度和接口精度。

(5)依次摆放后续节间所有的构件,并且进行相应的检测、精确定位调整。

(6)全面检测一个试装节段的几何精度和匹配精度,如果出现超差现象则需要进行相应的调整。

## 8.2 加工、制造精度控制技术

为确保钢箱系杆拱桥的加工制造精度,针对本桥结构特点,编制了《宜宾金沙江公铁两用桥336m钢箱系杆拱制造施工组织设计》,用于总体指导本桥系杆拱的制造。针对本桥质量要求,编制《宜宾金沙江公铁两用桥336m钢箱系杆拱制造规则》,通过了专家评审,作为产品质量控制及验收的标准。针对各部分构件制造编制了详细的作业指导书、工艺过程卡等技术文件,用于指导生产的全过程。钢梁正式加工前进行拱肋及主梁钢结构焊接工艺评定,构件加工过程中严格执行标准流程,场内试装验收合格后散件发送至现场。

### 8.2.1 施工准备

(1)技术准备

凡是从事本桥钢梁制造的熔接工、拼装工、电焊工、起重工等均接受了专项技术培训,特别是从事对接焊缝、主要角焊缝以及熔透焊缝的电焊工通过举办相应的焊工资格考试,选择优秀的焊工择优上岗,如图8-3所示。

a)　　　　　　　　　　　　　　b)

图8-3　电焊工实操考试

技术人员对管理人员和工序操作人员进行了技术交底与培训,如图8-4所示,对生产过程中发现的不规范操作现象及时进行纠正,随时跟踪指导。

a)　　　　　　　　　　　　　　b)

图8-4　现场技术交底

施工前准备的主要技术文件见表8-4。

主要技术文件一览表    表8-4

| 序号 | 文件名称 | 序号 | 文件名称 |
|---|---|---|---|
| 1 | 施工组织设计 | 7 | 制作及焊接作业指导书 |
| 2 | 制造规则 | 8 | 材料采购清单 |
| 3 | 分块方案 | 9 | 焊缝返修工艺规程 |
| 4 | 制造方案 | 10 | 产品施工图 |
| 5 | 焊接工艺评定试验大纲 | 11 | 各种工艺文件 |
| 6 | 焊接工艺评定报告 | 12 | 工装技术文件 |

（2）工装准备

根据产品质量特性和工序控制精度要求，为了实现杆件制造标准化，保证产品质量的稳定性，提高生产效率，设计制作了一系列工装（表8-5），以达到合理、经济、安全以及确保工期和质量的目的。

专用工装明细表    表8-5

| 序号 | 名称 | 功能 | 数量 |
|---|---|---|---|
| 1 | 钢拱肋板单元组装胎架 | 钢拱肋板单元组装 | 4组 |
| 2 | 钢拱肋组焊胎型 | 钢拱肋组装、焊接 | 5组 |
| 3 | 吊杆组焊胎型 | 吊杆组装、焊接 | 2组 |
| 4 | 横撑、斜撑组焊胎型 | 横撑、斜撑组装焊接 | 2组 |
| 5 | 公路桥面预拼装胎架 | 公路桥面预拼装 | 1组 |
| 6 | 铁路桥面预拼装胎架 | 铁路桥面预拼装 | 3组 |
| 7 | 边主梁组焊胎架 | 边主梁组装、焊接 | 4组 |
| 8 | 边主梁矫正、检测平台 | 边主梁矫正和检测 | 2组 |
| 9 | 箱形杆件划线平台 | 箱形杆件划线 | 2组 |
| 10 | 翻身、起吊用吊具 | 杆件的翻身、起吊 | 8组 |
| 11 | 钻孔样板 | 零部件制孔 | 57组 |

开工前对所有设备进行全面检修，使其保持良好的运行状态。主要设备有钢板辊平机、钢板预处理线、门式火焰切割机、数控火焰切割机、斜面铣床、刨边机、双侧铣边机、摇臂钻床、数控平面钻床、立式端面镗铣床及600t起重设备等，如图8-5所示。

a) 钢板辊平机

b) 钢板预处理线

图 8-5

c)门式火焰切割机

d)数控火焰切割机

e)斜面铣床

f)双侧铣边机

g)摇臂钻床

h)数控平面钻床

i)立式端面镗铣床

j)600t起重设备

图 8-5　主要设备

## 8.2.2 过程控制

以钢拱肋为例阐述钢箱拱桥杆件加工过程控制,钢拱肋采用单箱三室箱形等截面构造,主要由拱肋顶板、拱肋底板、腹板、纵隔板、横隔板、纵向加劲肋及接头板等部分组成,节段结构示意如图 8-6 所示。

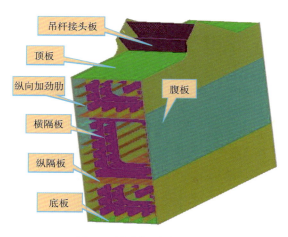

图 8-6 拱肋节段结构示意图

锚箱单元是拱肋节段传递索力的重要构件,柔性索吊通过拱肋的锚箱单元穿过铁路桥面,连接在公路桥面耳板上。锚箱单元主要由锚板、锚垫板、锚腹板、加劲板、插板及锚管等部分组成,锚箱结构示意如图 8-7 所示。

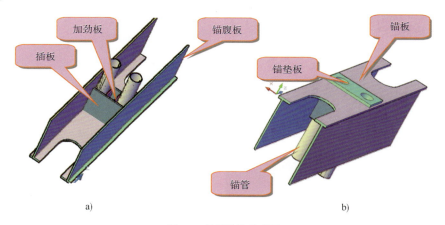

图 8-7 锚箱结构示意图

(1)拱肋腹板单元制作工艺流程

为了保证腹板拱肋单元的平面度,以及加劲肋的相对位置关系,腹板板单元先接宽,后组焊加劲肋,然后进行整体配切,工艺流程如图 8-8 所示。

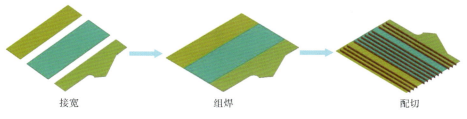

图 8-8 拱肋腹板单元制作工艺流程

下料：采用数控下料，腹板宽度方向预留焊接收缩量，长度方向均按规定预留板单元二次配切量。下料后对切割面缺陷进行修补、打磨。

调直：对下料腹板单元零件进行调直，保证平面度达到设计要求。

划线：按图纸及工艺文件要求在板面上划出纵横基准线。

板块对接：在专用胎型上按图纸及工艺要求将板块组装成板块合件，采用埋弧自动焊进行施焊，并进行板单元合件翻身。

探伤：按要求对焊缝进行探伤检查。

修整：采用火焰矫正修整焊接变形。

划线：按图纸及工艺要求，在划线平台上修正纵横基线，并划出加劲肋组装位置线。

加劲肋组焊：在专用胎型上按线组装加劲肋，保证加劲肋的相对位置及直线度。在专用焊接胎架上完成焊接，采用四周卡固方法约束焊接变形，保证焊接质量。

修整：采用机械并结合火焰修整。

划线：修正纵横基准线，作为后续作业的基准，同时以纵横基准线为基准划出宽度方向切割线。

焰切：焰切采用半自动小车焰切宽度方向的工艺量。

腹板单元制作现场如图 8-9 所示。

a) 腹板对接

b) 腹板对接焊缝无损检测

c) 组装前除锈

d) 腹板单元修整

图 8-9　拱肋腹板单元制作

（2）拱肋横隔板单元制作工艺流程

由于横隔板是节段组装中的内胎，其轮廓尺寸是保证节段制作质量的关键，其工艺流程为：数控火焰切割机下料→对于有坡口的横隔板加工周边坡口→组焊加强圈→修整横隔板单元平面度。工艺流程如图 8-10 所示。

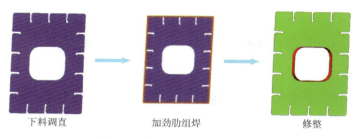

图 8-10　横隔板单元制作工艺流程

下料：采用数控下料，下料后对切割面缺陷进行修补、打磨。

调直：对下零件进行调直，保证平面度达到设计要求。

加劲肋组焊：在专用胎型上按线组装加强圈。

修整：采用机械并结合火焰修整，矫正变形，修磨圆弧部位，如图 8-11 所示。

图 8-11　横隔板单元修整

（3）拱肋顶底板单元制作工艺流程

顶板、底板单板折弯、组焊加劲肋后，周圈预留二次配切量，两长度方向板单元组焊完成后（参与节段组装前）配切。顶底板单元制作工艺流程：钢板预处理划线→折弯→组焊加劲肋→焰切两长度方向工艺量。工艺流程如图 8-12 所示。

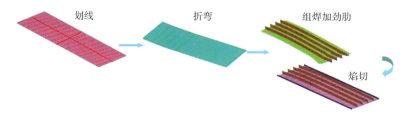

图 8-12　顶底板单元制作工艺流程

划线：钢板预处理后，不下料，按图纸及工艺文件要求在板面上划出纵横基准线，以纵横基线为基准划锚孔位置线及加劲肋组装位置线。

焰切锚孔：采用小型数控切割机在平台上焰切锚孔。

折弯：按折弯线进行折弯。

加劲肋组焊：在专用胎型上按线组装加劲肋，保证加劲肋的相对位置及垂直度。在专用焊接胎架上完成焊接，采用四周卡固方法约束焊接变形，保证焊接质量。

修整：采用火焰矫正修整焊接变形。

划线：修正纵横基准线作为后续作业的基准，同时以纵横基准线为基准划长度方向切割线。

焰切：采用半自动小车焰切两长度方向的工艺量。

顶底板单元制作现场如图 8-13 所示。

a)小型数控切割机焰切锚孔

b)顶底板组焊胎架

c)底板单元组装尺寸检测　　　　　d)顶底板焰切两长边坡口

图 8-13　拱肋顶底板单元制作

(4)拱肋纵隔板单元制作工艺流程

纵隔板单板折弯,组焊加劲肋,周圈预留二次配切量,板单元组焊完成后周圈焰切预留工艺量,最后进行板单元钻孔。纵隔板单元制作工艺流程(图 8-14):钢板预处理划线→折弯→组焊加劲肋→焰切周圈工艺量→摇臂钻床钻纵隔板单元孔群。

划线:钢板预处理后,不进行下料,在平台上按图纸及工艺文件要求在板面上划出纵横基准线,以纵横基线为基准划加劲肋组装位置线。

折弯:按折弯线进行折弯。

加劲肋组焊:在专用胎型上按线组装加劲肋,保证加劲肋的相对位置及垂直度。在专用焊接胎架上完成焊接,采用四周卡固方法约束焊接变形,保证焊接质量。

修整:采用火焰矫正修整焊接变形。

划线:修正纵横基准线,作为后续作业的基准,同时以纵横基准线为基准划钻孔对向线及长度方向切割线。

焰切:采用半自动小车焰切两长度方向的工艺量。

钻孔:卡钻孔样板,样板对线孔对齐钻孔对向线,使用摇臂钻床钻纵隔板孔群。纵隔板单元钻孔及孔径检测如图 8-15 所示。

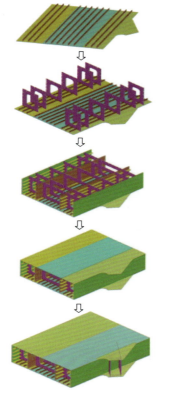

在专用槽型组装胎架上定位内腹板单元。

以内腹板单元横基线为基准依次划线组装横隔板单元、纵隔板单元。

接线组装顶板、底板、纵隔板及锚箱单元。

组装外腹板单元,焊接棱角焊缝、隔板与腹板角焊缝。检测并修整箱形的焊接变形。

组焊接头板,重点控制组装精度。焊接完毕后对节段进行全面修整,并切割两端头。切割完毕进行拱肋箱体整体检测,检测合格移交试拼装工序。

图 8-14 拱肋节段制作工艺流程

a)

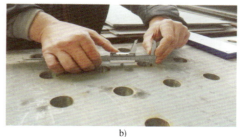
b)

图 8-15 纵隔板钻孔及孔径检测

(5)拱肋节段整体制作工艺流程

拱肋节段制作工艺流程如图 8-16 所示。

a)组装拱肋内腹板与边隔板

b)组装顶底板、纵隔板及中间隔板

图 8-16

c)定位锚箱

d)棱角焊缝焊接

e)拱肋翻身吊耳

f)大节段翻身

g)箱口二次切割

h)箱口尺寸检测

图 8-16 拱肋节段制作

(6)拱肋锚箱单元制作工艺流程

由于节段锚箱施焊空间小,单板直接参与组装后施焊困难,同时不易控制焊接变形,所以锚箱制作为单元件后整体参与节段的组装。

①锚箱零件制作

锚箱插板、加劲板及锚腹板在零件制作时刨焊接边,锚垫板在单元件制作时整体铣边。

板块下料:数控下料,长度、宽度均按规定预留焊接收缩量及加工量。

调直:用辊板机进行辊平处理,确保平面度满足标准要求。

划线:按图纸及工艺要求,锚箱加劲板在划线平台上划出纵横基准线,以纵横基准线为基准划出锚箱插板、加劲板及锚腹板刨边线。

刨边:按照作业指导书要求按线机加工锚箱插板、加劲板及锚腹板。

②锚箱单元制作工艺

锚箱单元制作先组装锚座板、插板及加劲板,焊接完成后再组装锚腹板及锚垫板,修整后对锚垫板整体铣边,保证锚垫板平面度,锚管在拱肋试装线形调整到位后进行组装。制作工艺流程如图 8-17 所示。

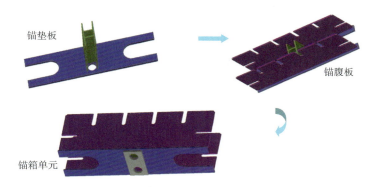

图 8-17 锚箱单元制作工艺流程

拼装:在专用组装平台上按图纸及工艺要求将锚座板、插板及加劲板拼装为整体。

焊接:为了防止锚箱单元件在焊接时产生变形,采用线能量较小的 $CO_2$ 气体保护焊焊接锚箱单元角焊缝,对称施焊。

修整:修整焊接变形。

组装:组装锚腹板与锚垫板。

焊接:焊接锚垫板与锚腹板。

探伤:按要求对焊缝进行探伤检查。

修整:修整焊接变形。

铣边:使用立式端面镗铣床铣锚垫板。

锚箱单元制作现场如图 8-18 所示。

a)

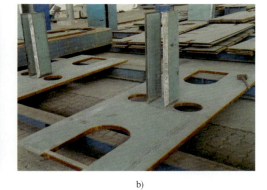

b)

c)

d)

图 8-18 拱肋锚箱单元制作

(7)重点、难点控制措施

①钢拱肋组装工艺措施

由于钢拱肋箱体尺寸较大,焊接量比较集中,为了有效控制节段尺寸及箱口尺寸的精度要求,采用如下工艺措施:

腹板单元加劲肋较多,采用腹板单元单件下料,单板对接,对接后整体划线组装腹板加劲肋,有效地控制了加劲肋的相对位置关系。

设计制造了钢拱肋板单元专用的组装胎架、焊接反变形胎架、钢拱肋组装胎架等工装。

根据箱口焊接、热矫正收缩规律,确定合理的组装箱口尺寸公差。

箱体焊接前在箱口组装工艺板,保证箱口整体稳定性,有效地控制了箱口焊接变形。

为保证拱肋箱体长度及箱口尺寸,拱肋组焊过程中箱口两侧预留工艺量,两侧箱口后切。

②制孔措施

钢拱肋有多向连接关系且连接关系复杂,若不能满足标准要求,将会直接影响桥位安装及成桥线形。为了确保满足孔群精度要求,我们根据以往经验并结合该桥特点,采取如下工艺措施:

制孔工艺以后孔法工艺为主(对于横斜撑接头、吊杆接头孔群全部使用后孔法钻孔)、先孔法为辅(即不能实施后孔法的纵隔板及加劲肋采用先孔法),避免焊接变形、矫正变形的影响,提高制孔精度。

采用高精度的制孔设备:包含1台整体杆件专用数控钻床、1台18m数控钻床、1台12m数控钻床还有3台平面数控钻床。

采用统一的高精度钻头,通过培训提高工人磨钻头的水平,购置钻头刃磨机磨制钻头,并坚持试钻制度,严格控制板面与钻头的垂直度、钻孔厚度和钻孔吃刀量,使孔径偏差既不超差,又使偏差离散性尽量小。

设计高精度的制孔工装,本项目共设计了57套钻孔样板,配合摇臂钻床及磁力钻钻孔工艺。对数控钻床不能施钻的孔采用样板接钻工艺。

对于数控钻孔和样板钻孔相结合的杆件,其划线基准统一,摇臂钻孔如图8-19所示。

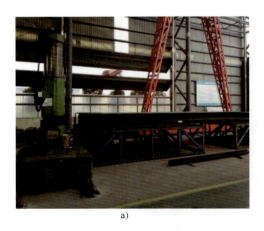 

a)　　　　　　　　　　　　　　　　　b)

图8-19　摇臂钻孔

③拱肋锚箱单元制作技术措施

对于外露边进行倒棱,以满足疲劳和涂装的需要。锚拉板、加劲板下料时预留机加工量。在刨边机上加工焊接边坡口。锚箱合件组装时采用定位样板控制锚管角度。锚箱组焊完成后,整体加工锚垫板,保证锚垫板的平面度。设置锚箱划线、组装及焊接平台。

④拱肋横斜撑接头制作技术措施

横斜撑接头以块体单元形式整体与钢拱肋组焊。为了保证横斜撑接头位置及角度精确,横斜撑接头在拱肋试装线形调整到位后再进行整体组焊。为了保证横斜撑接头孔群的匹配性,采用后钻工艺,如图8-20所示。

图 8-20　横斜撑接头试装时组装、钻孔

⑤拼接板制作措施

结合该桥的特点，拼接板制作根据其所在位置和连接关系采用"先孔法"和"后孔法"相结合的制孔工艺。

a. 先孔法拼接板制作工艺

先孔法即零件下料后直接采用数控机床制孔，具体制作工艺如图 8-21 所示。

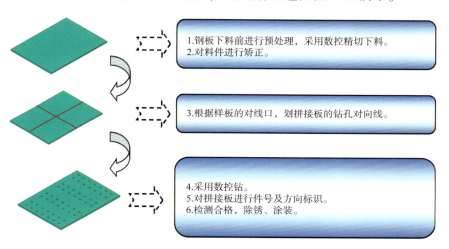

图 8-21　先孔法拼接板制作流程图

b. 后孔法拼接板制作工艺

所谓后孔法即下料时长度方向预留量，先钻制一部分孔群，待试拼装时或桥位连接时投钻另一端孔群。具体制作工艺如图 8-22 所示。

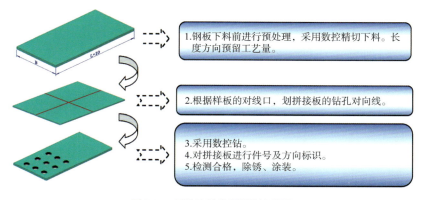

图 8-22　后孔法拼接板制作流程图

# 成贵高铁金沙江公铁两用桥
## 建造关键技术

KEY TECHNOLOGY FOR
THE CONSTRUCTION
OF JINSHA RIVER HIGHWAY AND RAILWAY BRIDGE
ON CHENGDU-GUIYANG HIGH-SPEED RAILWAY

成贵高铁金沙江公铁两用桥
**建造关键技术**

09

第 **9** 章
# 施工监控

# 成贵高铁金沙江公铁两用桥
## 建造关键技术

KEY TECHNOLOGY FOR
THE CONSTRUCTION
OF JINSHA RIVER HIGHWAY AND RAILWAY BRIDGE
ON CHENGDU-GUIYANG HIGH-SPEED RAILWAY

金沙江公铁两用桥是一个复杂的结构体系,在建造过程中,材料的差异、环境的影响、施工的精度和荷载的不确定性都会对结构的内力和变形产生极大的影响,甚至决定着桥梁能否顺利合龙。为了保证施工过程中结构的稳定性和安全性,以及成桥状态(包括内力和线形状态)符合设计目标的要求,对结构的施工过程进行施工监控是必要的。

## 9.1 施工监控计算

金沙江公铁两用桥的监控计算采用无应力状态控制法,使用根据该控制理论自主研发的桥梁空间分析软件 3D Bridge 进行结构有限元计算分析,并采用 MIDAS CIVIL 软件进行计算复核。

### 9.1.1 监控计算模型

(1) 主拱计算模型

主拱模型将桥面系等效离散成梁单元和板单元,吊索系杆索采用索单元建模,其他采用梁单元建模。主桥钢箱系杆拱计算模型整体结构共计 20054 个节点,梁单元共 12519 个,板单元 5608 个,索单元共 50 个。金沙江公铁两用桥桥梁空间分析模型如图 9-1、图 9-2 所示。

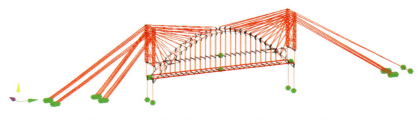

图 9-1 金沙江公铁两用桥 3D Bridge 桥梁空间分析模型

图 9-2 金沙江公铁两用桥 Midas 桥梁空间分析模型

(2) 边拱计算模型

边拱模型将桥面系等效离散成梁单元和板单元,吊索系杆索采用索单元建模,其他采用梁单元建模。边拱钢箱系杆拱计算模型整体结构共计 1162 个节点,梁单元共 1047 个,板单元 108 个,索单元共 18 个,计算模型示意如图 9-3 所示。

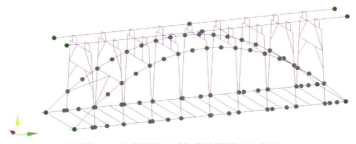

图 9-3 边跨混凝土系杆拱计算模型示意图

拱肋支架为多点弹性支撑,根据拱肋支架设计方案换算弹性支撑刚度,在浇筑拱肋时,拱肋重量全部由支架承受。支架拆除时,拱肋刚度形成,拆除过程中,弹性支撑点力释放,拱肋与梁形成系杆拱体系。

### 9.1.2 监控计算内容

监控计算包括以下计算内容:

(1)进行设计复核,确定监控目标状态参数:成桥拱肋线形、公路桥面主梁线形、铁路桥面主梁线形、吊索索力、系杆张力、主梁内力、拱肋内力等。

(2)上部结构理想施工全过程的仿真分析,计算各施工阶段结构变形、应力、内力等。

(3)主跨钢箱梁系杆拱桥主要计算内容如下:

①计算2号、3号墩最大允许偏位,控制截面应力。

②计算拱肋斜拉扣挂悬臂拼装过程,主要确定各段拱肋拼装线形,扣索、背索张拉索力等参数。

③复核计算拱肋吊装、斜拉扣挂系统,主要计算拱肋最大悬臂工况、强风荷载作用工况临时塔架的稳定性,塔架最大允许偏位,控制截面应力等。

④确定拱肋合龙方案、扣索松索方案等。

⑤确定系杆张拉时机及张拉力。

⑥确定刚性吊杆及柔性吊杆加工制造无应力长度,确定拱上立柱顶面高程。

⑦确定铁路桥面、公路桥面钢梁制造线形。

(4)边跨混凝土系杆拱桥主要计算内容如下:

①临时支架承载力复核计算。

②确定主梁立模高程。

③确定拱肋立模高程。

④确定系杆预应力张拉时机及张拉力。

⑤确定公路桥面柔性吊杆主动张拉次序及张拉力。

⑥确定铁路桥面拱上立柱顶面高程。

(5)进行设计参数或误差敏感性分析,确定主要施工误差因素。

(6)在理论分析的基础上确定各阶段的施工控制参数,对控制性参数、施工工序等通过施工监控指令的形式进行明确。

### 9.1.3 监控计算结果

#### 1)主跨钢箱系杆拱桥主要计算结果

(1)结构内力计算结果

考虑恒载+支座沉降+铁路活载+公路活载+横向摇摆力组合作用下,主桥结构内力计算结果见表9-1。

主桥结构内力计算结果　　　　表9-1

| 结构部位 | 计算结果 |
| --- | --- |
| 主拱肋 | ①最大轴力为148379kN,出现在钢混接合面位置;最小轴力为74972kN,出现在拱顶。拱脚混凝土段拱肋最大轴力为167322kN,最小轴力为138397kN。<br>②最大弯矩为148366kN·m,出现在拱肋1/4位置;最小弯矩为−254580kN·m,出现在钢混接合面位置。拱脚混凝土段拱肋最大弯矩为94774kN·m,最小弯矩为−513674kN·m。<br>③最大剪力为9228kN,出现在钢混接合面位置。拱脚混凝土段最大剪力为19973kN |
| 铁路刚性吊杆 | 最大轴力为9024kN,出现在边吊杆DG9;最小轴力为2390kN,出现在杆件DG8 |

续上表

| 结构部位 | 计算结果 |
|---|---|
| 铁路边主梁 | ①最大弯矩为 19394kN·m,出现在边吊杆 DG9 与 HC5 之间的边主梁跨中;最小弯矩为 -24351kN·m,出现在 HC5 支点处。<br>②最大剪力为 4199kN,出现在 HC5 支点处 |
| 公路边主梁 | ①最大弯矩为 7476kN·m,出现在 3 号墩边吊杆 DS12 与梁端之间的边主梁跨中;最小弯矩为 -9525kN·m,出现在 DS12 处。<br>②最大剪力为 3004kN,出现在边吊杆 DS12 处 |
| 系杆 | 最大轴力为 81010kN |
| 公路吊索 | 最大轴力为 4880kN,出现在 DS12 处;公路吊索最小轴力为 1827kN,出现在 DS11;其余中间吊索内力比较均匀 |
| 2 号墩 | 单个墩柱最大轴力为 393176kN,出现在 2 号墩墩柱底部。单个墩柱最大剪力为 81026kN,出现在系杆锚固区和拱墩交接点之间;最小剪力为 -14714kN,出现在墩柱底部。单个墩柱最大弯矩为 1333027kN·m,出现在 2 号拱梁交接处 |
| 3 号墩 | 单个墩柱最大轴力为 417621kN,出现在 3 号墩墩柱底部。单个墩柱最小剪力为 -81023kN,出现在系杆锚固区和拱墩交接点之间;最大剪力为 14651kN,出现在墩柱底部。单个墩柱最大弯矩为 1310805kN·m,出现在 3 号墩拱梁交接处 |

(2)结构应力计算结果

考虑在恒载 + 支座沉降 + 铁路活载 + 公路活载 + 横向摇摆力组合作用下,主桥结构应力计算结果均满足设计要求,见表 9-2。

主桥结构应力计算结果　　　　表 9-2

| 结构部位 | 计算结果 |
|---|---|
| 主拱肋 | ①拱肋上缘最大压应力为 162.3MPa,出现在拱肋 1/4 处;最小压应力为 7.7MPa,出现在拱脚钢混接合面处;最大压应力值小于[$\sigma$] =175MPa,满足设计要求。<br>②拱肋下缘最大压应力为 146.3MPa,出现在拱肋钢混接合面处;最小压应力为 31.9MPa,出现在钢混接合面处;最大压应力值小于[$\sigma$] =175MPa,满足设计要求 |
| 铁路刚性吊杆 | 刚性吊杆最大拉应力为 118.4MPa,出现在 DG9 处;最大压应力为 37.5MPa,出现在 DG2 处;最大拉应力值小于[$\sigma$] =185MPa,满足设计要求 |
| 铁路边主梁 | ①上缘最大压应力为 92.3MPa,出现在 DG9 与 HC5 之间的跨中;最大拉应力为 -102.0MPa,出现在 DG9 处;最大应力值小于[$\sigma$] =185MPa,满足设计要求。<br>②下缘最大压应力为 106.0MPa,出现在 HC5 支点处;最大拉应力为 -77.8MPa,出现在 DG9 与 HC5 之间的跨中;最大应力值小于[$\sigma$] =185MPa,满足设计要求 |
| 公路边主梁 | ①上缘最大压应力为 75.7MPa,出现在 DS12 与梁端之间的跨中;最大拉应力为 124.2MPa,出现在 DS12 处;最大应力值小于[$\sigma$] =185MPa,满足设计要求。<br>②下缘最大压应力为 92.4MPa,出现在 D12 处;最大拉应力为 134.7MPa,出现在 DS12 与梁端之间的跨中;最大应力值小于[$\sigma$] =185MPa,满足设计要求 |

续上表

| 结构部位 | 计算结果 |
|---|---|
| 系杆 | 最大拉应力为661MPa，其最大应力值小于$\sigma_b K = 744$MPa，满足设计要求 |
| 公路吊索 | 最大拉应力为511.0MPa，其最大应力值小于$\sigma_b K = 557$MPa，满足设计要求 |
| 2号墩 | 最大拉应力为2.0MPa，出现在拱墩交接处墩柱外侧；最大压应力为6.6MPa，出现在墩柱内侧。按照钢筋混凝土构造进行设计，通过配筋计算满足设计要求 |
| 3号墩 | 3号墩最大拉应力为2.0MPa，出现在拱墩交接处墩柱外侧；最大压应力为6.5MPa，出现在墩柱内侧。按照钢筋混凝土构造进行设计，通过配筋计算满足设计要求 |

注：$[\sigma]$为容许应力；$\sigma_b$为抗拉强度；K为常数。

(3) 公路吊索结果及检算

表9-3为公路柔性吊索计算结果，吊索最大索力为4832kN，出现在边吊索DS12处，吊索安全系数为3.4，满足规范设计要求；吊索最小安全系数为3.1，出现在DS8、DS9号索，其安全系数满足规范设计要求。

柔性吊索计算结果　　　　　　表9-3

| 索号 | | 成桥索力（kN） | 主力索力（kN） | | 主力应力（MPa） | 安全系数 | 疲劳强度（MPa） |
|---|---|---|---|---|---|---|---|
| 编号 | 型号 | | 最小 | 最大 | | | |
| DS12 | 2-PES7-127 | 3514 | 3326 | 4832 | 494 | 3.4 | 154 |
| DS11 | 2-PES7-55 | 1690 | 1636 | 2166 | 512 | 3.3 | 125 |
| DS10 | 2-PES7-55 | 1690 | 1631 | 2198 | 519 | 3.2 | 134 |
| DS9 | 2-PES7-55 | 1692 | 1623 | 2250 | 531 | 3.1 | 148 |
| DS8 | 2-PES7-55 | 1699 | 1642 | 2245 | 530 | 3.1 | 142 |
| DS7 | 2-PES7-55 | 1702 | 1653 | 2238 | 529 | 3.2 | 138 |
| DS6 | 2-PES7-55 | 1704 | 1658 | 2233 | 527 | 3.2 | 136 |
| DS5 | 2-PES7-55 | 1707 | 1663 | 2230 | 527 | 3.2 | 134 |
| DS4 | 2-PES7-55 | 1709 | 1666 | 2227 | 526 | 3.2 | 133 |
| DS3 | 2-PES7-55 | 1710 | 1667 | 2226 | 526 | 3.2 | 132 |
| DS2 | 2-PES7-55 | 1713 | 1670 | 2225 | 526 | 3.2 | 131 |
| DS1 | 2-PES7-55 | 1713 | 1671 | 2223 | 525 | 3.2 | 130 |

2) 边跨混凝土简支拱主要计算结果

(1) 支架拆除计算结果

表9-4为拆除支架后主拱在支架支撑点的总体变形。可以看出，支架拆除时边跨应力变化最大，跨中应力变化最小，拆除时应该先拆可能引起应力变化最大的支撑点，即支架拆除应该从边跨向跨中进行。

拆除支架后主拱在支架支撑点的总体变形　　　　　　表9-4

| 成都至贵阳支撑点 | 支架高度$L$(m) | 拱肋变形$\triangle L$(mm) | 变形引起的应变$\triangle L/L$ | 应变折算的应力(MPa) |
|---|---|---|---|---|
| 1 | 1 | −3.0 | $2.98 \times 10^{-3}$ | −624.8 |
| 2 | 5.3 | −5.9 | $1.11 \times 10^{-3}$ | −233.3 |
| 3 | 9.7 | −8.7 | $8.98 \times 10^{-4}$ | −188.5 |
| 4 | 12.8 | −10.9 | $8.48 \times 10^{-4}$ | −178.1 |
| 5 | 15.5 | −12.4 | $8.03 \times 10^{-4}$ | −168.6 |

续上表

| 成都至贵阳支撑点 | 支架高度 $L$(m) | 拱肋变形 $\triangle L$(mm) | 变形引起的应变 $\triangle L/L$ | 应变折算的应力(MPa) |
|---|---|---|---|---|
| 6 | 17.6 | -13.4 | $7.59 \times 10^{-4}$ | -159.4 |
| 7 | 19.1 | -13.9 | $7.25 \times 10^{-4}$ | -152.4 |
| 8 | 20 | -13.9 | $6.96 \times 10^{-4}$ | -146.1 |
| 9 | 21.1 | -13.9 | $6.59 \times 10^{-4}$ | -138.3 |
| 10 | 20 | -13.9 | $6.96 \times 10^{-4}$ | -146.1 |
| 11 | 19.1 | -13.9 | $7.26 \times 10^{-4}$ | -152.4 |
| 12 | 17.6 | -13.4 | $7.59 \times 10^{-4}$ | -159.5 |
| 13 | 15.5 | -12.5 | $8.03 \times 10^{-4}$ | -168.7 |
| 14 | 12.8 | -10.9 | $8.49 \times 10^{-4}$ | -178.2 |
| 15 | 9.7 | -8.7 | $8.98 \times 10^{-4}$ | -188.6 |
| 16 | 5.3 | -5.9 | $1.11 \times 10^{-3}$ | -233.5 |
| 17 | 1 | -3.0 | $2.98 \times 10^{-3}$ | -625.4 |

由边跨向跨中对称拆除支架时支架竖向受力及支架换算应力见表9-5,最大支反力在5号支架位置,支架横断面面积为$0.07476m^2$,折算支架最大压应力为142.65MPa,满足承载力要求。

拆除支架支反力变化表(单位:kN)　　　　　　　　　　　　　　　　　　　　　表9-5

| 边-中支点 | 拆除之前 | 拆除1 | 拆除2 | 拆除3 | 拆除4 | 拆除5 | 拆除6 | 拆除7 | 拆除8 | 最大值 |
|---|---|---|---|---|---|---|---|---|---|---|
| 1 | 3533 | — | — | — | — | — | — | — | — | 3533 |
| 2 | 2405 | 5338 | — | — | — | — | — | — | — | 5338 |
| 3 | 4128 | 3272 | 8884 | — | — | — | — | — | — | 8884 |
| 4 | 1727 | 1725 | 0 | 10125 | — | — | — | — | — | 10125 |
| 5 | 3185 | 3172 | 3005 | 0 | 10665 | — | — | — | — | 10665 |
| 6 | 1550 | 1538 | 1526 | 846 | 0 | 9490 | — | — | — | 9490 |
| 7 | 3041 | 3028 | 2980 | 2951 | 0 | 0 | 6013 | — | — | 6013 |
| 8 | 1491 | 1479 | 1435 | 1302 | 1697 | 0 | 0 | 3917 | — | 3917 |
| 9 | 1778 | 1766 | 1718 | 1570 | 1369 | 0 | 0 | 0 | 6450 | 6450 |

(2)吊索张拉计算结果

初步确定张拉次序为由跨中向边跨对称张拉,一次性张拉到位。张拉力及张拉过程中各个吊索力的变化见表9-6。

张拉过程中吊索力变化表(单位:kN)　　　　　　　　　　　　　　　　　　　　　表9-6

| 吊点边到中 | 张拉1 | 张拉2 | 张拉3 | 张拉4 | 张拉5 |
|---|---|---|---|---|---|
| 1 | — | — | — | — | 5113 |
| 2 | — | — | — | 4721.693 | 4239 |
| 3 | — | — | 5605.683 | 4380.129 | 4225 |
| 4 | — | 7112.041 | 4702.771 | 4255.209 | 4246 |
| 5 | 4754.759 | 6158.53 | 4420.701 | 4222.716 | 4251 |

成桥时吊索力增量最大为612kN,在公路活荷载作用下吊索力最大增量变化见表9-7。

运营阶段吊索力最大增量变化表（单位：kN）　　　　表9-7

| 吊点边到中 | 活荷载作用力增量 |
|---|---|
| 1 | 160.8 |
| 2 | 280.7 |
| 3 | 331.2 |
| 4 | 350.0 |
| 5 | 354.7 |

张拉过程中的吊索力大于成桥吊索力和活荷载共同作用，建议分两次张拉到位，每次张拉力为一次性张拉力的一半。张拉过程中拱肋应力变化不超过2MPa。

吊索张拉过程中公路纵梁最大压应力值在8.8～22.3MPa之间，张拉过程中除端横梁连接部位的纵梁有拉应力外，最大拉应力为0.7MPa，其他地方不产生拉应力。

## 9.2　监控重点、难点分析

金沙江公铁两用桥"五连拱"结构体系设计复杂，施工工艺难度大，主拱和边拱采用不同的结构体系和施工方法，施工过程中对主拱和边拱的监控重点和难点是不一样的。

### 9.2.1　主拱施工监控重点、难点分析

金沙江公铁两用桥主拱为钢箱系杆拱桥，采用缆索吊装、斜拉扣挂悬臂拼装施工。施工监控的重点、难点有：

（1）拱肋吊装风险控制

①临时塔架支撑于主墩顶面，缆塔支撑于扣塔之上，临时塔架最高处距离江面达220m（常水位）。

②最大吊装重物质量达315t。

③全年大风出现频率以7、8月份最多，4、5月份次之。风极大时可达12级左右，1974年7月18日该地区出现过新中国成立以来强度最大的一场大风，风速达30.2m/s（即12级），风向东北。

④拱肋悬臂拼装过程中塔架受力复杂，其稳定性是本项目控制的重点。

⑤做好试吊工作，及时发现安全隐患。

⑥拱肋悬臂拼装过程中适时对塔架偏位、扣索索力、背索索力进行监测，及时预警可能出现的异常情况。

（2）拱肋线形控制

①拱脚采用拱墩固结体系，再加上拱肋刚度大，拱肋线形可调范围小，必须结合拱肋预拼线形控制好拱肋悬臂拼装线形，保证拱肋合龙顺利。

②拱脚定位必须精确，两岸拱肋相对精度也需控制到位，并保证混凝土浇筑过程中无异常变位。

③拱肋横向连接系与拱肋间采用栓接，可调范围小，拱肋悬臂拼装相对精度要求高。

④拱肋悬臂拼装过程中扣索索力控制准确，保证拱脚混凝土受力在可控范围，并精确控制拱肋各节段的线形，避免偏差累积。

⑤拱肋线形测点与拱肋预拼线形测点建立对应关系，并保证测点位置准确易观测，线形观测需在环境气温稳定、风速小、视线良好的条件下进行。

⑥扣索松除时分级对称进行。

（3）系杆张力控制

为了保证拱肋、墩柱的受力安全，随着拱肋水平推力的变化适时、准确对系杆进行张力调整。

系杆张力采用伸长量法、垂度法、压力传感器法等方法进行精确控制。

(4)吊杆制造长度确定

拱肋制造时不设预拱度,在施工过程仿真分析计算的基础上,根据拱肋累计位移、吊杆弹性伸长量、主梁预拱度等确定吊杆制造长度,进而保证桥面线形偏差在理想范围内。

### 9.2.2 边拱桥施工监控重点难点分析

边拱采用混凝土简支系杆提篮拱,在多层复杂支架上进行大体积混凝土现浇施工。施工监控的重点、难点有:

(1)支架安全控制

①在施工过程仿真分析的基础上,确定支架最大施工荷载,并保证支架有足够的承载能力。
②做好支架预压工作,消除支架非弹性变形,并验证支架的承载能力,为主梁、拱肋立模提供依据。
③加强支架沉降观测,及时发现安全隐患。
④支架拆除时对称进行,避免结构局部受力过大。

(2)混凝土抗裂控制

及时张拉主梁纵向预应力,平衡拱肋水平推力,保证拱肋、主梁受力安全可靠。

(3)柔性吊杆张力控制

公路桥面主梁通过柔性吊杆主动张拉进行落架,因此其张拉力及次序需严格控制,保证体系转换过程中结构的受力安全。

## 9.3 施工监测内容

施工监测的主要内容为五部分:线形、应力、吊杆(系杆、扣索、背索)张力、温度、风速。

### 9.3.1 结构线形监测

拱肋线形采用全站仪进行测量,在拱肋测点处布置棱镜。主梁线形监测采用 Leica NA2 自动安平水准仪 + FS1 测微器,精度级别 S1,配备使用 2m 的铟钢尺,按三等水准测量进行闭合测量(图 9-4)。

a)Leica NA2自动安平水准仪　　　　　　　　b)测量机器人Leica TM30

图 9-4　线形测量仪器

(1)桥面主梁线形监测

桥面线形监测点布设于拱肋拱脚、每个吊杆、拱上立柱对应位置,详见图 9-5。主跨共布设 26 个截面,公路、铁路桥面上下游各一个测点,共 104 个测点;边跨共布设 44 个截面,公路、铁路桥面上下游各一个测点,共 176 个测点。

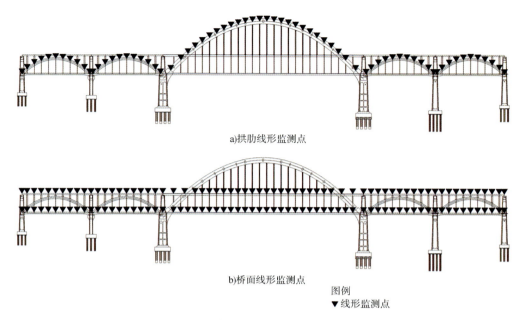

a) 拱肋线形监测点

b) 桥面线形监测点

图例
▼ 线形监测点

图 9-5　拱肋、桥面线形监测点位置示意图

(2) 斜拉扣挂系统监测

① 扣塔偏位测量

扣塔每塔柱顶面布设 1 个塔顶偏位测点，全桥共 4 个测点，如图 9-6 所示。

② 缆索吊机临时锚碇水平位移测点

缆索吊机临时锚碇每个锚碇布设 2 个水平位移测点，全桥共 8 个测点。在每个测点处布设观测标志钉，如图 9-7 所示。

图 9-6　扣缆塔塔顶偏位测点固定棱镜

图 9-7　缆索吊机临时锚碇位移监测点

### 9.3.2　应力监测

本项目结构应力、温度采用人工 + 自动采集两种设备进行测试及数据处理。对于安全风险高、监测频次高的断面如劲性骨架拱脚、外包混凝土拱脚采用自动采集设备进行监测，以实现对结构状态的实时监测及预警。其他断面采用综合测试仪由人工测试。应力测试仪器设备可直接测试出结构受力后的应变变化，通过计算分析，得出结构的应力变化值。

(1) 扣塔根部应力监测

扣塔每根塔柱底面布设 1 个应力测试断面，每个断面布设 8 个应变测点，全桥共 16 个测点，如图 9-8 所示。

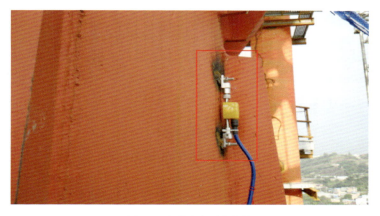

图 9-8 扣塔应力测点安装

(2)拱肋应力监测

主跨每个拱肋布设 4 个应力测试断面,分别位于拱脚、拱顶、1/4L 位置,每个截面上下游合计布设 8 个应变测点,全桥共计 32 个应力测点(图 9-9)。

边跨每个拱肋设 2 个应力测试断面,分别位于拱脚、拱顶位置,每个截面上下游合计布设 8 个应变测点,全桥共计 64 个应力测点(图 9-10)。

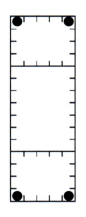 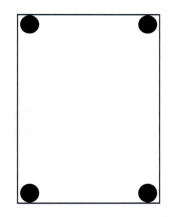

图 9-9 主跨拱肋应力测点位置示意图　　图 9-10 边跨拱肋应力测点位置示意图

(3)混凝土系杆应力监测

边跨混凝土系杆每根系杆布设一个应力测试断面,每个断面布设 4 个应变测点,全桥共计 32 个应力测点。测试断面位于各跨跨中(图 9-11)。

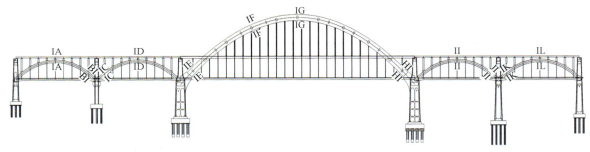

a)拱肋应力测点

图 9-11

b)系杆应力测点

图 9-11　拱肋、系杆应力测点位置示意图

（4）刚性吊杆应力监测

主跨刚性吊杆选取跨中、1/4L、拱脚处，上下游合计布设 10 根吊杆，每根吊杆布设 2 个应力测点，全桥共计 20 个应力测点。

### 9.3.3　索力监测

索力监测包括以下几点。

（1）主跨钢箱系杆拱：测试扣锚索索力、系杆索张拉力、公路桥面吊索张拉力。
（2）边跨混凝土简支拱：测试公路桥面吊索进行张拉力。
（3）斜拉扣挂系统：测试扣锚索张拉力。

主跨和边跨公路面吊索采用频谱分析法进行吊索张拉力的测试。扣锚索为钢绞线，采用压力传感器法（锚索计）进行测试。系杆索张拉力可采用压力传感器法进行张拉力测试，现场测试仪器设备和安装如图 9-12 ~ 图 9-14 所示。

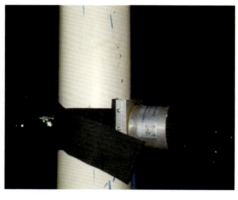

a)现场测试

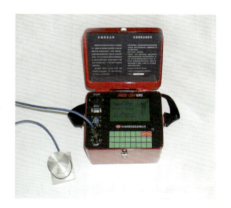

b)测试仪器

图 9-12　柔性吊索索力测试设备

a)

b)

图 9-13　扣索、锚索钢绞线张力测试图

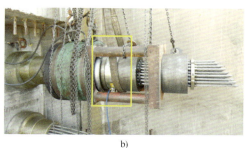

a)　　　　　　　　　　　　　　　　b)

图 9-14　系杆索张拉力测试仪器和安装

## 9.4　施工控制结果

根据设计文件和各项标准、规范要求,进行了施工全过程结构仿真分析计算,对桥梁施工全过程进行了监测及控制。从各项监测成果和最终成桥结果看,分析计算合理、准确,桥梁施工全过程结构受力安全,线形控制效果良好,实现了桥梁的高精度合龙,最终成桥线形平顺,结构控制断面内力分布合理,吊索索力均匀,各项主要偏差满足设计和规范要求。

### 1）主拱监控结果

（1）结构线形

①拱肋线形

拱肋节段安装轴线、里程、高程实测偏差范围在 -10～+10mm；拱肋合龙后和成桥状态整体线形平顺,线形偏差范围在 -19～+9mm 以内,满足《高速铁路桥涵工程施工质量验收标准》（TB 10752—2018）第 13.4.4 条和第 11.2.8 条中,墩顶处高程偏差允许值为 10mm（拱脚）,上下游高差允许值为 28mm（拱肋横向间距的 1/1000,本桥横向间距为 28m）的要求。同时满足《公路工程质量检验评定标准 第一册 土建工程》（JTG F80/1—2017）中拱肋高差最大允许偏差 50mm 的要求。

②主梁线形

铁路梁和公路梁节段安装轴线、里程、高程实测偏差范围在 -15mm～+15mm 以内,合龙后和成桥状态主梁整体线形平顺,墩顶主梁高程偏差小于 10mm,上下游高差小于 20mm,满足《高速铁路桥涵工程施工质量验收标准》（TB 10752—2018）第 13.4.4 条和第 11.2.8 条以及《公路工程质量检验评定标准 第一册 土建工程》（JTG F80/1—2017）第 8.9.2 条中,里程偏差允许值 ±20mm,轴线偏差允许值 33mm（$L/5000$,$L$ 为跨径,本桥取 168m）墩顶处高程偏差允许值 10mm 的要求。

③合龙控制

经施工过程控制调整,本桥拱肋和公路梁合龙最大偏差 4mm,铁路梁合龙最大偏差 8mm,合龙顺利,实现了桥梁高精度合龙。

④其他线形

系杆张拉过程和成桥状态主墩墩顶偏位与监控计算值吻合,主墩受力状态与理想目标状态接近；施工过程中斜拉扣挂体系锚碇未出现明显位移和沉降,实测扣塔偏位小于控制值,斜拉扣挂体系受力处于安全范围之内。

（2）结构应力

钢箱拱肋监测截面的施工过程实测应力值和理论计算应力变化趋势一致,应力幅值偏差较小,施工过程结构受力安全,拱肋内力状态变化与监控预期吻合,成桥状态拱肋结构受力状态与设计目标成桥状态较为接近,结构内力控制结果满足设计要求。受实际参数偏差和测试误差影响,个别工况实测应力与理论应力存在一定差异,但在安全范围之内。刚性吊杆应力水平与理论计算吻合,刚性吊杆内力与监控预期目标状态吻合。

(3) 系杆和吊索索力

柔性系杆索实测张拉力偏差小于±5%,满足设计文件和《高速铁路桥涵工程施工质量验收标准》(TB 10752—2018)第13.2.20条和第14.4.6条中斜拉索成桥索力偏差允许值±5%的要求。

公路桥面柔性吊索成桥索力分布均匀,平均索力偏差为1.74%,最大索力偏差9.7%,吊索索力偏差在5%之内共有69根索,占总索量的71.8%;偏差在5%～10%之内共有27根索,占总索量的29.1%。平均索力偏差满足《高速铁路桥涵工程施工质量验收标准》(TB 10752—2018)第13.2.20和14.4.6条中斜拉索成桥索力偏差允许值±5%的要求;整体偏差满足《公路工程质量检验评定标准 第一册 土建工程》(JTG F80/1—2017)第8.8.7条中索力偏差最大允许值10%的要求。

施工过程中临时扣锚索索力及安全系数满足控制要求,处于安全受力范围。

### 2) 边拱监控结果

(1) 结构线形

① 拱肋线形

拱肋整体线形平顺,拱肋线形偏差范围在-10～+15mm以内,满足《高速铁路桥涵工程施工质量验收标准》(TB 10752—2018)第13.5.10条中拱顶高程允许偏差±20mm的要求。

② 主梁线形

公路梁整体线形平顺,实测主梁线形与理论值基本一致,偏差范围在-15mm～+15mm以内,梁端高程最大偏差9mm,主梁整体线形平顺,线形偏差满足《高速铁路桥涵工程施工质量验收标准》(TB 10752—2018)第13.4.4条和第11.2.8条中,墩顶处高程偏差允许值10mm,上下游高差允许值25.5mm(横向主梁中心间距的1/1000,本桥测点横向间距为25.5m)的要求。

(2) 结构应力

混凝土拱肋监测截面的施工过程实测应力值和理论计算应力变化趋势一致,成桥状态全截面受压,未出现拉应力,整体应力水平与计算值偏差较小。施工过程拱肋内力状态变化与监控预期吻合,成桥状态拱肋结构受力状态与设计目标成桥状态较为接近,结构内力控制结果满足设计要求。

预应力混凝土公路梁监测截面的施工过程实测应力值和理论计算应力变化趋势一致,处于全截面受压状态,预压应力水平与理论值吻合,施工过程结构受力安全,公路梁内力状态变化与监控预期吻合,成桥状态公路梁结构受力状态与设计目标成桥状态较为接近,结构内力控制结果满足设计要求。

受实际参数偏差和测试误差影响,个别工况实测应力与理论应力存在一定差异,但在安全范围之内。刚性吊杆应力水平与理论计算吻合,刚性吊杆内力与监控预期目标状态吻合。

(3) 吊索索力

混凝土系杆拱桥成桥索力误差均小于5%,索力偏差满足《高速铁路桥涵工程施工质量验收标准》(TB 10752—2018)第13.2.20条和14.4.6条中斜拉索成桥索力偏差允许值±5%的要求。

成贵高铁金沙江公铁两用桥
**建造关键技术**

# 附录

# 成贵高铁金沙江公铁两用桥
## 建造关键技术

### KEY TECHNOLOGY FOR
### THE CONSTRUCTION
OF JINSHA RIVER HIGHWAY AND RAILWAY BRIDGE
ON CHENGDU-GUIYANG HIGH-SPEED RAILWAY

成都至贵阳高速铁路荣获第二十届第二批中国土木工程詹天佑奖,金沙江公铁两用桥作为其控制性工程,自建设以来获得各类奖项共 21 项。其中科学技术奖 14 项(国际设计奖 1 项,国内设计奖 1 项,科技奖 12 项),质量奖 3 项,其他奖项 4 项。取得专利、工法共 28 项,其中发明专利 11 项,实用新型专利 6 项,工法 11 项。此外,还获得了国家工程建设优秀 QC 小组奖,取得了良好的经济效益和社会效益。同时金沙江公铁两用桥的施工得到了国家铁路局、中国国家铁路集团有限公司、四川省委省政府、中国建筑业协会、业主、设计和监理等各级领导的高度评价,并荣获"全国工人先锋号""全国青年安全示范岗""全国工程建设优秀质量管理小组""第二批全国建筑业绿色施工示范工程"和"第三批中国中铁节能低碳技术"等国家级荣誉。

各项新技术在本工程得到应用,节省材料、设备、措施及施工费用共约 3100 万元,应用效果良好。大桥经过 6 级及多次中、小地震考验,结构安全,运营良好。

本工程主要获奖情况详见附表 1,取得专利及工法情况详见附表 2。

获奖情况

附表 1

| 序号 | 奖项名称 | 授奖单位 | 获奖单位 | 获奖时间(年份) |
|---|---|---|---|---|
| | | 科学技术奖(14 项) | | |
| 1 | 中国土木工程詹天佑奖(成都至贵阳高速铁路) | 中国土木工程协会 | 中铁二院集团有限公司、成贵铁路有限责任公司、中铁大桥局集团有限公司等 | 2023 |
| 2 | 科学技术奖一等奖(大跨度双层公铁两用系杆拱桥施工关键技术) | 中国交通运输协会 | 中铁大桥局集团有限公司、中铁大桥局集团第五工程有限公司、中铁大桥科学研究院有限公司 | 2023 |
| 3 | 科学技术奖二等奖(大跨度钢拱桥建造与性能提升关键技术) | 中国公路学会 | 中铁大桥局集团有限公司 | 2023 |
| 4 | 中国中铁股份有限公司优秀工程设计一等奖(成贵铁路宜宾金沙江公铁两用桥工程设计) | 中国中铁股份有限公司 | 中铁大桥勘测设计院集团有限公司 | 2022 |
| 5 | 中国铁路工程集团有限公司科学技术一等奖(成贵铁路金沙江公铁两用双层系杆拱桥施工技术) | 中国铁路工程集团有限公司 | 中铁大桥局集团有限公司 | 2021 |
| 6 | 中国企业熠星创新创意大赛二等奖(全新一代超级混凝土的研发与应用) | 国务院国有资产监督管理委员会 | 中铁大桥局集团有限公司 | 2021 |
| 7 | 菲迪克工程杰出奖(成都至贵阳高速铁路) | 国际咨询工程师联合会 | 中铁二院集团有限公司、中铁大桥勘测设计院集团有限公司 | 2021 |
| 8 | 工程建设科学技术奖一等奖(艰险山区大跨双层公铁钢箱系杆拱桥关键技术) | 中国施工企业管理协会 | 中铁大桥勘测设计院集团有限公司 | 2021 |

续上表

| 序号 | 奖项名称 | 授奖单位 | 获奖单位 | 获奖时间(年份) |
|---|---|---|---|---|
| 科学技术奖(14项) | | | | |
| 9 | 工程建设项目设计水平二等成果评价(成贵铁路宜宾金沙江公铁两用桥) | 中国施工企业管理协会 | 中铁大桥勘测设计院集团有限公司 | 2021 |
| 10 | 工程建设科学技术奖一等奖(大跨度双层公铁两用系杆拱桥施工技术) | 中国施工企业管理协会 | 中铁大桥局集团有限公司、中铁大桥局集团第五工程有限公司 | 2020 |
| 11 | 全国优秀测绘铜奖(成贵铁路CGZQSG-5标项目金沙江大桥工程测量) | 中国测绘学会 | 中铁大桥局集团有限公司 | 2020 |
| 12 | 中国铁路工程集团有限公司一等奖(艰险山区大跨双层公铁钢箱系杆拱桥关键技术) | 中国铁路工程集团有限公司 | 中铁大桥勘测设计院集团有限公司 | 2020 |
| 13 | 湖北省科技进步三等奖(超高性能混凝土-钢正交异性板组合桥面体系成套技术) | 湖北省人民政府 | 中铁大桥局集团有限公司 | 2019 |
| 14 | 中国中铁第三批重点节能低碳技术(大块双壁锁口钢套箱围堰主桥基础施工技术) | 中国中铁股份有限公司 | 中铁大桥局集团有限公司 | 2017 |
| 质量奖(3项) | | | | |
| 1 | 铁路优质工程奖一等奖(新建成都至贵阳铁路乐山至贵阳段站前工程CGZQSG-5标段宜宾金沙江公铁两用桥) | 国家铁路局 | 中铁大桥局集团有限公司 | 2023 |
| 2 | 中国中铁杯优质工程奖(新建铁路成都至贵阳线乐山至贵阳段CGZQSG-5标段) | 中国中铁股份有限公司 | 中铁大桥局集团有限公司 | 2021 |
| 3 | 优秀焊接工程一等奖(宜宾金沙江公铁两用桥) | 中国工程建设焊接协会 | 中铁大桥局集团有限公司等 | 2019 |
| 其他奖项(4项) | | | | |
| 1 | 桥梁工程创新奖二等奖(宜宾金沙江公铁两用桥) | 中国公路学会 | 中铁大桥局集团有限公司 | 2022 |
| 2 | 第五批全国建筑业绿色施工示范工程(成贵铁路CGZQSG-5标宜宾金沙江公铁两用特大桥) | 中国建筑业协会 | 中铁大桥局集团有限公司 | 2016 |
| 3 | 中国中铁安全标准工地 | 中国中铁股份有限公司 | 中铁大桥局集团有限公司等 | 2016 |
| 4 | 国家工程建设优秀QC小组奖(成贵客专金沙江大桥设计QC小组) | 中国勘察设计协会 | 中铁大桥勘测设计院集团有限公司 | 2011 |

## 专利及工法获得情况　　　　　　　　　　　　　　　　附表2

| 序号 | 专利或工法名称 | 证书颁发单位 | 权利人 | 授权时间(年份) |
|---|---|---|---|---|
| 发明专利(11项) |||||
| 1 | 一种钢筋混凝土提篮拱桥的卸架方法和装置 | 中华人民共和国国家知识产权局 | 中铁大桥局集团有限公司 | 2020 |
| 2 | 一种钢箱拱桥拱脚钢混接合段安装定位支架及对位方法 | 中华人民共和国国家知识产权局 | 中铁大桥局集团有限公司 | 2020 |
| 3 | 一种吊杆张拉装置及其施工方法 | 中华人民共和国国家知识产权局 | 中铁大桥局集团有限公司 | 2019 |
| 4 | 一种拱座预埋锚杆定位系统及施工方法 | 中华人民共和国国家知识产权局 | 中铁大桥局集团第五工程有限公司、中铁大桥局集团有限公司 | 2019 |
| 5 | 安装大跨度拱桥系杆的方法 | 中华人民共和国国家知识产权局 | 中铁大桥局集团有限公司、中国中铁股份有限公司 | 2019 |
| 6 | 一种吊索塔架的安装方法 | 中华人民共和国国家知识产权局 | 中铁大桥局集团有限公司 | 2017 |
| 7 | 双壁锁口钢套箱围堰及施工方法 | 中华人民共和国国家知识产权局 | 中铁大桥局集团有限公司、中铁大桥局集团第五工程有限公司 | 2017 |
| 8 | 一种适用于大吨位缆索吊机的群桩组合式锚碇设计方法 | 中华人民共和国国家知识产权局 | 中铁大桥局集团有限公司 | 2017 |
| 9 | 拱梁间为部分刚性连接形式的中承式系杆拱桥 | 中华人民共和国国家知识产权局 | 中铁大桥勘测设计院集团有限公司、中铁大桥局股份有限公司 | 2014 |
| 10 | 边箱主梁、纵横梁铁路正交异性板整体钢桥面及构造方法 | 中华人民共和国国家知识产权局 | 中铁大桥勘测设计院集团有限公司、中铁大桥局股份有限公司 | 2014 |
| 11 | 桥梁限位结构 | 中华人民共和国国家知识产权局 | 成都市新筑路桥机械股份有限公司 | 2014 |
| 实用新型专利(6项) |||||
| 1 | 一种大跨径桥梁的组合桥面结构 | 中华人民共和国国家知识产权局 | 中铁大桥科学研究院有限公司、中铁大桥局集团有限公司 | 2021 |
| 2 | 一种用于围堰的锁口止水装置及围堰 | 中华人民共和国国家知识产权局 | 中铁大桥局集团有限公司 | 2020 |
| 3 | 一种铁路钢桥面板防水保护结构 | 中华人民共和国国家知识产权局 | 中铁大桥科学研究院有限公司、中铁大桥局集团有限公司 | 2020 |
| 4 | 一种拱座预埋锚杆定位系统 | 中华人民共和国国家知识产权局 | 中铁大桥局集团第五工程有限公司、中铁大桥局集团有限公司 | 2017 |
| 5 | 一种除尘机构及带有除尘机构的拌合存储罐 | 中华人民共和国国家知识产权局 | 中铁大桥局集团有限公司 | 2017 |
| 6 | 双层桥面拱桥吊杆锚固结构 | 中华人民共和国国家知识产权局 | 中铁大桥勘测设计院集团有限公司 | 2012 |

续上表

| 序号 | 专利或工法名称 | 证书颁发单位 | 权利人 | 授权时间(年份) |
|---|---|---|---|---|
| 工法(11项) | | | | |
| 1 | 高强度螺栓智能施拧施工工法 | 中国公路建设行业协会、中国中铁股份有限公司 | 中铁大桥局集团有限公司、中铁大桥科学研究院有限公司 | 2021 |
| 2 | 双体系吊杆施工工法 | 中铁大桥局集团有限公司 | 中铁大桥局集团有限公司成贵铁路项目部、中铁大桥局集团第五工程有限公司 | 2019 |
| 3 | 悬臂危岩处理施工工法 | 中铁大桥局集团有限公司 | 中铁大桥局集团有限公司成贵铁路项目部、中铁大桥局集团第五工程有限公司 | 2019 |
| 4 | 中承+下承双层承载拱桥安装施工工法 | 中铁大桥局集团有限公司 | 中铁大桥局集团有限公司成贵铁路项目部、中铁大桥局集团第五工程有限公司 | 2019 |
| 5 | 主拱拱墩固结段施工工法 | 中铁大桥局集团有限公司 | 中铁大桥局集团有限公司成贵铁路项目部、中铁大桥局集团第五工程有限公司 | 2019 |
| 6 | 深水大直径斜岩钻孔桩及防漏浆处理施工工法 | 中铁大桥局集团有限公司 | 中铁大桥局集团第五工程有限公司 | 2016 |
| 7 | 装配式钢塔架施工工法 | 中铁大桥局集团有限公司 | 中铁大桥局集团有限公司成贵铁路项目部 | 2016 |
| 8 | 双壁锁口钢套箱围堰施工工法 | 中铁大桥局集团有限公司 | 中铁大桥局集团有限公司成贵铁路项目部 | 2016 |
| 9 | 内箱模板做劲型骨架大型墩身施工工法 | 中铁大桥局集团有限公司 | 中铁大桥局集团有限公司成贵铁路项目部 | 2016 |
| 10 | 拱脚整体定位施工工法 | 中铁大桥局集团有限公司 | 中铁大桥局集团有限公司成贵铁路项目部 | 2016 |
| 11 | 预埋锚杆精确定位安装施工工法 | 中铁大桥局集团有限公司 | 中铁大桥局集团有限公司成贵铁路项目部 | 2016 |

# 参 考 文 献

[1] 肖德存,梅新咏,苏杨.成贵铁路宜宾金沙江公铁两用桥主桥钢箱系杆拱桥设计[J].世界桥梁,2022,50(01):1-6.

[2] 王志,梅新咏,苏杨.成贵铁路宜宾金沙江公铁两用桥总体设计[J].桥梁建设,2020,50(S2):104-108.

[3] 李艳哲.成贵铁路宜宾金沙江公铁两用桥主桥施工技术[J].桥梁建设,2021,51(03):9-16.

[4] 周燕飞.可拆装式双壁锁口钢围堰施工技术[J].世界桥梁,2017,45(02):14-18.

[5] 刘翠云,代皓.宜宾金沙江公铁两用桥主墩基础施工技术[J].桥梁建设,2016,46(02):97-102.

[6] 杜凤,张小川,邹冠.宜宾金沙江公铁两用桥混凝土系杆拱现浇支架施工设计[J].交通科技,2015(02):37-39.

[7] 沈炫,代皓.成贵铁路宜宾金沙江公铁两用桥副拱施工技术[J].桥梁建设,2022,52(03):133-139.

[8] 杨文爽,李松,索小灿.宜宾金沙江公铁两用桥施工控制技术[J].中国铁路,2021(09):173-178.

[9] 金成棣.预应力混凝土梁拱组合桥梁:设计研究和实践[M].北京:人民交通出版社,2000.

[10] 夏禾,张楠.车辆与结构动力相互作用:第2版[M].北京:科学出版社,2005.

[11] 翟婉明.车辆轨道耦合动力学[M].北京:中国铁道出版社,2007.

[12] 陈政清.桥梁风工程[M].北京:人民交通出版社,2005.

[13] 国家铁路局.铁路桥梁钢结构设计规范:TB 10091—2017[S].北京:中国铁道出版社,2017.

[14] 中华人民共和国交通运输部.公路桥梁抗风设计规范:JTG/T 3360-01—2018[S].北京:人民交通出版社股份有限公司,2018.

[15] 中华人民共和国铁道部.新建时速200公里客货共线铁路设计暂行规定:铁建设函[2005]285号[S].北京:中国铁道出版社,2005.

[16] 中华人民共和国铁道部.高速铁路桥涵工程施工技术指南:铁建设[2010]241号[S].北京:中国铁道出版社,2010.

[17] 中华人民共和国铁道部.铁路桥梁检定规范:铁运函[2004]120号[S].北京:中国铁道出版社,2004.

[18] 黄绍金,刘陌生.装配式公路钢桥多用途使用手册[M].北京:人民交通出版社,2004.